# 図説 世界史を変えた50の食物

Fifty Foods that changed the course of History

ビル・プライス　井上廣美 訳
Bill Price　　　　Hiromi Inoue

◆著者略歴
ビル・プライス（Bill Price）
フリーランスのライター。15年間にわたり出版業界のさまざまな分野で活躍したが、近年は、旅と歴史を専門とするライターとして評判を確立している。多数の国際的な出版物や、一般向け参考図書に寄稿。おもな著書に、『チャールズ・ダーウィン──起源と論争』『ツタンカーメン──エジプトのもっとも有名なファラオ』『ウィンストン・チャーチル──戦争指導者』『世界のランドマーク』『近現代の名建築』『ケルトの神話』『歴史を刻んだ重大な決断』などがある。ノース・ロンドン在住。

◆訳者略歴
井上廣美（いのうえ・ひろみ）
翻訳家。名古屋大学文学部卒業。おもな訳書に、カウソーン『図説公開処刑の歴史』、パウエル『世界の建築家図鑑』（以上、原書房）、ローゼンタール『イスラエル人とは何か』（徳間書店）、チャーナウ『アレグザンダー・ハミルトン伝』（日経BP社）などがある。

FIFTY FOODS THAT CHANGED THE COURSE OF HISTORY
by Bill Price
Copyright © 2014 Quid Publishing
Japanese translation rights arranged with Quid Publishing Ltd., London
through Tuttle-Mori Agency, Inc., Tokyo

図説
世界史を変えた
50の食物

●

2015年2月15日　第1刷

著者⋯⋯⋯⋯ビル・プライス
訳者⋯⋯⋯⋯井上廣美
装幀⋯⋯⋯⋯川島進（スタジオ・ギブ）
本文組版⋯⋯⋯⋯株式会社ディグ

発行者⋯⋯⋯⋯成瀬雅人
発行所⋯⋯⋯⋯株式会社原書房
〒160-0022　東京都新宿区新宿1-25-13
電話・代表03(3354)0685
http://www.harashobo.co.jp
振替・00150-6-151594
ISBN978-4-562-05108-3

©Harashobo 2015, Printed in China

図説 世界史を変えた50の食物

ビル・プライス
Bill Price

井上廣美 訳
Hiromi Inoue

Fifty Foods
that changed
the course of History

原書房

# 目次

| | |
|---|---|
| はじめに | 6 |
| ケナガマンモス | 8 |
| パン | 14 |
| 太平洋サケ | 22 |
| ラム肉 | 26 |
| 牛肉 | 32 |
| デーツ | 40 |
| ビール | 42 |
| 大豆 | 46 |
| トウモロコシ | 50 |
| 麺 | 54 |
| オリーヴオイル | 60 |

| | |
|---|---|
| スパルタの黒いスープ | 64 |
| ガルム | 66 |
| キムチ | 68 |
| チョコレート | 70 |
| パエーリャ | 76 |
| スパイス | 80 |
| 塩漬けニシン | 86 |
| フランクフルター（フランクフルト・ソーセージ） | 92 |
| 北京ダック | 96 |
| カスレ | 98 |
| カブ | 102 |
| ロックフォール・チーズ | 106 |
| ジャガイモ | 110 |
| マヨネーズ | 118 |
| ルンダン | 120 |

| | | | | |
|---|---|---|---|---|
| 砂糖 | 122 | コカ・コーラ | 192 |
| ビルトン | 128 | ハンバーガー | 196 |
| アイリッシュ・シチュー | 132 | アンザック・ビスケット | 200 |
| 茶 | 136 | バーズ・アイ冷凍魚肉 | 206 |
| ハードタック | 144 | スワンソン・TVディナー | 208 |
| ジン | 150 | キャンベルスープ | 210 |
| ヴィンダルー | 156 | スターバックスコーヒー | 212 |
| アップルパイ | 160 | 粉ミルク | 214 |
| アメリカン・ウイスキー | 164 | ゴールデンライス | 216 |
| マドレーヌ | 170 | | |
| キャビア | 172 | | |
| バナナ | 174 | | |
| コンビーフ | 178 | 参考文献 | 218 |
| ジャッファ・オレンジ | 184 | 索引 | 220 |
| アメリカン・バッファロー | 188 | 図版出典 | 224 |

# はじめに

> 国家の運命は食べ物の選び方にかかっている。
>
> ジャン・アンテルム・ブリア＝サヴァラン
> （1755-1826年）

今日、スーパーマーケットには、世界中の食べ物が山積みになっている。驚くほど多種多様な食べ物がならんでいるが、見慣れた光景なので、あたりまえのことだと思っている人も多いだろう。だが、ちょっと立ち止まって、その食べ物がどこから来たのか、どういう経路をたどったすえに、使いやすく包装されてスーパーの棚にならんだのかを考えてみると、自分たちの食べている物と生き方の関係が見えてくる。もう少し掘り下げて調べると、人間と食べ物の相互作用の歴史が浮かび上がってくる。この歴史からわかるのは、人間と食べ物がこれまでつねに密接な関係をもっていたこと、食べ物が社会の姿に影響してきたということだ。

## 命の糧

食べ物は人間の生活で中心的役割をはたしている。だれにとっても必要不可欠なだけでなく、食べることが楽しみだという人は多い。頭のなかは食べ物のことばかり、という人もいる。人間は、食べ物のおかげで皆がまとまることもあれば、食べ物が原因でバラバラになることもある。だが、生きるために食べねばならない、という単純な事実からはのがれられない。どうやって食べてゆくかは時代と文化によってさまざまだが、それでも、本質的には同じだ。野山で狩猟採集した祖先の時代から、今の工業化した農業と食品加工の時代にいたるまで、世界のどこであれ、食べ物はどんな生活にも共通する要素になっている。

そこで、歴史における食べ物の役割を探るにあたっては、まず、狩猟採集の時代の食べ物からはじめ、次に、農耕のはじまりと当時の農民の食べていたものを見ていくことにする。そして、都市と文明の発生、世界各地の食文化をとりあげてから、中世の時代に入る。探検の時代になると、食べ物が時代に拍車をかけた。まずポルトガルとスペインが世界中に交易路を開き、次いでオランダとイギリスも時流にのった。やが

**エジプトの農民**
センネジェムの墓（前1200年頃）の壁画にある畑を耕す農夫。おそらくパンを作るための小麦の栽培。

て通商ネットワークと世界金融システムが発達し、ヨーロッパで帝国が成立して、世界の歴史を支配するようになる。ヨーロッパが新世界を植民地化し、新世界固有の文化や、固有の文化に根差した食べ物に破壊的影響をあたえ、そうした歴史のすえ、20世紀には、アメリカが世界一の大国にのし上がる。こうして、今の工業化・脱工業化の世界にたどり着く。スーパーにインスタント食品やブランド名がならぶ社会だ。

## 歴史の流れ

　ひと口に食べ物といっても、パンやジャガイモのように歴史を大きく変えたものもあれば、ごくわずかの影響しかなかったものもある。たとえばオーストラリアの国民的お菓子アンザック・ビスケット（200ページ参照）だが、それでも、いまもオーストラリアとニュージーランドの人々にとっては、第1次世界大戦に参戦した兵士の経験に結びつく食べ物だ。韓国では、急激に変化する社会にあって、キムチが伝統と現代性のかけ橋になっている。また、本書では飲み物もいくつかとりあげた。厳密にいうと、食べ物の定義を少々拡大解釈したことになるだろうが、食べ物と飲み物の歴史が密にからみあい、切り離して検討するのがむずかしいこともある。一例をあげると、紅茶と砂糖をヨーロッパへもたらした交易網の関係だ。18世紀に発展した紅茶の交易網と砂糖の交易網は、どちらか一方を見るだけでは理解しにくい。また、紅茶が歴史におよぼした影響が大きいだけに、分類はどうあれ、このような本では無視できない。

**ジャガイモの袋**
歴史に大きな影響をあたえた食べ物もある。たとえばこの地味なジャガイモ。

　本書は、ともすれば混沌としがちなテーマを少しでも整理しようと、時代を追って述べたが、それも大ざっぱな方針にすぎない。ものによっては数千年のスパンでとりあげていることもあり、年代順といってもせいぜい目安程度だと考えていただきたい。だが、きっぱり言いきれることもある。食べ物は、大昔から今までずっと人間の命を支えてきただけでなく、暮らし方にも決定的な役割をはたしてきた。それはこれからも変わらない。人間は食べた物でできている、といえるなら、本書であげた例が示すのは、食べる物が人間のあり方を決める場合もある、ということだ。

木の下蔭に好もしき詩の一巻、
一壺の天の美禄と、一塊の
パンだにあらば——さらにわが側にうたふ
君あらば、荒野だに楽土たるべし。
オマル・カイヤーム『ルバイヤート』、エドワード・フィッツジェラルド英訳［『ルバイヤート集成』所収「波斯古詩 現世経」、矢野峰人訳、国書刊行会］

# ケナガマンモス

起源：ヨーロッパ北部とシベリア

時代：約4万年前から氷河期の終わりまで

種類：絶滅した巨大哺乳動物

◆ 文　化
◆ 社　会
◆ 産　業
◆ 政　治
◆ 軍　事

　約20万年前までさかのぼって考えると、人間は歴史の大半、周囲の自然で食べ物を見つけ、狩りや釣りや採集をして暮らしてきた。それなら、歴史を変えた食べ物を見てゆくにも、まずはこの長い狩猟採集の時代に重要な食料源だったものからはじめるのがふさわしいだろう。マンモスは数千年前に絶滅しているので、今となってはだれも食べ物とは思わないだろうが、じつは、解剖学的に現代人と変わらない人々がヨーロッパや中央アジア、シベリア、さらにはアメリカ大陸へと広がっていくのに一役かっていた。そのことは、大昔の祖先が残した道具や洞窟壁画から見てとれる。

**マンモス・ステップ**
　地質年代でいうと約250万年前から約1万2000年前まで続いた更新世の時代、北方地域の気候は、極寒の時期と比較的温暖な時期が交互に訪れ、その結果、ヨーロッパ北部とシベリアの大陸氷河も、拡大したり縮小したりをくりかえしていた。氷河のすぐ南には、広大なツンドラと草原が広がり、激しい風雨を避けられるところに灌木や小さな木がまばらに生えているだけだった。こうした場所はマンモス・ステップとよばれることがある。この巨大な草食動物の群れやマンモスを捕えて食べる動物たちの命を支えていたからだ。これら動物の多くは、更新世から完新世への移行期、第4紀の大量絶滅とよばれる現象で死に絶えた。ケナ

**更新世の環境**
ツンドラのマンモスの復元想像図。更新世の時代はヨーロッパの大半がツンドラだった。

8　図説世界史を変えた50の食物

ガマンモスのほかにも、ケブカサイ、野生のウシやウマ、巨大シカ、ステップ・バイソン、洞窟ライオン、剣歯虎（サーベルタイガー）などがそうで、ヨーロッパ・バイソンやトナカイのように、絶滅をまぬがれた動物もいた。

これほど多くの動物が同時に絶滅した理由は、気候の変動に適応できなかったためだといわれている。気候変動の結果、樹木が草原に侵入し、森林化するという現象も起きていた。こうした学説には見方の違いもあり、マンモスが絶滅したために、環境が大きく変化したという説もある。いまもアフリカのサバンナにいるゾウと同様、マンモスの存在がその地域の樹木の数を抑制していたからだという。そのためマンモスがいなくなると、森が拡大しはじめ、開けた草原に適応していたほかの動物も絶滅に向かった。一方、まったく別の説もある。人間のマンモス狩りが増えたせいだという説だ。人間は約4万年前からマンモス・ステップに移り住みはじめていた。世界各地で見られた人間の移住との比較が妥当だとすれば、こうした人々が環境にあたえた影響は甚大だっただろう。

第4紀の大量絶滅の原因については、いまも異論がない学説というのはないが、これらの動物がこの地域にはじめて移り住んだ人々にとって重要な存在だったことについては、疑いの余地はない。短い夏と寒冷な気候のために、野生の植物を採集できる時期はかぎられていたから、温暖な地域に住む場合に比べ、狩りと釣りが大きな頼りだった。ライオンがしとめた獲物から食べ物をあさったという証拠もある。一説には、オオカミの群れに力を借りるという狩りの方法もあったという。この説が正しければ、これが飼いならした犬のはじまりということになる。

このほかにも生きるためにいろいろ工夫しただろうが、ともあれ、ヨーロッパ北部とシベリアに最初に住んだ人々がマンモス狩りをしていたのは確かだ。石と木で作った武器しかなかったため、マンモス狩りは非常にむずかしく危険だったにちがいないが、狩りが成功すれば、その見返りは大きかった。マンモス1頭から3、4トンの肉がとれる。おそ

## 穴焼き

◆

更新世の料理法は不明だが、オーブンの発明までは、肉を穴のなかで焼くという方法が一般的だったから、太古の祖先もマンモスを同じように料理していたかもしれない。まずは適当な石の上で火をおこし、石が焼けたら、石を穴に敷く。それから肉を置き、その上にまた焼けた石をかぶせてから、木の枝や葉、コケ、土など、そこらへんにあるもので穴にふたをする。数時間たてば肉が焼き上がる。ゆっくり焼くので肉汁たっぷり。

バーベキューは男の料理。ケナガマンモスの穴焼きへの先祖返り。

モリー・オニール『アメリカン・フードの世界（American Food Writing）』

### 自然乾燥肉
◆

　冷蔵庫の発明までは、塩が手に入らない場合、肉は自然乾燥が一般的な保存方法だった。まず、脂肪の部分をとりのぞく。これをしないと腐ってしまう。そして肉を薄くスライスしてから、火の上につるす。ただし、肉に火が通ってしまわないよう、温まった空気が上昇して肉を乾燥するよう、火から十分離れた高いところにつるす。煙は肉の保存に有効なだけでなく、風味をくわえ、ハエを追いはらってくれる。数日たって肉が完全に乾燥したら、そのまま数か月保存できる。

らく肉の大半を燻製したり自然乾燥したりして保存したのだろう。寒冷な気候を利用して肉を冷凍した可能性もある。肉以外の部分もすべて利用しただろう。たとえば、密集した長短2重の体毛でおおわれた毛皮や皮下脂肪。これらでマンモスは寒さに適応した。また、骨からもいろいろな道具が作られた。そうした道具がいまもいくつか残っている。さらに、ロシアの考古学者が、マンモス・ステップで1万5000年前の小屋の遺跡を発見したこともある（発掘現場は今でも樹木がほとんどない）。その小屋は、約4.5メートルのマンモスの骨や牙が骨組みに使ってあった。この骨組みを動物の皮でおおっていたのだろう。

### レッド・レディとライオンマン

　DNA研究によると、解剖学的に現在の人類と同じだった現生人類のクロマニョン人は、北方へ移住しはじめるよりもかなり前、まず東方のアジアへ広がっていったという。人間がはじめてオーストラリア大陸に住んだのは約6万年前、ヨーロッパ移住のはじまりの2万年前だった。ヨーロッパへの移動が比較的遅かったのは、現生人類が寒さに十分適応できなかったためかもしれない。北方地域には当時すでに別の人類、ネアンデルタール人がいて、住むのに適した場所をすべて占拠していたからという理由もありうる。考古学調査によれば、ネアンデルタール人は肉が主食で、マンモスをふくむいろいろな動物を狩っていたらしく、最後までほぼ変わらない独特の石器を使っていた。一方、ヨーロッパへ最初に移住した現生人類は、ネアンデルタール人とはまったく異なる形の石器を使い、しかもその石器は、時代が下るにつれ新しい形がとりいれられて変化していった。この違いから、ネアンデルタール人とクロマニョン人の住んでいた場所を見分けられる。また、現生人類のほうが気候の変化にすばやく適応できたのではないかという推

**洞窟のマンモス**
フランス南部ペシュメルル洞窟のマンモスとオーロックスの壁画。約2万5000年前。

測も成り立つ。

　現在わかっているかぎり、ヨーロッパの現生人類で最古の骨は、1823年にウィリアム・バックランドが発見したものだ。サウス・ウェールズの海岸にあるパヴィランド洞窟で遺跡発掘調査を行っていたとき、ほぼ完全な形の化石人骨を見つけた。その人骨は全身にレッド・オーカー（赤土）が塗られ、マンモスの頭蓋骨の隣に埋葬されていた。バックランドはこれをローマ時代の女性の骸骨だと思って、「パヴィランドのレッド・レディ（赤い淑女）」とよんだが、その後の研究で、この人骨は実際には21歳くらいの若い男性で、しかも今から3万2000年前、オーリニャック文化期のものだとわかった。オーリニャック文化というのは、フランスのオーリニャック遺跡にちなんで名づけられた文化で、人類がはじめてヨーロッパに移住した頃から約2万5000年前の最終氷期最寒冷期まで存在した。この時期になると、あまりに寒さが厳しかったため、人類は温暖な場所での暮らしを求めて南へ移動していった。

　オーリニャック文化の特徴のひとつに、象徴的な絵画や彫刻がある。たとえば、フランスのショーヴェ洞窟にはいまも驚くべき壁画が残っている。この洞窟では、マンモスの絵が60点以上見つかったほか、野牛やウマなどの動物も多数描かれており、人類と環境が密接な関係にあったこと、宗教あるいは儀式に関連するなにかがほぼ確実にあったことがわかる。この文化の芸術的能力を示す好例はほかにもある。

　ドイツ南部のホーレンシュタイン・シュターデルで発見された「ライオンマン」だ。これはライオンを奇妙に擬人化した立像彫刻で、マンモスの牙でできている。もちろん今となっては、この彫像を作った人の意図はわからないが、彫刻の材料のほうも、彫り出した形象と同じくらい重要な意味をもっていたはずだ。最高の捕食者であるライオンの姿で人を表そうとしたのなら、これからの狩りが成功するよう、ライオンの力を自分たちにのり移らせようとしたのかもしれない。

　今では、狩猟や採集に従事する人々はみな、自分たちの環境について驚くほど精通している。生き残るためにはそうした知識が必要だからだ。だが同時に、彼らは自分たちが狩る動物に対し、深い崇敬の念

**ライオンマン**
ドイツのホーレンシュタイン・シュターデルで発見された4万年前のマンモス象牙彫刻。人ともライオンとも見える彫像。

© Dagmar Hollmann |
Wikimedia Commons

ケナガマンモス　11

**マンモス狩り**
マンモス狩りを描いた19世紀後半の版画。大きな落とし穴で捕えるという方法はありうる。

も示している。たんなる必需品と思っているだけではないように見える。大昔の狩猟社会の遺物、洞窟壁画やマンモスの象牙彫刻は、それと似た思いを大昔の人々もいだいていたのではと思わせる。現在と同じようなシャーマニズム的儀式も行っていたのかもしれない。オーリニャック文化の人々がマンモスのような大型哺乳動物をどうやって狩ったのかは不明だが、おそらくみんなで力を合わせたのだろう。アメリカ先住民はバッファロー狩りをするとき、群れを崖から追い落として狩ることもあったが、オーリニャック文化でも同じような手法を使ったかもしれない。どんな方法でしとめたにせよ、厳しい環境のもと、そうした大きな食料源が手に入ったとなったら、お祭り騒ぎだったにちがいない。狩りの成功を祝ってマンモスの肉を楽しんだことだろう。

　また、マンモスがオーリニャック文化にとって重要だったことは、パヴィランドで見つかった若い男の埋葬の状況からもわかる。遺体の隣にマンモスの頭蓋骨が置いてあったということは、マンモスが深く崇敬され、副葬品としてふさわしいと考えられていたということだ。もしかしたら、彼はマンモス狩りで命を落としたのかもしれず、なにかほかにマンモスと関係がある人生を送ったのかもしれない。今のシャーマニズムでも、狩人は特定の動物に結びつけられることが多い。理由はどうあれ、彼を埋葬した人々は、彼とマンモスの縁を示そうとした。おかげで今、マンモスは太古の祖先にとってたんなる食料源以上の意味があったらしい、ということがわかる。

### ベーリンジアを渡る

　人類とマンモスは、この氷河期の巨大動物が死に絶えるまでの2万年間以上、同じ更新世の環境下ですごしていた。人類の祖先も、季節に合わせて移動するマンモスの群れを追って、移動していたにちがいない。春になると、マンモスは北へ移動して、雪の溶けたステップで青々とした草をはみ、厳しい冬が来ると、また南へ戻った。当時シベリアとアラスカをつないでいた陸橋をはじめて渡った人々も、ベーリンジアの氷がない地峡を通って移動していたマンモスを追っていた狩人だったかもしれない。ベーリンジアとは、この後、最終氷河期の終わりに水位上昇で水面下に沈んだ地域のことで、今のベーリング海峡にあった。

　カナダのユーコンにある遺跡、ブルーフィッシュ洞窟で見つかったマ

ンモスの骨に傷があることは、このマンモスが人の手で解体されたことを示すものだと考えられている。この骨は2万8000年前の骨なので、もしそのとおりなら、人類は通説よりも1万年以上前から北米大陸にいたことになる。ただし、この骨の傷は、そのマンモスが死んだときについた傷とはかぎらない。ずっと後になってからついた傷の可能性もある。凍ったマンモスを見つけた人がつけた傷かもしれないから、この発見が人類のアメリカ大陸定住の最古の証拠になるとは言いきれない。

　近年、シベリアの夏が温暖化した結果、長年氷に閉じこめられていた凍結マンモスがいくつも溶け出てきたので、以前よりもかなり詳細にマンモスの研究ができるようなった。たとえば、死ぬまでずっと大きくなりつづける牙を調べれば、その牙の持ち主の年齢を推定できるだけでなく、そのマンモスが生きていた時期の気候を推測することもできる。最近の研究では、シベリアとアラスカのマンモスが絶滅した後も、その沖合にある島で、少数のマンモスがかなり長いこと生きのびていたこともわかった。最後の群れは、北極海のランゲル島にほんの4000年前まで住みつづけていた。

　また、保存状態のよい凍結マンモスが発見されたおかげで、損傷のないDNA鎖の復元もできた。DNAは通常の条件下だと急速に分解してしまうから、この復元によって、マンモスのクローン化の可能性も出てきた。クローン・マンモス誕生には技術的な問題が多数あり、絶滅した種を再生することについての倫理上の問題も検討する必要があるが、それでも、生きたマンモスがシベリアを歩きまわるのを見られるかもしれない、という期待も生まれている。たしかに興味深い話だが、どうなるにせよ、マンモスが近いうちに食卓に上ることはないだろう。

**牙の断面**
シベリアで発見されたマンモスの牙の断面。年輪がある。

# パン

起源：人間の住んでいた場所すべて

時代：遅くとも約3万年前

種類：穀物の粉と水をこねた生地を加熱したもの

◆ 文　化
◆ 社　会
◆ 産　業
◆ 政　治
◆ 軍　事

　人間の歴史ともっとも密接に関係がある食べ物といえば、まちがいなくパンだ。パンは数千年にわたって人間の主食であり、今ではほとんどの文化圏でパンを食べている。どこのパンも、穀物の粉と水をこねて生地を作る、という基本は同じなのに、世界各地のパンを見てみると、その形と大きさは驚くほど多種多様だ。ナンやチャパティもあれば、バゲットやブリオシュもある。近くの店にはスライスした白い食パンが、ファーマーズ・マーケットに行けば有機栽培スペルト小麦の全粒粉で作ったパンが買える。ランチのサンドイッチ用のパン、ハンバーガーやホットドッグ用のバンズなら、ほとんどどこにでもある。

## 命の糧

　人類は草食ですむようにはできていない。人類の胃は、草をきっちり消化するには小さすぎ、人類の大きな脳は、草からとるエネルギーだけではたりない。とはいえ、人間の多くが毎日食べる主食は、いろいろな「草」、すなわちイネ科植物からとれる。ごく一般的なものだけ見ても、小麦、米、トウモロコシはどれもイネ科に属する。人間にとって重要な食糧になったのは、どれも生のままではほとんど消化できないものの、そのうちもっとも栄養のある部分、種子を加工して加熱調理し、種子に蓄えられているエネルギーを取り出す方法をあみだしたからだ。生物学

14　図説世界史を変えた50の食物

者のリチャード・ランガムによれば、加熱調理は、人類の進化をおしすすめた主要な力のひとつだという。食べ物を加熱すると、生のままよりも多量のエネルギーを摂取できるので、脳が大きくなった。人類は最初から加熱調理をしており、加熱調理こそが人類の決定的特徴なのだという。ランガムは明言していないが、こうした説からすると、食べ物の加工も、人類は最初から行っていたのではないだろうか。加熱調理するには、その前に食べ物を下処理する段階が欠かせないからだ。穀物を食べる文化があるところはどこもそうだが、まず初めに穀物をひいて堅い殻をとりのぞき、穀粒の中にある澱粉を取り出す必要がある。そうしなければ穀物を消化できない。そして、最古の加工食品のひとつが、穀物をひいて粉にし、加熱調理したパンだ。

> われらを導く　贖いの主よ、
> 力強い手で旅路を守り、
> そなえてください、天の糧、
> 命のパンを。
>
> ウィリアム・ウィリアムズ（パンタケリンの）、1717-1791年［『讃美歌21』467番「われらを導く」、日本基督教団讃美歌委員会編、日本基督教団出版局］

　パンを作るために必要な加工が行われていたことは、古代遺跡の発掘調査で見つかった穀物をひくための石、ひき臼が証拠になる。ヨーロッパ各地で発掘されたひき臼のすり減った表面を化学的に分析したところ、ごく微細な穀物の粉が検出され、放射性炭素による年代測定で3万年前のものだと判明している。今のところ、これがパン作りの最古の直接証拠だが、実際にはもっと古くからパンを作っていたのはまずまちがいない。リチャード・ランガムの説が正しければ、人類は、はるか太古の祖先、約200万年前のアフリカに現れたホモ・エレクトス（原人）の時代から、パン作りの能力をもっていたはずだ。

　解剖学的に現代の人間と変わらなかった人類が、はじめてアフリカから別の場所へ移動しはじめた約7万年前も、人類は新しい環境で見つけた草の種子を集め、その種子をひいてパンを作っていたにちがいない。狩猟採集の生活は数万年にわたって続いた。その間に、人類はアジアとヨーロッパの各地へ広がり、やがて、人類の歴史上最大の社会的変化が起きる。約1万2000年前、肥沃な三日月地帯で農耕がはじまったのだ。この三日月地帯とは、今はシリアの乾燥した砂漠になっているところを中心に、東はイランのザグロス山脈、西は今のイスラエルとヨルダンまでの地域をさす。

　人類は農耕をはじめて定住するようになるまでは、移動しながら狩猟採集をする生活を続けていた、というのが以前は考古学の定説だった。だが最近では、肥沃な三日月地帯での考古学的発見をもとに、定住を促進する条件が整ったところでは、農耕のはじまりよりもかなり前から定住していたらしい、と考えられている。この説によれば、農耕は何世代

パン　15

もかけて徐々に浸透していったことになる。今のレバノンとイスラエルの一部、地中海東部のレヴァント地方に約1万4000年前から存在したナトゥフ文化についての考古学的研究も、この説を裏づけている。当時のレヴァント地方は条件が整っていたので、ナトゥフ文化の人々は農耕をまったく行っていなかったのに、1年の大半を村で暮らせたらしい。村を離れるのは短期間、その季節しか手に入らない食料源を利用するときだけだったようだ。その他の時期は、地元で手に入るもので暮らし、集めた穀物があまったら、石造の穀倉に保管して、1年中パンを作れるようにしていた。

ナトゥフ文化の村の発掘調査では、こうした石造の穀倉の遺構がいくつか見つかったほか、ひき臼や草刈り用の石の鎌も出土した。こうしたことからすると、農耕に必要な技術の多くがすでにあったものの、人々はまだ狩猟採集の生活をしていたらしい。ならば狩猟採集から農耕への移行は比較的容易だっただろう。この移行がどうして起きたのかは不明だが、まずはレヴァント地方の北東の肥沃な三日月地帯、今のトルコ南部とイラクとイランにあたる地域ではじまったようだ。一説によると、約1万2800年前からヤンガードリアスとよばれる気候の急激な寒冷化がはじまり、手に入る食べ物が激減したため、狩猟採集よりも確実な食糧供給システムとして、穀物を自分たちで栽培するという方法をとらざるをえなくなったという。この変化で仕事が増えたものの、そのかわりに、以前ならとても暮らせなかったような厳しい環境でも安定した食糧供給ができるようになったらしい。そして、ひとたび農耕がはじまったら、気候が回復しても狩猟採集の生活には戻れなかった。農耕によって食べ物の量が増えた結果、人口も増えたからだ。

今の小麦の種類、アインコルンとエンマーコムギの祖先にあたる野生種は、ともに、この肥沃な三日月地帯に自生していたものだった。小麦の栽培をはじめた人々は、翌年も植えるために、もちつづけてほしい特徴をそなえている穂の種を選んだにちがいない。こうして種を選んで、作物に育て上げた特徴のひとつが、収穫前に小麦の穂から種子が飛びちらないことだった。野生の小麦は、成熟すると種子がこぼれ落ちるが、農夫にすれば、栽培した植物に種子が残っていて、それを収穫できるほうが都合がいい。おそらく、栽培していた小麦に突然変異が起き、それを今後に役立つ特質だとみなしたのだろう。また農夫たちは、大粒の種子がついた穂や、パンの質を上げてくれた変異が起きた穂も、種まき用に選んだのではないだろうか。こうして、彼ら

**粉ひき用石器**
ナトゥフ文化で穀物をひくために使っていたひき臼3例。ダゴン博物館所蔵。イスラエル、ハイファ。

16　図説世界史を変えた50の食物

は野生の小麦から栽培品種化した小麦を作りはじめた。

　こうした最初の農夫たちが作っていたパンは、いまも中東で作っているフラットブレッドに似たものだっただろう。パン種を入れてふくらませたパンを焼いていた可能性もある。ただし、この革新的なパンは、自然発生した酵母菌がパン生地に入りこんだ結果だろう。その生地を焼いてみたら、ふくれあがり、ふんわりしたパンになったようだ。こうした筋書きを裏づける証拠はまだ見つかっていないので、今は推測しかできないが、6000年前のメソポタミアとエジプトではパン種入りのパンを作っていたから、この地域ではそれ以前から作っていたかもしれない、という説も不合理とはいえないだろう。

　農耕で余剰作物も生まれたおかげで、人々はさまざまな専門職につくことができるようになり、都市の発展も可能になった。メソポタミア南部にあったシュメール人の都市ウルクでは、こうした余剰作物を記録する方法があみだされた。粘土板に記号を刻印したのだ。そこには小麦の量を表す記号もふくまれていた。これがやがて、今わかっているかぎり最古の形態の文字へと発展していく。また、ウルクなどの都市で最初に生まれた専門職のひとつがパン職人、とくにパン種入りのパンを焼く職人だった。自宅でホームベーカリーを使わずにパンを焼こうとした人ならだれでもわかるが、パン焼きというのはまるで芸術のようなもので、製法を詳しく知っていなくてはならないばかりか、熟達するには十分に練習を重ねる必要がある。

　古代のパン職人は、パン生地に酵母菌を入れるために、新しいパン生地に前日のパン生地を少しくわえていたのではないだろうか。いまもサワー種でパンを焼く場合にスターター（発酵種）を使うのと似た方法だ。あるいは、ビール醸造用の酵母菌をパン生地にくわえていたのかもしれない。パン作りとビール醸造は非常に長い関係がある。培養したパン酵母をはじめて買えるようになった19世紀まで続いた関係だ。ビール醸造所の酵母菌を利用するため、パン屋

### サワー種

♦

　パン作りのとき、生地をふくらませるために酵母菌を使うとアルコール発酵が起きるが、サワー種を使う方法では乳酸発酵を利用する。おもに乳酸菌などの微生物をふくむスターターを使うので、できあがったパンは少し酸味がある。スターターは、穀物粉と水を混ぜ、乳酸菌が自然発生するまで放置するだけで作れる。このスターターを使ってパン生地に乳酸菌を植えつける。スターターの培養が進んだら、粉と水をさらにくわえて培養を続ければ、数か月にわたってくりかえし使える。それどころか数年もつこともある。

が醸造所の隣にあるというのも、19世紀まではパン作りの歴史によく
みられることだった。

## 天のパン

　聖書の出エジプト記によれば、モーセがエジプトで奴隷になっていた「イスラエルの子ら」（ヘブライ人）の脱出を導いたとき、一行は大急ぎでエジプトから出たので、パンを焼く時間がなく、パンをふくらませるのに使っていた酵母ももち出せなかった。そのため逃避行のあいだは、酵母を入れてないパンを食べた。この出来事から生まれたユダヤ人の伝統が、過越祭の7日間、粉と水だけで作ったマッツァーを食べることと、過越祭の前に、酵母をふくんだ食べ物（ハメツ）をすべて家の中からとりのぞくことだ。一説によると、イスラエル人が荒野を進んでいたあいだ、酵母の入っていないパンを食べていたのは、こちらのほうが酵母入りのパンよりもずっと長もちするし堅くならないからだという。近年まで軍隊や長い航海で食糧にしていた堅パンと同じだ。

　マッツァーは、過越祭までの数週間のあいだに作る。通常、フォークで表面に穴をあけてから、ふくらまないようさっと焼く。過越際1日目の儀式的な晩餐セデルでは、食卓の中央にマッツァー3個と6種の食べ物がならぶ皿が置かれる。これらの食べ物は、出エジプトの伝承を語る儀式に登場する特別なものだ。まずはカルパス。これはエジプトにいたイスラエル人の希望を象徴する緑の野菜で、パセリかセロリのことが多い。イスラエル人が奴隷となってから流した涙を象徴するため、塩水にディップして食べる。次のハロセットは、きざんだ果物とナッツで作った茶色のペーストで、イスラエル人がエジプトで建設工事をさせられていたときに使っていたモルタルに似せてある。また、2種の苦い菜（マロールとハゼレット）は、エジプトで奴隷だったときの苦難を象徴し、西洋わさびとロメインレタスを使うことが多い。それから子羊かヤギのすねの骨のロースト（ゼロア）。これは、イスラエル人がエジプトを脱出した夜と、「約束の地」に到着してからのエルサレムの神殿で、神に命じられて捧げた犠牲を象徴する。そして最後、固ゆで卵のローストも、この犠牲の象徴だ。このように出エジプトの物語を語る儀式には、イスラエル人が経験した味覚と匂いと感覚がともなう。つまり、

**マッツァー**
過越祭のため酵母を入れずに作る伝統的なパン。

18　図説世界史を変えた50の食物

セデルは感覚の儀式でもあり祝宴でもある。
　またパンは、キリスト教の聖体の儀式（聖餐式）でも中心的な役割を果たす。聖体（聖餐）はキリストの肉体を象徴し、イエスが最後の晩餐でパンをちぎって弟子たちに分けあたえたことと関係がある。ところが、この儀式の厳密な解釈が、1054年の大シスマ（東西教会の分裂）の一因になった。
　この儀式の際に酵母の入っていないパンを使うか、酵母入りのパンを使うかで、カトリック教会と東方正教会の意見が一致しなかったのだ。こんな論争が起きたのは、キリストが最後の晩餐でどんなパンを食べたのか、新約聖書にはっきり書かれていないからだった。コンスタンティノープルの東方教会では、酵母入りのパンを使うのが伝統となり、このことによって、キリスト教をユダヤ教と区別していたが、西方の伝統では、どちらのパンでもよいと考えられていた。コンスタンティノープルの総主教とローマの教皇の見解が本質的に異なっていたために、両者は相互に破門する結果となってしまった。この相互破門がようやく解消されたのは、約1000年後の1965年になってからだった。

一同が食事をしているとき、イエスはパンを取り、賛美の祈りを唱えて、それを裂き、弟子たちに与えながら言われた。「取って食べなさい。これはわたしの体である」。
『マタイによる福音書』26章26節［『新共同訳聖書』、日本聖書協会、1987年］

**パンを裂きあたえる**
「最後の晩餐」、スペイン人画家フアン・デ・フアーネス（1523頃–1579年）画。弟子たちとパンを分けあうイエスが描かれている。

パン　19

**パンの抗議**
パンを頭上に掲げて抗議するチュニジア人男性。2010年12月27日のチュニスの抗議行動は、物価上昇に対するものだった。

> まさに一番はじめの穀物不足にさいして、かれらは政府にパンを要求して、自分たちに食糧を与えた手をねじり、それに嚙みつくであろう。
> エドマンド・バーク『穀物不足にかんする思索と詳論』（1800年）[『世界大思想全集 社会・宗教・科学思想篇11』所収、永井義雄訳、河出書房新社]

## パンの価格

　ボブ・マーリーの「Them Belly Full (But We Hungry)」に、「飢えた暴徒は怒った暴徒」という一節がある。つまり、食べ物が不足したり、パンのような主食が急激に値上がりしたら、市民が暴動を起こす可能性があるということだ。有名な例といえば、1780年代終わりのフランスがある。凶作続きで小麦価格が急騰し、人々が飢えはじめていた。フランス革命のはじまりとされる1789年のバスティーユ襲撃は、中産階級の不満や、平等と共和制を理想とする啓蒙主義思想の広がりが要因だったが、街頭の飢えた暴徒とも関係があった。

　近いところでは、「アラブの春」もそうだ。2011年にチュニジアではじまったこの民主化運動は、エジプトなど中東地域の諸国に波及した。この年は、オーストラリア、ロシア、パキスタンでも異常気象が原因で小麦の収穫量が激減し、世界中の商品市場で小麦価格が急騰したばかりか、商品トレーダーがこの危機を利用して荒稼ぎしようとしたために、小麦はますます値上がりしていった。価格高騰は、とくに北アフリカ・中東諸国で影響が甚大だった。この地域は、パン用の小麦の大半を輸入しているから、国産小麦のほうが多い国に比べ、価格の急激な変動に弱いのだ。

　1789年のフランス同様、チュニジアとエジプトの革命も原因は複雑だが、エジプトのデモ参加者が掲げたスローガンは明快だった。「パン、

自由、正義」というシンプルなものだ。どちらの革命も、食べ物の値上がりに対する抗議でもあり、数十年にわたる独裁、政治の腐敗、不正な選挙、言論の自由の抑圧が火をつけた運動でもあった。高い失業率と人口の激増、現状に幻滅した若者の割合が高いことも、情勢の緊迫化に拍車をかけた。

　アラブの春は、ひとりの男性の死が引き金となった。モハメド・ブアジジというチュニジア人露天商が、政府の役人から何年も虐待を受けてきたことに抗議して、焼身自殺したのだ。彼はカートに積んで売っていた果物と野菜を何度も没収され、賄賂を払うまで返してもらえなかった。2010年12月には、ひどい物価高のせいで、ブアジジにはもう賄賂を渡す余裕がなかったので、商品がまたもや没収されてもとりもどせず、生計を立てる手段がなくなってしまった。悲惨な状況に追いつめられ、彼は自暴自棄になったのだろう。彼の死の状況が報道されると、チュニジアではベン・アリー大統領の政権に対するデモと暴動があいついで発生した。そして結局、2011年1月中旬、1987年以来政権の座にあったベン・アリーが亡命し、他の北アフリカ・中東諸国でも抗議運動がはじまった。

## グルテン

◆

　パン生地を練ると、小麦粉にふくまれる各種タンパク質が結びついて、混合物のグルテンができる。このグルテンは粘弾性があるので、酵母の発酵で発生した炭酸ガスが放出されるときに伸び、パンをふくらませる。パン作りで強力粉（硬質小麦を使用）のほうが薄力粉（軟質小麦を使用）より好まれるのは、強力粉のほうがタンパク質の含有量が多く、練った生地もグルテンの量が多くなるからだ。そして焼き上がったパンも、薄力粉のパンよりふくらんでふんわりする。

パン　21

# 太平洋サケ

起源：太平洋側北西岸
時代：約1万5000年前
種類：昇河回遊魚

◆ 文化
◆ 社会
◆ 産業
◆ 政治
◆ 軍事

北米大陸の太平洋側北西岸地域は、ヨーロッパ人が到来する前も、豊富な食べ物が独特の驚くべき文化を支えていた。太平洋から毎年この地域の川に戻って来て産卵する太平洋サケ5種も、この文化を支える主要な食べ物のひとつだった。予想どおりの時期に、しかもたいてい大量に戻ってくるので、この地域では、狩猟採集の時代も定住ができた。

### サーモン・ネーション

北米大陸へはじめて移住した人々は、大型哺乳動物の群れを追ってベーリング陸橋を渡ったのかもしれない、と本書の最初の項で述べたが、別の説もある。今のシベリアからアラスカまで、カヌーに乗り、海産物で食いつなぎながら沿岸を移動した可能性もあるという。最後の氷河期の終わりに氷が解け、海面が上昇したので、この移住の痕跡はあるとしても海におおわれている。つまり、人々がこのルートで移動したなら、沿岸に作った村が、今は海の下にあるということだ。だが、人々がどうやって北米大陸にたどり着いたかは明らかでないにせよ、ともあれ1万5000年前には、北米に人が住んでいた。この北西岸地域は比較的温暖な気候で、食べ物も大量に手に入ったから、ここに居住していたにちがいない。

氷床が後退して、内陸部の山地と太平洋のあいだに細長く緑の土地ができていたので、ここには理想的な住環境があった。温暖な気候のおかげで、この地域の川はサケの産卵に最適だったうえ、森林も北へと広がりはじめ、ベイスギ、ベイツガ、ベイマツなど多種多様な樹木が生い茂って、膨大な木材資源をこれら「ファースト・ネーション」（北米先住民族）に提供してくれた。食べ物や資源が豊富に手に入ったから、高度に複合的な狩猟採集社会が生まれ、精巧なモノ作り文化も発展した。カゴや収納箱といった日常品を美しい芸術作品に変える文化、高度に様式化した象徴的デザインで日常品を飾る文化だ。18、19世紀に

> トリンギットの地で飢えるのは愚か者だけだ。
> トリンギット族の言い習わし

ヨーロッパ人がこの地域にやってきたとき、すでにここに住んでいた人々は、そうした最初の移住者の子孫だろう。もちろん、その文化は時がたつにつれ進化したが、それでも、現代まで残っている文化の端々に、最初の住民の暮らしをかいま見ることができる。また、いまもここに住んでいる人々、たとえばブリティッシュ・コロンビア州の沿岸のトリンギット族、ハイダ・グワイ（別名クイーンシャーロット諸島）のハイダ族、ヴァンクーヴァー島のクワクワキワク族などから教えてもらうこともできる。

こうしたファースト・ネーションは、ベイスギの板で建てた大きな家に住んでいた。多くの場合、家の前には美しい彫刻のトーテムポールがあった。村は海岸沿いで、人々は遠洋航海用カヌーで魚を捕り、他部族を襲撃していた。そして、晩夏から秋になると、海で成長したサケが産卵のため川へ戻ってきて、大量の食物資源をあたえてくれた。人々はそのサケをもりやわなで捕えたり、魚を捕るための大きなやなを川幅いっぱいにしかけたりした。サケの通り道だとわかっているところにやなをかけることもあった。こうして捕った大量の魚は、すぐに直火で串焼きにしたものもあったが、大部分は棚にならべて自然乾燥するか、専用の木造の燻製所で燻製にした。サケの群れの遡上は一度はじまると数日間続き、あまるほど大量に捕れるので、これから迎える食糧不足の冬のあいだも、食べ物がなくなることはない。グレートプレーンズに住む部族にとって、バッファローが文化的に大きな役割をはたしていたのと同じく、太平洋側北西岸地域の人々にとっては、サケが重要なものだった。このため、こうした人々は「サーモン・ネーション」とよばれている。

18世紀にロシア人毛皮猟師と出会ったのをきっかけに、ヨーロッパ人と接触するようになったファースト・ネーションは、それまで自然免疫力をそなえていなかった病気にもさらされることになった。とくに天然痘の被害は甚大で、流行した地域で人口の9割以上が死亡した場合もあった。これは文化にも壊滅的な打撃をあたえた。村々がすてられ、何

### サケの遡上
◆

太平洋サケは昇河回遊魚で、海から淡水の川へ移動して産卵する。たいていは生まれ故郷の川、しかも生まれた地点へ戻っていく。この移動をサケの遡上という。膨大な数のサケが同時に移動するので、クマやハクトウワシのような捕食動物にはごちそうの大盤ぶるまいになる。たとえばアラスカのチルカット川では、当たり年だと50万匹ものサケが、10月終わりから11月にかけて産卵場所に来るため、これに引き寄せられて、ときには3000羽以上のハクトウワシが集まる。

## 5種のサケ

◆

太平洋側北西岸のサケは、すべて「タイヘイヨウサケ（学名*Oncorhynchus*）属」に属する。学名は文字どおりには「かぎ鼻の」という意味だ。この属には5つの種がある。まずチヌーク（学名*O. tshawytscha*）。スポーツフィッシングでいちばん人気の最大の種で、別名キング・サーモンともいう。次に、商業的にもっとも重要な種のソッカイ、和名ベニザケ（学名*O. nerka*）。そしてコーホー、和名ギンザケ（学名*O. kisutsh*）。それから、別名ドッグ・サーモンともいうチャム、和名シロサケ（学名*O. keta*）。5つめが、最小の種で別名ハンプバック・サーモンともいうピンク、和名カラフトマス（学名*O. gorbuscha*）。

世代にもわたって受け継がれ蓄積されてきた知識も失われてしまったからだ。

ただし、ファースト・ネーションと新しい入植者の暴力的衝突は、北米の他の地域に比べると、太平洋側北西岸地域ではそれほど多くなかった。それどころか交易関係が発展し、大金持ちになった部族長もいた。とくにラッコの毛皮は、中国で人気が高く、高値で売れたので、引く手あまただった。19世紀から20世紀にかけラッコの数が激減したのは、絶滅寸前まで捕獲されたからで、そのうちようやく保護策がとられるようになった。サケも、20世紀に商業漁業が拡大したために減少しており、ファースト・ネーションの人々も、サケとの関係は失われていないものの、食べ物をサケの遡上に頼ることはもうほとんどない。

## 缶詰工場

太平洋側北西部沿岸に住む部族は、昔からサケの干物を物々交換で内陸部の部族へ渡していた。だが、食べ物を缶詰にする技術が生まれると、19世紀なかばには、無限に見えるほど大量に捕れるサケを利用できるのではないか、と考えられるようになった。そして、カリフォルニアからブリティッシュ・コロンビア、さらにはアラスカにかけ、海岸部や川沿いの各地に缶詰工場が次々とできた。こうした缶詰産業の中心のひとつになったのが、オレゴン州北部のコロンビア川で、1868年にスコットランド生まれのジョン・ウェストが設立したウェストポート・キャナリーもここにあった。この地域は缶詰産業が盛んで、1880年代にはコロンビア川沿いに37もの缶詰工場が操業していた。その多くは、中国人を雇って工場で働かせ、自前の漁船団ももっていた。

ウェストのイギリスでの取引先に、リヴァプールのペリング・スタンリー社（Pelling Stanley and Company）という会社があった。1888年にウェストが死去すると、ペリング・スタンリー社は自社製品にウェストの名前を使う権利を購入し、ジョン・ウェスト・ブランドのサケ缶はイギリスで人気商品になった。というのも、鮮魚のサケよりもかなり安かったからだ。養殖サ

**ジョン・ウェスト**
スコットランド生まれのジョン・ウェスト（1823-1888年）は、コロンビア川のオレゴン州側で最初のサケ缶詰工場を設立した。

ケがスーパーマーケットの定番になるまで、鮮魚のサケは高価だった。またジョン・ウェスト・ブランドは、当時世界中におよんでいた大英帝国の各地にも輸出されるようになった。今でも有名なブランドだが、所有者は何度か変わっており、他の魚にも事業の手を広げている。

だがコロンビア川の缶詰産業ブームのほうは、その後、水産資源が減少して、産業の発展が見こめなくなった。乱獲や産業公害、ダム建設が重なったために、サケが産卵できなくなったうえ、川の水も灌漑に転用されるようになり、缶詰産業は終わりを迎えた。コロンビア川で最後の缶詰工場が閉鎖された1980年には、缶詰産業の中心はとうにアラスカへ移っていた。アラスカは今でも、全体の8割を生産している。水産資源の減少については、保護策と養殖プログラムが進んだおかげで逆転した。とくにアラスカでは、いまも厳格な規制のもと、以前よりも持続可能な基準でサケ漁を行っている。

**サケ漁**
オレゴン州のコロンビア川の漁師。引き網でのサケ漁。1914年撮影。

**スモークサーモンかサケの缶詰か、どちらか選ぶなら、わたしはサケ缶にする。**
ハロルド・ウィルソン、イギリス労働党党首、首相(1968-1976年)

**チヌーク・サーモン**
別名キング・サーモン。5種のサケのうち最大のサケで、太平洋側北西岸にいる。

太平洋サケ 25

# ラム肉

起源：肥沃な三日月地帯

時代：約1万1000年前

種類：家畜

◆ 文　化
◆ 社　会
◆ 産　業
◆ 政　治
◆ 軍　事

現在、世界には10億頭以上の羊がいる。6大陸すべてに存在し、スコットランドの丘陵地にもいれば、ニュージーランドの南島にもいる。羊がこれほど広まったのは、羊の適応能力のおかげだ。いろいろな飼育法が可能で、さまざまな気候・環境下で育てられる。羊を飼えば、他の形態の農業には不向きな土地も利用できる。それに、肉はもちろん、羊毛やミルクもとれる。とはいえ結局のところ、ラム肉が好きだという人が多い、という事実が羊の人気の理由だ。

## 羊と人間

羊と人間のつきあいは非常に長く、狩猟採集を営んでいた祖先の時代にまでさかのぼる。大昔の祖先も、今の人間と同じようにラムの脚をうまいと思って食べていたにちがいない。ところが約1万1000年前、この関係に転機が訪れた。小麦と大麦がはじめて栽培された地域、西アジアの肥沃な三日月地帯で、同じく羊も、はじめて家畜として飼われるようになったのだ。考古学調査によると、羊の野生の祖先は、いまも西アジアに生息しているムフロンだったらしい。その野生種が、今のトルコ南東部とシリア北部のあいだの丘陵地帯で家畜化されたという。

この家畜化がどのように起きたのか、正確なところは不明だが、この地域の人々が作物栽培をはじめ、以前にもまして定住した生活を営むようになってからまもなくのことだったと考えられている。ということは、このふたつの出来事は関係があったのかもしれない。穀物栽培にともなって人口も増加したはずで、そうなれば、ムフロンに対する狩猟圧（人間の狩猟が野生動物に対してあたえる影響）が高まり、ムフロンの数が減少する。その結果、肉が不足し、人々は別の方法でそうした重要な食べ物を手に入れることにしたのかもしれない。おそらく最初は、狩りでしとめたメスの羊の子を家へつれ帰り、その子羊を育てて繁殖させたのだろう。そうすれば、もう野生の羊に頼らなくてすむ。

祖先のムフロン同様、最初の家畜化した羊は、ふわふわした羊毛ではなく硬い毛でおおわれて

26　図説世界史を変えた50の食物

いた。紀元前6000年頃には、肥沃な三日月地帯の東部にあたるイランのザグロス山脈で、ふわふわの縮れた毛の羊が飼われていたが、今の考古学的証拠からわかっているかぎりでは、その羊毛が織物に利用されるようになったのは、それより2000年後だったらしい。こうして肉も羊毛もとれるようになったことが、羊がヤギより広く飼育されている理由だ。また、ヤギは木の葉を好むが、羊は草を食べるので、草地では羊のほうがよい。つまり、ひとつの農地に作物と牧草が交互にならんでいるような混合農業では、羊のほうが管理しやすい。

**ムフロン**
現在の家畜の羊の祖先にあたる野生種。原産地は肥沃な三日月地帯。

## カシュカイ族

羊は世界各地で歴史上重要な役割をはたしているが、なかでもイラン南西部のカシュカイ族にとっては格別に重要な存在だ。カシュカイ族は最近まで、羊の移動を中心にした半遊牧民の生活を送っていた。彼らはトルコ系の部族で、約1000年前に中央アジアの平原からイランへ移り、シーラーズの南の平地に住みついて半遊牧の農業を確立した。冬は低地で羊を飼いながら作物を育て、春になると、萌え出たばかりの牧草を食べさせるために羊を移動させるという農業だ。若草が生えるのはザグロス山脈なので、彼らは1か月にわたって483キロも移動した。そして秋が訪れ、山の牧草がなくなり、天候が悪化しはじめたら、また南へ戻って、すぐに作物を植え、2月に子羊が生まれるよう雄雌を交配させた。2月生まれの子羊なら、3月の終わり頃には山への旅をはじめられるほど大きくなっている。

カシュカイ族はほとんど自給自足だった。冬に育てた作物と羊の肉、羊の乳で作ったヨーグルトを食べて暮らしていた。また、天然染料で染めた手つむぎの毛糸を使い、独特の幾何学模様のラグやカーペットも作った。こうしたラグやカーペットは、シーラーズのバザールへ売りに出され、きわめて美しい最高

> 牧場は羊の群れに装われ、谷は麦に覆われています。ものみな歌い、喜びの叫びをあげています。
>
> 『詩編』65章14節［『新共同訳聖書』、日本聖書協会、1987年］

**羊の乳しぼり**
羊の乳をしぼるカシュカイ族の女性。カシュカイ族は夏はシーラーズの南の平地で暮らす。

ラム肉 27

## チェロウ・カバブ

✦

チェロウ・カバブ（ケバブ）はイランの郷土料理で、通常、2種（角切りとひき肉）のラム肉串焼きに、ライス、焼いたトマト、タマネギをそえ、スーマックというレモン風味のスパイスをふりかけて出す。イランのレストランでは、以前はライスの上に生の卵黄がのっていたが、最近ははぶくことが多い。イラン人はこのチェロウ・カバブが大好きらしいが、やはり食中毒は避けたいようだ。

品質の敷物と広く認められるようになった。1960年代以降は、カシュカイ族も定住傾向にあり、冬の土地と夏の土地を行き来する先祖伝来の生活をいまもまだ送っている人々も、たいていは徒歩の旅ではなく、自動車で羊を運んでいる。昔ほど羊に依存した生活ではないが、それでも彼らは、いまもイランでは特異な民族集団で、時代に適合しながらも、羊を飼い、カーペットを織る暮らしを続け、自分たちの文化を支えてきた伝統を守っている人々が多い。

### ハイランド放逐

18世紀から19世紀にかけ、スコットランドの北部と西部では、囲い込みによる「ハイランド放逐」が起こっていた。牧羊地を作るために人々を強制的に立ち退かせたのだ。この出来事は、いまもスコットランドでは人々を感情的にさせる話題で、強欲で非人間的な地主のせいだといわれることが多い。地主たちは金儲けしか興味がなく、人間よりも羊のほうを大事にした、というのだ。そのとおりだった面もあるが、ハイランド放逐にいたった経緯をもっとよく理解するには、歴史的背景を考える必要がある。たとえば、ジャコバイトの反乱や、農業革命と産業革命がもたらしたイギリス社会の変化などだ。

ジャコバイトの反乱とは、1688年の名誉革命でステュアート朝のイングランド王ジェームズ2世が追放されたのち、スコットランド出身であるステュアート王家をイギリス王に復位させようと、ジェームズ2世の支持者が起こした反乱である。スコットランド北部のハイランド地方に住む氏族の多くがこの反乱を支持した。この反乱は1746年、カロデンの戦いで敗北して、ついに血まみれの終焉を迎えた。戦いが終わった後も、イギリス軍が残忍な報復攻撃を続けたのだ。氏族を壊滅して、この先もイギリスの王位をおびやかしかねない脅威をとりのぞくためだった。反乱にくわわった氏族長は、処刑や土地剥奪に処されたが、イギリスを裏切らなかった者は、褒美として反逆者からとりあげた土地をあたえられた。爵位を授与され、イギリスの貴族社会に組みこまれた者も多かった。

また当時は、農業革命がイギリスの田園部の大半を

**テクセル種の子羊**
オランダ原産のテクセル種。こうした現在の品種は祖先の野生種とは大きく異なる。

28　図説世界史を変えた50の食物

**マカリスター氏族**
スコットランドからカナダへ移住したハイランド出身者。19世紀のイラスト。マカリスター氏族のタータンを着ている。

変貌させていた時代でもあった。囲い込み法によって土地の所有権が正式に認められ、それまで共有地や公共地だった土地の所有権が個人にあたえられた。だが、これにより昔からもっていた権利を奪われた人も多くいた。スコットランドのハイランド地方でも、新たに生まれた貴族階級が多くの土地の所有権を手に入れ、その土地を使って儲けようと、ハイランド放逐をはじめた。そうして得た農場を、商品生産を目的とする商業的農家に貸すためだった。羊を飼って肉と羊毛を生産し、スコットランド南部の低地地方とイングランド北部で拡大中の都市で販売しようと考えたのだ。すでにそれら都市部には、土地をもっていない貧しい農村出身者が工場で働くために流入していた。

だがハイランドの一部では、放逐が兵士や警官の手で行われ、文字どおり家から焼け出された人々もいた。そうした人々は、飢えに苦しむなどひどい苦難を強いられ、結局、大量の人間がハイランドを出ていった。

イギリス国内の工業都市へ移住した人もいれば、よりよい生活を求めて海外の大英帝国領やアメリカへ渡った人もいた。残った人も、商業的農業には不向きなやせた土地に移らされ、わずかな作物でなんとか暮らしを立てたり、食べてゆくために漁師やコンブ採り、機織りをした。

**放逐の地**
ヘブリディーズ諸島フアイ・モール島の廃墟。1841年に放逐が行われ、今はこうした名残をのこすのみである。

だが、人々を追い出してまではじめたハイランドの牧羊業は長続きしなかった。そのおもな理由は、オーストラリアとニュージーランドからの高品質な輸入品と競えるほど安価な肉と羊毛を生産することはできないとわかったからだった。ハイランドはまた姿を変え、貴族や裕福な実業家が狩猟用の屋敷をかまえる場所になった。そして、以前この地域に住んでいた人々の痕跡も、徐々に消えていった。彼らの家や村の名残といえば、いまや石積みだけだ。ハイランドの人口も、放逐で減少したきり二度と戻らなかった。現在、西欧でもっとも人口の少ない地域のひとつになっている。

ハイランドから北米へ渡った人の多くは、むりやり移住させられた人であれ、貧しさからのがれようと渡航を選んだ人であれ、固く団結した共同体を作り、故郷との強いつながりを保ちつづけて自分たちの伝統や

ラム肉 29

ハギス

スコットランドでは、1月25日にバーンズ・ナイトという祝宴が催される。スコットランドの詩人ロバート・バーンズの誕生日を祝うイベントだが、このバーンズ・ナイトに欠かせないのがハギスだ。このハギスは、すてたほうがいいと思うような部位の羊肉で作る料理で、心臓や肺など、いろいろな内臓をミンチにし、タマネギ、オート麦と一緒に羊の胃袋につめてゆでる。バーンズ・サパーでは、ニープス・アンド・タティーズ（つぶしたスウェーデンカブとマッシュポテト）をそえ、ウイスキーをふりかける。1848年、ロバートの甥のトマス・バーンズが、ニュージーランド南島のダニーデンに最初の入植者のひとりとして移住した。ここでも、スコットランド系コミュニティがいまも昔ながらの熱意でバーンズ・ナイトを祝っている。

言葉を守った。たとえばノヴァスコシア州のケープブレトン島は（ノヴァスコシアとは、もちろん、「新しいスコットランド」という意味だ）、こうした故郷とのつながりの結果、いまやスコットランド・ゲール語文化の中心地になっている。この島へは19世紀に約5万人のハイランド出身者がやってきて、おもに北部の沿岸や現在ハイランズとよばれている内陸の丘陵に住みついた。ここではいまもゲール語が広く話され、フィドル演奏をはじめとする伝統音楽も定期的に聴ける。

## ニュージーランドの牧羊

ハイランドの人々は、ニュージーランドにも移住した。ここにはブリテン諸島各地からの移住者もいて、19世紀の終わりには牧羊が経済の柱になった。1880年代に冷凍庫をそなえた汽船ができたおかげで、ニュージーランドのラム肉をイギリスへ輸出できるようになり、肉の生産が大きく増えたのだ。このことも、スコットランドのハイランドで商業的牧羊が衰退した理由のひとつだった。20世紀に入っても、ラム肉や乳製品を主とした農産物のイギリスへの輸出が、ニュージーランド経済で大きな部分を占めた。だが、イギリスがEUに加盟した1973年、大問題がもちあがった。イギリスがEUの共通農業政策をとった結果、それまでニュージーランドからの輸入品にあたえられていた優遇措置を継続できなくなったのだ。

1984年、発足したばかりのリベラルなニュージーランド政府は、経済危機に対応するため、農産物輸出に頼る経済から脱却して、バランスのとれた経済をめざす改革に着手した。この経済改革の一環に、経営を保証するため農家に給付していた補助金の全面廃止があった。この政策は農家にとって大きな衝撃だった。当時は補助金が農家の収入の約4割を占めていたからだ。ニュージーランドの農家は、こうした新しい市場環境に適応しなければならなかった。だが、ニュージーランドの農業は破綻するどころか、一部の人が言ったとお

り、実際には大幅な効率化を果たした。新たな市場を開拓したり、事業を多角化して多種多様な農産物を扱うようにしたのだ。今では、ラム肉やバターだけでなく、キウイフルーツやワインなど、他にもいろいろな農産物を輸出している。

ただし、ニュージーランドの羊の数は、農業補助金の打ち切りで減少した。1980年代初頭には約7000万頭もいたが、今では約4000万頭だ。それでも、ニュージーランドにはまだ人口の約10倍の羊がいる。農業は近年ますます力をつけていて、羊の飼育頭数は減ったものの、ニュージーランドのラム肉輸出量は、補助金打ち切り前よりも今のほうが多い。他の先進国は、ニュージーランドが確立したモデルをとりいれてはおらず、農家への補助金給付を維持することを選んでいる。ニュージーランドは農産物の9割以上を輸出しているため、先例になるどころか特殊なケースだ、という意見もある。

実のところ、農業補助金を続けている国々の政府は、強力な農業関係のロビー活動と対立する気がない。EUでは、共通農業政策の恩恵をもっとも受けている国々が国益を守ることを重視しているため、補助金制度については小さな改革しか行っていない。EUの補助金制度は、そもそもは第2次世界大戦後の欧州の食糧不足に対処するために考え出されたものだった。こうした姿勢が続く以上、農業補助金も続くだろうが、ニュージーランドの例からすれば、補助金をやめたほうが、結局は農家をふくめたみなが豊かになることになろう。

われを忘れそうになるほどすばらしい山だが、羊を飼うことはできない。いや違う。この山は、よい草が生えていてさえすれば美しい。

サミュエル・バトラー『カンタベリー入植地の初年（A First Year in Canterbury Settlement）』（1863年）

**シープ・カントリー**
ニュージーランドの羊。この数十年で頭数は減少したが、それでもまだ人口の10倍いる。

# 牛肉

起源：肥沃な三日月地帯

時代：紀元前7500年頃

種類：大型有蹄動物

◆ 文　化
◆ 社　会
◆ 産　業
◆ 政　治
◆ 軍　事

フランス人はイギリス人のことを「ロスビフ」（ロースト・ビーフの意）とよんだりする。イギリス人は大きな厚切り肉を焼くのが好きそうに見えるためらしい。これはほめ言葉とはとても思えないが、英仏友好をひどく緊張させるというわけでもない。イギリス人は大いに侮辱されたとも思わないからだ。それに実のところ、フランス人はまちがってはいない。イギリス人はロースト・ビーフがほんとうに好きなのだ。好きな食べ物の名でよぶことでフランス人は、牛肉と牧畜がイングランドで、広くはブリテン諸島全体で、はたしてきた役割を示してくれてもいる。

## オーロックス

畜牛の祖先の野生種は、オーロックスという今の家畜種よりもはるかに大きな堂々たる野獣だ。ユリウス・カエサルによると、ゲルマニア遠征のとき、ゲルマニアの森でオーロックスに出くわしたという。オーロックスは攻撃的で、人間を見ると襲いかかってきたらしい。どうやら、気性の荒さは乳牛よりもスペインの闘牛の牛に近かったようだ。このことも、狩りの獲物として大物扱いされた理由のひとつだった。この狩りが成功すれば、大量の肉がとれるだけでなく、そんな攻撃的な大物をしとめられたということで、狩人の名も高まった。今わかっているかぎりでは、はるか先史時代からそうだったらしい。

オーロックスは狩猟採集時代の洞窟壁画にも数多く描かれている。ということは、この動物は文化的に重要な意味があったらしい。おそらく、のちにミノア文明期のクレタ島や古代エジプトで家畜の雄牛が宗教的儀式に使われたのと同じく、オーロックスも宗教的な儀式に関係したのだろう。実際のところはどうあれ、狩りがオーロックスの数に大きく影響したようだ。このことにくわえ、開墾のために生息地が減ったり、家畜種の牛から病気が伝染したりしたこともあって、オーロックスは徐々に絶滅に向かったのだろう。ヨーロッパの人里離れた地域では、比較的最近までオーロックスが生き残っていた。わかっているかぎり、最後のオーロックスが死んだのは1627年、ポーランドの森だった。現在の牛

32　図説世界史を変えた50の食物

のDNA研究によると、オーロックスが最初に家畜化したのは、約1万年前の中東、肥沃な三日月地帯だったという。どうしてそうなったのか正確なところは不明だが、最近の説によれば、もともとは宗教的儀式に使うために野生のオーロックスを捕らえ、いつ儀式が必要になってもいいように、オーロックスを飼っていたらしい。だが、野生種が減りはじめ、儀式用に十分な数だけ捕まえるのがむずかしくなると、すでにとらえて飼っていたオーロックスの繁殖をはじめ、その後、その牛を農耕にも使うようになったようだ。

トルコ南東部にある1万2000年前の遺跡ギョベクリ・テペのような、肥沃な三日月地帯の遺跡からの出土品によれば、オーロックスが崇敬の対象だったことは確かで、その後家畜化された。アナトリア中央部、約9000年前のチャタル・ヒュユク遺跡では、家畜の牛らしきものの頭蓋骨と角が、プラスターを塗り彩色して住居の壁にかけてあった。考古学的に見ると、これはチャタル・ヒュユクで雄牛崇拝の祭儀が行われていたことを示すという。こうした雄牛の頭蓋骨の飾りのことをブクラニアといい、同様の例は他の遺跡でもみられる。ブクラニアについては、このほかにもかなりストレートな解釈がある。これは祝宴の痕跡で、宴会の後、残った牛の頭蓋骨を記念に飾ったのだという。

**野生の牛**
オーロックスを描いた1万7000年前の洞窟壁画。フランス南西部のラスコー洞窟。

**人はあらゆる家畜、空の鳥、野のあらゆる獣に名を付けた**
『創世記』2章20節［『新共同訳聖書』、日本聖書協会、1987年］

## オークニー諸島の祝宴

チャタル・ヒュユクに住んでいた人々が壁にブクラニアをかけた意図は知るよしもないのに対し、約4300年前のオークニー諸島での出来事についてはいくぶんわかっている。あるときのこと、大宴会が催され、600頭の牛の肉が1万人もの人々を満腹にしたらしい。この宴会の跡を見つけたのは、ブリテン諸島で有数の注目すべき新石器時代遺跡、オークニーの2つの入江にはさまれたネス・オヴ・ブロッガーという狭い岬で2003年に見つかった遺跡を発掘していた考古学者だった。この遺跡は、神殿群だといわれており、すくなくとも12の大きな建物が、基部の幅3メートル、高さも最低でも同じくらいあったと思われる巨大な石壁に囲まれている。

説明できないものが見つかったとき、考古学者はたいてい、なにか儀式のためのものだ、と言うが、ネス・オヴ・ブロッガーの建物群の場

**神殿群**
オークニーのネス・オヴ・ブロッガーの発掘調査。12の大きな建物が巨大な壁に囲まれていたことが判明した。

合、この説明はどこから見ても正当と思われる。建物群の中央にある最大の建物3つは、内部の配置が、近くにあるほぼ同時期の新石器時代墳墓メイズハウのものと似ている。ただし、これら建物群には入口が3つあり、ひとつの入口だけ反対側に置かれていて、まるで人が通り抜けるために建物群があるかのようだ。内部には多くの炉床があり、壁にいくつものくぼみがあるほか、石壁で中央の主要スペースと区切ったアルコーブもある。こうした建造物を造るための労働力、建物と周囲の壁の巨大さからすると、この建物群は特別な目的のために造られたにちがいない。ネス・オヴ・ブロッガーからそれほど遠くないところにある同時期の遺跡、スカラ・ブレイで発見された新石器時代の住居はこれほど大きくない。このふたつの遺跡の違いから、中世の都市との類似点も指摘されている。中世の都市では、住人は自分の信仰心、ときには自分の富を誇示するため、周囲の建物を見下ろすような巨大な大聖堂を建てた。

**スカラ・ブレイ**
スカラ・ブレイの新石器時代の住居内部。石造の収納箱のようなものが見える。

　この建物群の建造は、約5000年前にはじまった。ブリテン諸島で農耕がはじまってまもなくのことだった。このことは、人々の世界観が変わったことを示すのかもしれない。農耕への移行にともなって世界観が変化したのか、それとも一部学説にあるように、世界観の変化がそもそもの原因となって農耕へ移行したのだろうか。狩猟

採集の生活をしている人々は、自分たちの暮らす環境や狩る動物を崇敬する傾向にあるが、農民は豊作や季節の移り変わりのほうを気にかける。そして世界各地、多くの文化で、雄牛が豊饒を象徴しているが、約4500年前のストーンヘンジなど、ブリテン諸島の巨石建造物の多くは、季節が変わる瞬間を示せるように造られた。たとえばストーンヘンジでは、冬至と夏至がわかるようになっている。入念にならべられた環状列石の内部に立つと、1年のうち昼間が最長の日と最短の日の日の出と日の入りが正確にわかり、冬のはじまりと終わりを知ることができる。

ストーンヘンジを造った人々は牛を飼っていた。その文化はオークニーの神殿群を建てた人々と共通点が多い。両者とも、条溝文土器とよばれる陶器を使っていた。この溝のある土器はオークニーが起源なので、そこから推測すると、この文化はまずオークニーで生まれ、それから南へ広がってブリテン諸島全体にいきわたったのだろう。その後、理由は不明だが、ネス・オヴ・ブロッガーの神殿は突然放棄されたばかりか、当時まだあった唯一の建物（祝宴が開かれた建物）が意図的に破壊されて埋められた。この作業も、最初に建物を造ったときとほぼ同じくらいの労働力が必要だったはずだ。だがそのおかげで、いまも遺跡が保存されており、建物の最後のときを記念するために開かれたらしい最後の大宴会の痕跡も残っている。

**コブ牛**
◆
コブ牛はインド原産の背中にコブのある牛で、約8000年前、今のパキスタンに存在したインダス文明の新石器時代初期に、アジアのオーロックスが独自に家畜化された結果生まれた。コブ牛はヨーロッパの品種よりも暑さと乾燥に強いので、今では世界中の熱帯諸国や乾燥地帯にいる。ロデオでよく見るブラーマ種の巨大な雄牛は、19世紀終わりにインドからアメリカへ輸入されたコブ牛を品種改良したもので、以来、重要な商業品種になった。

この遺跡で見つかった牛の骨を化学分析した結果、当時のオークニーの農耕はかなり高度だったことが判明した。骨が多量の窒素をふくんでいることから、牧草の生育を向上させるため農地に肥料をあたえていたと思われるのだ。おそらく、牛の肥やしをまいていたのだろう。海岸で集めた海藻も使っていた可能性が高い。オークニー諸島では、20世紀に入るまで海藻を肥料として使っていたからだ。当時の人々が、約1000年間もいろいろな形で使いつづけてきた神殿を放棄し、破壊した理由は不明だが、なにか信仰上の激変があったのかもしれない。それで、もう神殿が要らなくなったのだろう。あるいは、できるだけ多くの

## 神戸ビーフ

◆

神戸ビーフは世界有数の高価な肉で、日本を代表するごちそうだといわれている。産地は兵庫県にかぎられ、肉の品質を確保するため厳格な基準に沿って飼育される。但馬ウシの血統の和牛だけを使い、穀物をあたえて時間をかけ育てる。独特の霜降りと柔らかな風味がある肉を生産するためだ。日本では商標をつけて販売しているが、他国では法的保護が認められておらず、しかも神戸ビーフはほとんど輸出していないので、日本国外で神戸ビーフという名前で売っている肉の大半は、本物の神戸ビーフではない。

牛をつれて島から出ていこうとしていたので、永遠に島を去る前に最後の大宴会を開いて、残していくことになる牛を食べたのかもしれない。

## 牛の文化

ブリテン諸島で牛が文化的にどのような位置にあったのか、それを解くヒントは、考古学の発掘調査で判明したこと以外にもある。アイルランドの口承文化が代々伝えてきた物語だ。ケルト神話とよばれることもあるこの物語は、紀元前6世紀から紀元1世紀にかけての鉄器時代に生まれたらしく、アイルランドのキリスト教修道士が書きとめて保管しておいてくれたおかげで、いまも読むことができる。このうち現在まで残っている最長の物語が、略称『トーイン（牛捕り）』、アイルランド語の完全な題名でいうと『トーイン・ボー・クーアルンゲ（クアルンゲの牛捕り）』で、『クーリーの牛争い』という題名で英訳されている。

『トーイン』はアルスター伝説群の一部で、他の物語と同じく、アイルランドの英雄である有名な戦士クー・フーリンの偉業を伝える。ここでの彼は、隣国コノートの攻撃からアルスターを守る。コノートの戦士が、女王メイヴのほしがっている大きな茶色の雄牛ドン・クーアルンゲを奪い去ろうとしたからだ。というのも、女王よりも身分の低い夫のアリルが、フィンドヴェナハという白い角の雄牛を所有しており、アイルランド全土で唯一この牛だけが、ドン・クーアルンゲに匹敵するほど珍重されていたので、メイヴはアリルのほうが自分よりも金持ちだと思うと我慢ならず、アルスターの雄牛をほしがったためだった。

物語では、激しい戦闘が次々とくりひろげられ、クー・フーリンがコノートの戦士を何百人も倒すが、敵がドン・クーアルンゲをつれ去るのを阻止できず、クライマックスで、彼は幼な

じみのフェルディアと1対1で対決する。この戦いは4日間続き、結局、クー・フーリンが魔法の武器ゲイ・ボルガを取り出してようやく決着がつく。彼がゲイ・ボルガをフェルディアの腹に刺すと、ゲイ・ボルガが破裂して無数のトゲになり、ついにフェルディアの命を奪う。物語の最後には、両軍が激突したのち、クー・フーリンとフェルディアの決闘に匹敵するほど勇壮な闘牛が行われる。そして、ドン・クーアルンゲがフィンドヴェナハを角でつき殺し、その後、角にフィンドヴェナハの内臓をぶら下げながらアルスターへ戻っていく。

**アイルランドの英雄**
アイルランドの神話アルスター伝説群の偉大な英雄、クー・フーリン。1911年のイラスト。

『トーイン』は生き生きとした描写の残虐な物語だが、『イーリアス』にあるアキレウスの物語と類似点が多い。ファンタジーの要素もあるが、鉄器時代の社会、とくに牛を重要視していたことについての理解も深まる。物語では、富は牛の所有頭数だけでなく、所有する牛の質によっても判断されている。すぐれた牛をもっていれば名声を得られ、羨望の的になる。もちろん、『トーイン』をはじめとするケルト神話は、そもそもが文字のない時代の言い伝えなので、ここに描かれている価値観が物語の生まれた時代を正確に反映しているとは言いきれず、書きとめられるまでの何百年間、まったく変わらず伝えられてきたと断言することもできない。それでも、鉄器時代のアイルランドは、当時のブリテン諸島の他地域と同じく牛の文化だった、という結論は筋のとおらないものではないだろう。

> やつらに大量の牛肉と鋼鉄の武器を与えれば、狼のように食らい、悪魔のように戦うでしょう。
> ウィリアム・シェイクスピア『ヘンリー5世』[『シェイクスピア全集Ⅲ』小田島雄志訳、白水社]

## ヘレフォードシャーから世界へ

　以来、ブリテン諸島には畜産の長い歴史がある。もし未来へ数千年タイムスリップできたとしても、そこにはやはり牛肉が大好きなイギリス人がいるだろう。すでにラムの項で見たように、イギリスの農業は18世紀の終わりに大きく変化したが、そのすべてがハイランド放逐（28

牛肉　37

ページ参照)ほど非人道的だったわけではない。たとえばヘレフォードシャーの農村部では、できるだけ高品質の肉がとれる牛を作ろうと、畜産農家の多くが品種改良を行っていた。18世紀末には、ヘレフォード種が誕生した。この牛は胴が独特の赤茶色、顔が白で、すくなくとも私見では(著者はヘレフォードシャーの農家育ちなので、若干ひいき目かもしれないとは思うが)、いまや世界最高の牛肉がとれる。

19世紀初頭には、ヘレフォード種は安定した品種になっていた。そして1817年頃、はじめてアメリカへ輸出された。品種として定着するには数十年かかったが、有名になると、乾燥の厳しい地域以外のところでは、それまで牧場で飼われていた牛、たとえばショートホーン種やテキサス・ロングホーン種に代わって飼育されはじめた。そしてアメリカでの成功にならい、他の地域、とくに南米とオーストラリアでも導入されたので、ヘレフォード種は牛の品種としてはもっとも広範に分布したものとなった。いまもこうした地域で重要な位置を占めている。

だが1970年代になると、イギリスのヘレフォード種は減少した。シャロレー種、リムザン種、シンメンタール種など、欧州大陸原産の品種が導入されたからだ。こうした品種のほうが大きいだけでなく、当時の牛肉市場の変化に対応するために決定的な点として、脂肪分の少ない肉がとれた。ヘレフォード種は比較的脂肪分の多い品種だ。霜降り肉なので非常に風味がよいが、もともとは荷を引くための牛だった欧州大陸産の品種のほうが大きく筋肉質で、脂肪は少ない。ヘルシー志向の市場で求められているのは低脂肪の肉だった。ただし、そうした肉は火を通すと

**ヘレフォード種**
ヘレフォード種の若い雄牛。赤茶色の胴に白い顔が特徴的な品種。

パサパサになる。そこで、この問題を解決するため、牛の飼料
を穀物にした。こうすると脂肪分が増え、しかもヘレ
フォード種より生育が早くなったので、食肉処理年齢
も若くすることができた。

　最近では、ヘレフォード種もいくぶんか盛り返し
ている。ひとつにはヘレフォード種を大型化する品
種改良が進んだためでもあり、また、ヘレフォード
種やアバディーン・アンガス種のようなイギリス原
産の品種のほうが、欧州大陸原産種よりも肉の品質
が高い、とイギリスで評価が上がったためだ。ヘレ
フォード種やアンガス種の牛肉のほうが高価になり
がちだが、それは、欧州大陸原産種に比べ多くの牧草と
少ない穀物でゆっくり育てるからで、このおかげで肉の風
味もよい。

　このところのヘレフォード種とアンガス種の復活からすると、イギ
リス人は牛肉に嫌気がさしてしまったわけではなさそうだ。1980年代
と90年代にBSE（牛海綿状脳症）危機が発生し、BSEが人に感染する
可能性もあって、健康不安がかきたてられたが、この問題もどうにか
のりこえた。だが牛肉については、食べすぎるのも健康に悪いといわ
れるうえ、畜産業全体にかかわる環境問題も多数ある。たとえば、放
牧地を作るために他の生物の生息地を破壊することや、牛が牧草を消
化するときに大量の温室効果ガスを出しているなどの問題だ。それで
も、イングランド伝統のローストビーフ、とくにヨークシャー・プディ
ングとホースラディッシュのソースをそえたものは、いまもイギリス
を代表する料理であり、懸念材料はあるものの、この先もしばらくは
現状維持ということになりそうだ。

**サンデー・ロースト**
イギリスの伝統的な昼食。
ローストビーフにヨーク
シャー・プディング、ロース
ト・ポテト、野菜、グレー
ビーソースをそえる。

無敵のローストビーフがイングランド人の食べ物だった時代、
ローストビーフはわれらの頭脳を高め、われらの血を豊かにした。
われらの兵は勇敢で、われらの廷臣は立派だった。
おお、古きイングランドのローストビーフ、
イングランドのローストビーフ。
ヘンリー・フィールディング作詞「The Roast Beef of Old England」

牛肉　39

# デーツ

起源：中東と北アフリカ
時代：約7000年前
種類：ナツメヤシの実

◆ 文　化
◇ 社　会
◆ 産　業
◇ 政　治
◇ 軍　事

　ナツメヤシは北アフリカと中東の砂漠地帯全体に広く分布しており、そうした暑く乾燥した環境でも育てられる数少ない栽培植物のひとつである。全部で800種もの用途があるといわれるが、そのうちもっとも重要なのはナツメヤシのもたらす食べ物だろう。ナツメヤシの果実、デーツは数千年前からこの地域に欠かせない食品で、炭水化物と必須ビタミンの摂取源として、これに匹敵する食べ物がほとんどない地域では貴重な栄養源になっている。

## 砂漠の食べ物

　デーツは数千年前から食べられていたが、ナツメヤシが栽培されるようになったのは、今わかっているかぎり7000年前のことで、今のイラクやイランにあたる地域が最初だったようだ。これより東のパキスタンのインダス川流域でもはじまっていたかもしれない。ナツメヤシの栽培法が見つかると、ナツメヤシはたちまち乾燥地域全体に広まったらしい。というのも、デーツは乾燥させれば長期間保存でき、砂漠を渡る長旅の食料になるからだ。アラビア砂漠とサハラ砂漠を渡る交易路ができ、とくに約3000年前にラクダを飼って商品の運搬に使うようになってからは、商品を運ぶ隊商があちこちのオアシスをまわりながら広大な砂漠を渡るようになった。

　アラブ人の商人は、金、香料、象牙、それにいうまでもなく奴隷などを商品として運んでいた。荒涼とした砂漠を渡るためのガイドとしては、地元の遊牧民を使うことが多かった。アラビアのベドウィンや北アフリカのベルベル人だ。この旅を支えたのが、ラクダの乳とデーツだった。イスラム世界各地を旅してまわった大旅行家で旅行記を書いたイブン・バットゥータ（1304-1369年）は、1352年、隊商にくわわってサハラ砂漠を北から南へ縦断し、そのときの経験の記録を残しているが、この旅行記で彼は、訪れた町やオアシスの繁栄ぶりをそこのデーツの品質で判断している。彼はサハラ砂漠の北西端にあるモロッ

**ナツメヤシ**
ナツメヤシの雌株の樹冠に実った大きなデーツの房。成長したヤシからは45キログラム以上の実がとれる。

コの都市シジルマサから旅をはじめた。当時この都市は、サハラ砂漠の西側を縦断する交易路の要衝だった。ただし、その後16世紀から17世紀にかけ、ポルトガルとイギリスの交易船があいついで参入したことで、そうした陸の交易路が不要になり、シジルマサも交易拠点としては重要視されなくなった。ともあれ、彼は砂漠を25日間旅したのち、今のマリ北部にあるタガザに到着した。彼によると、その町は住民全員が塩の交易に従事しており、住居にも塩塊がつかわれていたという。

イブン・バットゥータはタガザからマリ帝国へ向かって南下を続け、サハラ砂漠でもっとも乾燥した地域を渡っていった。隊商のリーダーたちが、砂漠の南端にあるオアシス都市ウアラタへ一足先に人をやって、水をもち帰らせたこともあった。当時はそれが、こうした厳しい長旅の慣行だった。そうこうして約6週間後、一行はウアラタへ到着し、約1600キロにおよぶ隊商の旅が終わった。イブン・バットゥータはウアラタですごした約50日間についてはほとんど語っていない。コメントしているのは、いかに暑いかということ、「小さなナツメヤシがほんの少し生えている」だけだが食用の羊肉はたっぷりあること、くらいだった。

ウアラタは、13世紀から1600年頃まで存在したマリ帝国の最北端の前哨地だった。イブン・バットゥータはこのオアシス都市からさらに旅を続け、帝国の首都ニアニへ向かった。そしてニアニに8か月間滞在したが、このときのマリの王のもてなしにはがっかりさせられたらしい。その後、彼はティンブクトゥというオアシス都市を経由してモロッコへ戻った。ティンブクトゥはのちにサハラ交易路の拠点となって富が集まったが、当時のティンブクトゥはまだそれほどでもなかったようだ。このときのイブン・バットゥータは以前とは別の隊商にくわわり、北へ向かって砂漠を渡った。この隊商は、西アフリカの女性奴隷600人をマラケシュとタンジェの奴隷市場へ運ぶ隊商だった。こうして彼はようやく帰郷し、この旅が彼にとって最後の大旅行となった。

> わたしはシジルマサという都市に着いた。非常に美しいところだ。上質なデーツが豊富にある。
>
> イブン・バットゥータ

### タジン

タジンとは肉と果物を煮こんだ北アフリカのシチューで、もともとはモロッコの遊牧民であるベルベル人が直火で作っていた。タジンという名前は、この料理を作るときに使う独特の土鍋に由来する。この鍋は、大きな皿に円錐形のふたをかぶせるため、鍋の中を蒸気が循環して外に出ないので、少ない水で料理できる。タジンの代表的レシピのひとつが、ラム肉とデーツのタジンだ。モロッコではこれの仕上げに塩漬けレモンをくわえることが多い。レモンの酸味で風味が増す。

# ビール

> 近代医学思想の進歩のはるか以前に、アルコールが食事であることを発見したのは、わがジョージ伯父さんである。
> P・G・ウッドハウス『比類なきジーヴス』［森村たまき訳、国書刊行会］

起源：シュメール

時代：遅くとも紀元前2000年

種類：麦芽と水

◆ 文　化
◆ 社　会
◆ 産　業
◇ 政　治
◇ 軍　事

　ビールはじつは非常に湿ったパンなのだ、といってもよいかもしれない。パンもビールも基本的な材料はほぼ同じで、ともに酵母菌の発酵が関与する。ただし、発酵の目的は異なる。パンではふくらませるための発酵だが、ビールの場合は、糖をアルコールに変えるために発酵させる。世界各地、数多くの文化で、ビールは食生活の重要な要素になっている。効果的な公衆衛生システムが整うまで、ビールは清潔で安全な飲み物と見なされていた。また、社交のための集まりでは潤滑剤の役目を果たす。ときには、集まるための理由、あるいは口実にもなる。また「都市での生活」のはじまりが「文明」の誕生と考えるなら、ビールは文明の誕生にもかかわっていた。このため、ビールの歴史的位置を見てゆくなら、まずはそこからはじめるのがよいだろう。

### ビールと文明

　最初の都市が出現したのは、紀元前5500年頃のシュメールだった。メソポタミアの南部地域、今のイラクのティグリス川とユーフラテス川にはさまれた土地だ。このふたつの川の流域では、肥沃な土壌のおかげで穀物がよく収穫できたうえ、灌漑施設の整備でさらに余剰穀物が増え、多くの人が集まって一緒に暮らす村ができた。だれもが同じくらい生産性の高い方法で農耕を行っているなかで、まさにこの時代、こうして人が集まっていったのはなぜなのか、正確なところは不明だが、おそらく、外部の脅威から身の安全を守るためだろう。理由はどうあれ、都市の住民が増えはじめると、パン職人やビール醸造職人など、職業の専門化も進んだ。それに、こうした都市の事柄を管理する行政も発展した（もちろん徴税もふくむ）。

　都市が大きくなると、行政はさまざまな農産物や商品を記録する会計制度を

42　図説世界史を変えた50の食物

作った。粘土板に記号を刻印し、租税の徴収だけでなく、人々の労働に対して支払った報酬も記録した。租税徴収も報酬支払いもパンやビールの形で行うことが多かった。この記録が今では文明とよんでいるものの次なる兆し、文字のはじまりだ。そしてビールを表す記号は、醸造したビールを蓄えておくために使っていた大きな甕(かめ)だった。メソポタミアの遺跡でも古代エジプトの遺跡でも、人々がこうした大きな甕を囲んで座り、長いストローでビールを飲んでいるところを描いた絵が数多く出土している。ビールを飲むことは、今と同じく当時も社交のひとつだったのだろう。

> ビール…とりあえず一件落着だ。
> ホーマー・シンプソン

　文字が確立すると、シュメール人はただ記録をとるだけでなく、他にもいろいろな出来事を書き残すようになった。たとえば、紀元前1800年には、ニンカシというシュメールのビールの女神に捧げる歌の形で、ビールの製造方法を記録している。この「ニンカシに捧げる賛歌」では、女神が「バッピル」という蜂蜜とデーツで風味づけした大麦パンを大麦の麦芽と水が入った樽に入れ、その後ビールができたら、ビールをろ過しながら貯蔵用の甕へ移す。こうして女神がビールを作るようすを描いた後、歌は、ビールをあたえ、「至福の食事」と「幸福な肝臓」をあたえてくれた女神をたたえる。

　シュメールのビール文化は、メソポタミアの他の地域にも広がった。エジプト人もこれをとりいれたらしく、ビールはエジプトでも文化の中心になった。たとえば、ギザの大ピラミッドを造った労働者は、報酬がパンとビールだった。両方ともエジプト人の食生活には欠かせない品だ。1人あたりパンの塊3個、ビール2リットル入りの壺2個を受けとった。こうした労働者は農民で、毎年夏になるとナイル川が氾濫して農地が水浸しになるため、その間、巨大建設工事で働いていた。その他の時期は、ナイル川の洪水が残してくれた肥沃な土壌で小麦や大麦を栽培し、その作物の一部を租税としてファラオに払った。この作物がパンやビールとなって、ファラオのピラミッド建設に従事した農民に還元されていた。

**エジプトのビール**
ビール作りの木造模型。紀元前2000年頃のエジプトの墓から出土したもの。

ビール 43

**バビロニアの法典**
最初の成文法、ハンムラビ法典がきざまれたルーヴル美術館所蔵の石柱細部。

## ビールと法律

　現在わかっているかぎり、史上初の成文法は古代メソポタミアで誕生した。これもまた文明の発展のしるしだと見ることができる。全バビロニアを統一したハンムラビ王（在位紀元前1792-1750年頃）は、ほぼすべての事柄を網羅した法律を整備した。それにはビールの醸造と販売についての法律もふくまれていた。このハンムラビ法典は石柱にきざまれており、現在パリのルーヴル美術館が所蔵しているが、ここに書かれた多くの法律のなかに、ビール醸造者と宿屋の主人に対する厳しい価格統制がある。どうやら王は、ビールの料金を監視することが君主の重要な役目だと考えていたようだ。この法典では、ビールは20種類に分類されている。うち8種が大麦だけで作ったもので、他に小麦のビール、各種穀物をミックスして作ったビール、黒ビール、エジプト向けの特製ビールもある。ビールの醸造販売については、全面的に国家が統制していたも同然だが、おそらくそれは、租税を徴収しやすくするためでもあり、ビールに高すぎる値段をつけたりまがい物を売ったりするのを防ぐためでもあったのだろう。バビロニアの宿屋の主人たちが粗悪なビールを不当な高値で売ろうとしていたので、ハンムラビがそんな悪賢い商売を阻止しようとしたのではないだろうか。

　ビールの製造販売を法律で管理したのはハンムラビが最初だったかもしれないが、彼が最後だったわけではない。とくに有名なのは1516年のバイエルンの「ビール純粋令」で、バイエルンのビールは大麦麦芽とホップと水だけを原料とする、と定めた法律だ。当初は、ハンムラビ法典同様、バイエルンのビールの価格も統制し、法律に違反した場合の罰則も明記されていた。この法律は、小麦とライ麦をビール醸造ではなくパン製造に使わせるために制定されたが、やがてバイエルンのビールが高品質だということを示すしるしとみなされるようになり、ドイツの他の国でもビー

**ホップと大麦**
1516年のビール純粋令によれば、ビールは大麦とホップと水のみで製造するものとされる。酵母はのちに原料リストにつけくわえられた。

ル純粋令を採用するようになった。また、この法律が成立した当時は、酵母菌が醸造で果たす役割がまだ解明されていなかった。19世紀に法律の修正が行われ、認められる原料のリストに酵母菌もくわえられている。ビール純粋令はいまも、ドイツ全土で多くの醸造業者が忠実に守っているが、じつは、現在では法的拘束力はない。欧州共通の法律に違反するとみなされてしまったので、法律としては1988年に廃止されたからだ。

今日、世界中で圧倒的に多く売れているビールは、ラガーという種類のビールだ。ラガーというよび名は、ドイツ語で「貯蔵する」という意味の「lagern」から来ている。このタイプのビールは、バイエルンでは、夏にビールを低温に保つために洞窟で貯蔵していたことから生まれた。洞窟内に置いたビールは、樽の底のほうから低温で発酵し、常温で発酵させる上面発酵ビールに比べて澄んだビールになった。1842年、バイエルンの醸造業者ヨーゼフ・グロルが、この下面発酵ビールの製法をボヘミアのピルゼンという町（今はチェコに属する）へもちこみ、ザーツホップを使ってピルスナーというペールラガー・スタイルのビールを生み出した。ザーツホップとは、いわゆるノーブルホップの1種でザーツ産のホップのことをいい、他のスタイルのビールで使うホップよりも苦味が少ない。こうして生まれた黄金色のビールは、爽快な風味が人気をよんだだけでなく、それまでピルゼンで作られていた濃色の上面発酵ビールよりも長く保存できた。そして、このビールの品質のうわさが広まると、その醸造技術も広まりはじめた。

その後、19世紀末に冷却技術が進歩し、低温の下面発酵によるビールがどこでも作れるようになったため、中央ヨーロッパで人気のスタイルだったラガーは、やがて今のように世界でもっとも売れるビールとなった。最近では、ピルスナー・スタイルのラガーがあちこちで製造されている。ただし、その醸造業者の多くが、ドイツやチェコのようにビール純粋令の定める基準を熱心に守ろうとしているとはかぎらない。

## ピルスナー・ウルケル
◆

ペール・ラガーが1842年にはじめて作られたピルゼンの醸造所は、いまもまだ稼動している。同じタイプの下面発酵のラガーを製造しているが、現代的設備を用いており、所有者も巨大ビール企業SABミラーだ。このビールは1898年にピルスナー・ウルケルと名づけられた。これは「元祖ピルスナー」という意味で、当時数多く出現していたコピー品と区別するためだった。このビールも、現在も同じブランド名で販売されている。よその大量生産品のピルスナー・ラガーは、まったく味気ないことが多いが、それに比べピルスナー・ウルケルは非常に風味豊かだ。

**ビールを買って、一杯飲めば王様気分。**
ウィリアム・シェイクスピア『冬物語』［『シェイクスピア全集18冬物語』松岡和子訳、筑摩書房］

# 大豆

起源：中国

時代：遅くとも紀元前5000年以降

種類：タンパク質と脂質に富む豆

◆ 文　化
◆ 社　会
◆ 産　業
◆ 政　治
◆ 軍　事

神農
神農の典型的図像。19世紀日本の絵。

大豆にはなみはずれた特質がいくつかある。まず、成分の約2割が脂質で4割がタンパク質だ。このような栄養価をそなえる植物はほかにない。しかも、健康的な食生活に欠かせない必須アミノ酸をすべてふくむ。大豆は中国で大昔から栽培されてきたが、この特質を考えると、比較的最近まで東南アジア以外の地域ではあまり栽培されなかったことは意外かもしれない。だが今では、世界の多くの地域で広く栽培されるようになった。

### 神農

大豆が最初に栽培されたのは、中国中央部の黄河流域、中国の文明の揺籃の地だ。紀元前5000年には栽培がはじまっていたが、それよりかなり前から栽培されていた可能性も高い。この地域の考古学調査が進むにつれ、中国でも、肥沃な三日月地帯とほぼ同時代に農耕がはじまったらしいことが明らかになりつつある。基本的に、米など何種類かの主要な作物を栽培していたようだ。中国の初期の農業は、それほど多くの家畜を飼っていなかったので、タンパク質を多くふくむ大豆は、食生活に不可欠な食材だった。またそうした社会では、大豆の重要性が認識されていただろう。

中国の神話では、大豆を発見して栽培したのは神農だとされている。神農とは、王朝成立以前の時代、通常、紀元前2800年頃とされる時代の三皇（3人の神でもある帝王）のひとりだ。実のところ、神農（神である農民という意味）についての物語が最初に書かれたのは約2000年後で、神農が実在した可能性はあると考えられているものの、物語については伝説にすぎない。神話によれば、神農の民たちはそれまで雑草と虫だけ食べて暮らしていたが、神農が聖なる五穀、つまり米、小麦、大麦、粟、豆（もちろん豆は穀物とはいえないが）を見つけ出し、五穀の栽培法と農具を考案してくれたという。黄河流域で農耕ができるようになったおかげで、この地域に住んでいた漢民族は繁栄し、他の地域にまで広がりはじめ、こうした人口爆発の結果、漢民族はこの地域で最大の民族集団になった。この状況は現在まで続いている。いまも中国の人口の約95パーセントが漢民族だ。

神農の神話は中国ではなおもよく語られ、春の種まきなど、農事暦で

重要な日には神農を祭る祭事が行われている。また大豆も、いまも中国の農業の中心にあり、漢民族が移住した東南アジア各地に広がっているが、世界の他の地域では、大豆は栄養価が高いのに、20世紀になるまでそれほど多く栽培してこなかった。というのも、ひとつには、大豆は食べられるようになるまでに多くの処理が要るからだ。豆のタンパク質は、生の状態だと人間は消化吸収できない。さらに豆類には生体への毒性をもつ物質がふくまれているので、火を通してそうした成分を変性させる必要がある。

未処理の大豆を使う料理は数少ないが、そのひとつに日本の「枝豆」がある。まだ若い大豆を緑のさやのまま茹で、つまみものとして出す。このほかにも、大豆はいろいろな食品を作るのに使う。豆乳からは「豆腐」が、蒸して発酵させた大豆をすりつぶしたものからは醤油ができる。日本では、発酵した大豆を用いて「味噌」も作られる。味噌は多くの料理の基本食材で、澄んだスープである「出し」にくわえれば、「味噌」汁になる。日本で作られる「納豆」も、大豆をまるごと細菌で発酵させたものだ。発酵によってネバネバした白い粘質物ができ、豆と豆を引き離すと糸を引く。このネバネバにくわえ、鼻をつく独特のにおいがあるので、慣れていない人には納豆はすこし勇気がいるかもしれない。

**枝豆**
日本の料理。完熟前に収穫した大豆をさやのまま茹で、塩をふりかけて出す。

## アメリカの大豆

大豆がアメリカに入ったのは18世紀だが、実際に主要作物として定着しはじめたのは、1904年、大豆油を抽出するための産業用加工法が開発されてからのことだった。そして第1次世界大戦中、大豆油は普及しはじめ、油を抽出した後に残るタンパク質豊富なミール（油かす）が、肉の代用品として利用された。だが戦争が終わると、その人気が落ち、大豆は家畜の飼料とみなされるだけになった。1920年代には、大豆は商品作物というよりも畑をおおって土壌を保全するための被覆作物で、その窒素固定作用を利用し、生育後も収穫せずにまるごと土壌にすきこんでいた。こうした特性が役立つと立証されたのは、1930年代、中西部が砂塵嵐に襲われ、その被害をまのあたりにしたときだった。このとき、大草原は大規模に耕作され、小麦やトウモロコシが植えられていたが、長い干ばつのあと激しい砂塵嵐にみまわれ、大量の表土が吹き飛ばされてしまったのだ。

このときの砂塵嵐は、1929年の株式市場暴落が引き金となった大恐

慌に追い打ちをかけるものだった。広大な耕作地がもたらした小麦などの穀物の過剰生産もあって、農産物市場も暴落していた。そして1933年、フランクリン・D・ローズヴェルト大統領はニューディール政策の一環として、さまざまな農業政策を導入し、生産上の問題についても市場の問題についても取り組みはじめた。この政策のひとつが、過剰生産を縮小し市場のバランスをとりもどすため、小麦とトウモロコシの作付面積を制限することだった。だが、大豆の作付量については制限がなかったので、小麦とトウモロコシが許容制限に達していた農家は、大豆の栽培に転換した。大豆は干ばつに比較的強く、地中深く根を張るので、耕地を裸のままにしておかずに大豆を育てれば、土壌を固定でき、砂塵嵐で吹き飛ばされるのを防げる。しかも同時に、土壌内の窒素が増える。

第２次世界大戦がはじまると、大豆は肉の代用品としても使うために栽培量が増えたが、農作物としてはまだあまり一般的ではなく、普及したのは1970年代になってからだった。食品加工産業や家畜の集約

> 大地からエネルギー源のカロリーを得るには、トウモロコシが効率的で、大地からタンパク質を得るには、大豆が効率的だ。それでわたしたちは、安価なトウモロコシと大豆を大量に生産でき、結果、安価なファストフードを大量に生産できる食品製造・流通体制を考え出した。
> マイケル・ポーラン『雑食動物のジレンマ』

**ダスト・ボウル**
干ばつと強風で表土が吹き飛んだ。この写真は1936年撮影のサウスダコタの農家。

的生産で、大豆が広く利用されはじめたのだ。以後、大豆は栽培が急増し、今ではトウモロコシに次いでアメリカで2番目に広く栽培されている作物になった。大豆油は、非常に多種多様な用途がある。アメリカではもっとも一般的な調理油で、植物油という名称で販売されている。また、マーガリンや各種ソース、サラダドレッシングなど、さまざまな加工食品の原材料でもある。さらに、バイオディーゼル燃料の原料にもなり、工業用の用途も多い。たとえば、塗料や印刷用インクの製造に使われる。油を抽出した後に残るタンパク質豊富なミールのほうは、ほとんどが家畜飼料となるが、少量ながら一部は大豆粉になったり、植物性タンパクに加工されて、さまざまな加工食品の原材料になる。ベジタリアン向けの加工品などで食肉タンパク質の代わりに使われることもある。

現在アメリカで栽培されている大豆は、ほとんどが遺伝子組み換え作物だ。こうした品種がはじめて作られたのは1990年代で、特定のブランドの除草剤に対して耐性をもつ品種を生み出すためだった。そうなれば、除草剤を使っても作物にダメージをあたえず、雑草だけ除去できる。遺伝子組み換え食品については、長年にわたって環境上・健康上の懸念が数多くもちあがっている。それが一部の人々の予測どおりに災厄をもたらすものなのか、まだ明らかになっていないが、それでも、さまざまな問題が起きる可能性はある。遺伝形質の転換した遺伝子が周囲にどんどん拡散していくかもしれず、少数の超巨大多国籍企業が農産物市場を支配してしまうかもしれない。そうした企業は、利潤の拡大を最優先し、持続可能な農業システムの維持や安全な食べ物の生産を二の次にしている。このような大豆やトウモロコシは、アメリカの農業の姿を根本から変えたが、この変化が吉と出たか凶と出たかは、まだ判断するには早すぎる。

### 豆腐

豆腐は、高温の豆乳に硫酸カルシウムなどの凝固剤をくわえて作る。凝固剤でタンパク質を凝固させて凝乳状にしてから、これを濾して余分な水分をとり、押し固めて小さな立方体にする。これはミルクからチーズを作る方法とほとんど同じだ。できあがった豆腐は、凝固剤の量によって硬い豆腐になったり柔らかい豆腐になったりするが、味はかなり淡白だ。他のもっと味の濃い食材と合わせて料理すると、このことがよくわかる。豆腐にその味が染みこむからだ。

# トウモロコシ

起源：メキシコ南部

時代：遅くとも紀元前5000年

種類：この地域の主食

◆ 文化
◆ 社会
◆ 産業
◆ 政治
◆ 軍事

コーンあるいはメイズともよばれるトウモロコシは、大昔から中央アメリカの主食であり、この地域はトウモロコシがはじめて栽培された場所でもある。

いまもメキシコではトウモロコシが重要な食材で、コーンミール（乾燥させたトウモロコシのひき割り粉）を使ってトルティーヤなどいろいろな食べ物を作っている。またトウモロコシは、北米大陸にはじめて入植したヨーロッパ人にとっても重要な食料源だった。いまもアメリカでもっとも広く栽培されている作物だ。ただし、収穫したトウモロコシの大半は加工業向けで、自然の姿のまま食べることのほうが少ない。

## トウモロコシと文明

トウモロコシ栽培は、メキシコのアステカやペルーのインカなど、かつて中南米に存在した大帝国の礎石だった。トウモロコシ栽培がはじまった経緯については、正確なところはいまもまだ定説がなく、現在のトウモロコシがテオシント（ブタモロコシ）の選抜育種なのか、それともじつは、すでに絶滅した別の野生植物がどこかの段階でテオシントと交雑して生まれた品種の子孫なのか、学会でも論争が続いている。野生のテオシントがトウモロコシと大きく異なるのは確かで、トウモロコシのような大きな穂ではなく、細い穂に堅く小さな穀粒ができるだけだが、突然変異が自然に起きたか、初期の農民が選抜育種したかして、今のような生産性の高い植物になったという可能性もある。ともあれ、紀元前5000年頃には、もしかしたらそれよりかなり前にも、比較的大きな穂をつける品種のトウモロコシが、メキシコ南部のオアハカの低地で栽培されていた。

**メキシコのトウモロコシ**
ディエゴ・リベラ（1886-1957年）による壁画細部。アステカ人の男女がトウモロコシの栽培と処理をしている。

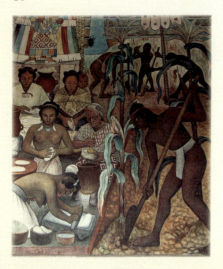

この地から、トウモロコシはメキシコ全土に広がり、さらに北上して今のアメリカ南部、南下して南米大陸へと広がったという。ただしこれとは別に、ペルーの沿岸地域でも栽培がはじまったらしいことを示す形跡もある。トウモロコシをはじめ、他にも数々の栽培植物化された豆類、カボチャなどを基礎にして、多くの場所で農業が確立していった。そうした地域は、人口が急増し、やがて複雑な階層社会が生まれた。この最初の例のひとつが、メキシコ南東部タバスコ地域の沿岸低地にいたオルメカ人だ。彼らは紀元前1500年頃から都市に住みはじめ、階段ピラミッドを築いた。

オルメカ人は、このメソアメリカとよばれる地域の「母なる文化」といわれる。というのも、彼らの文化的特徴の多くが、のちのトルテカ、アステカ、マヤの文化的特徴と重なるからだ。都市に住み、階段ピラミッドを建てただけでなく、オルメカ人はこの地域ではじめて文字を使い、星図を描いた。最初の暦も生み出したらしい。また、宗教祭儀で儀礼的流血や人身御供を行ったともいわれる。そうした行為は、のちのメソアメリカ文明では確実に行っていたが、オルメカ人についてはまだ決定的な証拠がない。

紀元前400年頃、オルメカ文明はとつぜん衰退し、都市が放棄され、人口も激減した。どうしてこうなったのか、完全に解明されているわけではないが、どうやら、なんらかの理由で人口が激減してトウモロコシの収穫量が減り、それにより食料不足が起き、減ってゆく食料の蓄えをめぐって人々が争い、ついにはオルメカ文明そのものまで崩壊したらしい。現存するオルメカ文明の名残といえば、博物館が収蔵する工芸品など人工物や、メキシコ南部の多雨林に残る都市の廃墟だけだ。これもまた、トウモロコシのような主食がいかに重要かを示すものだろう。文明の開花をもたらすこともあれば、文明の崩壊をまねくこともあるのだ。

### 三姉妹

◆

コロンブス到来以前の中南米では、多くの場合、トウモロコシとマメとカボチャの栽培が農業の基本だった。この3つは「三姉妹」とよばれ（アメリカの1ドル硬貨の裏にきざまれたこともある）、たいてい同じ畑で一緒に栽培された。これも混植の一例で、各植物が畑全体に利益をもたらす。トウモロコシの高い茎は、マメのつるが這いのぼる支柱になり、マメは、根の根粒菌による窒素固定が土壌を改良する。そして丈の低いカボチャは、地面をおおって、雑草が生えたり土壌が乾燥したりするのを防ぐ。

## 工業化したトウモロコシ

1970年代以降、アメリカの農業はトウモロコシ栽培の激増によって変貌をとげている。トウモロコシのほとんどが家畜と家禽の飼料か、食品加工業か、食品以外の工業用に使われているのだ。現在のアメリカのトウモロコシ栽培の仕方には、オルメカ人の農法と似ているところがある。トウモロコシとマメ（アメリカでは大豆だが）を一緒に栽培し、家畜を使わない。とはいえ、この類似点ふたつを別にすれば、両者はまったくかけ離れている。今のアメリカでみられるトウモロコシの大規模栽培は、大規模な施肥、除草剤と殺虫剤の使用に大きく依存するもので、以前はアメリカでも農村風景の一部だった家畜は、今では肥育場や小屋のなかで集約的に飼育されている。

こうした農業の変貌と時を同じくして、アメリカ人の肥満、糖尿病、心臓疾患も急増した。すくなくとも一部の意見によれば、これらふたつの現象は関係があり、今日、多種多様な飲食物に異性化糖（HFCS）を使っていることが一因だという。1970年代、アメリカ政府は砂糖の輸入に関税を導入して、国内の輸入砂糖価格を世界貿易レベルより高く保つよう操作する一方、トウモロコシ栽培農家には補助金を支給して支援したので、トウモロコシの収穫量が激増した。その結果、大手飲食品メーカーのほとんどが、甘味料を砂糖からHFCSに切り替えた。同時に、安価なトウモロコシが入手できるようになったことで、それまで草地に放牧していた肉牛は、肥育場で集約的に肥育するほうが低コストだということになった。そして、空いた草地は耕され、そこでもトウモロコシが栽培された。

肥満が増加した原因を厳密に特定するのはむずかしい。食生活が要因というだけでなく、デスクワーク中心の生活と運動不足など、社会的要因も関係するからだ。だが、アメリカなど先進国の多くでは、昔よりも今のほうが炭水化物を多く食べているのは明らかで、そのことがこの問題になんらかの関係をもつにちがいない。食生活に炭水化物が増えたのは、以前よりも多くの加工食品を食べるようになったことが大きな理由である。とくに、ソフトドリンクの摂取量が増えたが、これにはたいてい大量のHFCSが

> 公衆衛生局が肥満の蔓延について警鐘を鳴らしてはいるが、大統領は安価なトウモロコシが大量に流通しつづけるようにするための農業法案に署名しつづけている。こうして、スーパーマーケットでもっとも安価なカロリー源が、これからももっとも不健康なものであることが確実になっているのだ。
> マイケル・ポーラン『雑食動物のジレンマ』

**シロップの樽**
ニューヨークの港湾作業員が、ハドソン川のはしけにコーンシロップの樽を積んでいる。1912年頃撮影。

ふくまれる。

　安価なトウモロコシを生産しつづける農業体系は、炭水化物のとりすぎに関係する健康問題をひき起こす可能性があるだけでなく、そもそも根本的に不安定だといえる。というのも、アメリカ政府の継続的な支援に依存しているからだ。政府の農業政策が変わって、砂糖の輸入関税をなくしたり、農家への補助金を減らしたりしたら、今のトウモロコシ生産方法は経済的に引きあわなくなり、農家は方向転換を強いられることになるだろう。アメリカでは、今のところ食品加工業界と農業団体のロビー活動が政府の政策形成に大きな影響力をおよぼしているので、近い将来に大きな変化があるとは思えないが、もしそうなったら、もっとも苦しむのはアメリカの農家である。飲食物のメーカーは、別のところから砂糖を購入するよう切り替えられるが、トウモロコシ栽培に大きく投資した農家は、適応するのにひどく苦労するだろう。

**加工トウモロコシ**
今のアメリカでとれるトウモロコシの大半は、食品加工業か家畜飼料に使われる。

　マイケル・ポーランは著書『雑食動物のジレンマ』で、アメリカ政府が生み出したばかげた状況を指摘している。政府が工業的な食品製造・流通体制を支援したために、さまざまな健康問題が生じているという。この体制の現状維持には多くの既得権益がからんでいるので、なんらかの有意義な変化が政府レベルから出てくることはありえない。解決策を見つけられるのは、アメリカの消費者ということになるだろう。どんな食品を買うか、消費者は自分で決められるからだ。健康的な食生活へ向かって大規模な転換がはじまったら、食品メーカーもそれに対応しなければならない。そうしなければ業績は落ち、人々のほしがるものを生産している他社が優位に立つことになる。

### 異性化糖
◆

　異性化糖（HFCS）の生成工程は、1960年代後半に日本で開発された。酵素を利用してコーンシロップのブドウ糖の一部を果糖に変化させる。果糖のほうが甘味がかなり強い。医学研究によると、人間は果糖の代謝経路の性質により、他の糖類を同量摂取した場合よりも体重が増えるらしい（まだ立証されてはいないものの）。そうなると、今のアメリカでHFCSを広く利用していることが、国民の健康を大きくそこなっているといえるかもしれない。

トウモロコシ　53

# 麺
めん

起源：中国

時代：紀元前2000年頃

種類：穀物の粉と水を練って
細いひも状にしたもの

◆ 文　化
◆ 社　会
◆ 産　業
◆ 政　治
◆ 軍　事

麺はシンプルな食べ物といえるだろう。穀物の粉と水を練って生地を作り、その生地をひも状に成形して火を通す。だが、麺とはどういうものかを厳密に定義するとなると、簡単なことではない。世界中にはじつに多種多様な形態の麺があるからだ。ほとんどのものは小麦粉か米粉が原料だが、他の穀物の粉もありとあらゆる種類のものが使われており、練った生地を麺にする方法も無数にある。そのためここでは、麺の定義という問題にはまりこむのを避けようと思う。穀物の粉と水を練ってひも状にしたものがなんとよばれているかについてはあまり気にかけず、それらが歴史にあたえた影響を見ていくことにする。

## 古代の麺

2002年、中国中央部の黄河の川岸で、紀元前2000年頃の青銅器時代の喇家遺跡を発掘していた考古学調査団が、ある住居の床の上にひっくり返した鉢があるのを見つけた。この遺跡は、河川堆積物より3メートルも下に埋まっていた。堆積物の低層は、地震がひき起こした大洪水によるものだったらしく、そのためこの場所は放棄されたままになっていたのだ。調査団が鉢をもちあげてみると、そこには堆積物がつまっていたが、鉢の底には、保存状態の良好な細長いひも状のものが残っていた。それは麺のように見えた。堆積物のおかげで真空状態になっていたので、麺が腐らなかったのだ。そして、この麺を分析したところ、遺跡全体と同時代のもので、2種類の粟の粉でできているとわかった。麺がよく伸びるよう、強度と弾力性をあたえるために粉を混ぜあわせたらしい。

4000年前の喇家の麺は、今の中国にあるラーメンと似ていた。ラーメンは、生地を手でねじったり折りたたんだりして作るが、小麦粉が原料で、生地の重さを利用して麺を伸ばす。

あの古代の麺も同じようにして作られたとはいいきれないが、類似点からしてその可能性はある。確かなのは、あの発見で、この種の食べ物の起源についての長年の論争に決着がついたらしいということだ。それまでの論争では、麺が最初に作られたのはイタリアで、それがシルクロードという昔の交易路を逆方向に進む形で東に広まった、という説もあれば、シルクロードを使って絹などの商品を中国からヨーロッパへ運んでいたアラブ人商人が、麺をはじめて作り、取り扱い商品と一緒に麺も中国とイタリ

54　図説世界史を変えた50の食物

アへ伝えた、という説もあった。喇家の麺の年代から、起源は中国だということがはっきりした。ただし、イタリア人とアラブ人がそれぞれに同じ方法で食べ物を調理するようになったのはなぜか、理由は見あたらない。

**パスタ**

　最初に麺を食べたのはイタリア人ではないようだが、それでも、現在パスタとよんでいる麺も、非常に長い歴史がある。古代ローマの詩人ホラティウスは、紀元前1世紀にラザーニャという料理について書いている。彼の描いた料理は、パスタを何層も重ねた今のラザーニャ料理とはあまり似てない。小麦粉の生地を平たい板状にしたものを土台にした料理だった。スパゲッティと同じようなひも状のパスタがはじめて登場するのは、今わかっているかぎり、12世紀のシチリアである。1071年にノルマン人に征服されるまで、シチリアは200年以上のあいだアラブ人に支配されていた。シチリアに対するアラブ人の影響がパスタの紹介にまでおよんだのかどうか、今では推測しかできないが、このパスタは、シチリア島を起点にしてイタリア半島全体に広まったようだ。そして、これを乾燥したパスタは、ヴェネツィアとジェノヴァという強力な都市国家にとって、重要な食品になった。この両都市が中世の時期に台頭したのは、ともに、地中海全域さらにはその先へと手を広げた大規模な貿易で得た富と、強力な海軍をもっていたためだった。

　イタリアへパスタをもちこんだのは、以前は、かの有名なヴェネツィア人商人マルコ・ポーロだといわれていた。彼は13世紀の終わりにシルクロードを中国まで旅したが、その旅行記に、麺のことが書いてあったからだ。だがじつは、彼が旅をしていたときには、パスタはすでにイタリアの主食になっていた。研究によれば、結局のところ、パスタとマルコ・ポーロの関連話は、全米マカロニ生産者協会（National Association of Macaroni Manufacturers of America）が販売促進のためにもち出した小道具だったらしい。自分たちの製品にまつわるロマンたっぷりの物語で売り上げを伸ばそうとしたのだ。ともあれ、その後

**パスタ作り**
14世紀のラテン語の本の挿絵。ふたりのイタリア人女性が生地を練ったり、パスタを乾かしたりしている。

麺　55

**スパゲッティ**
パスタはシチリアで生まれ、その後イタリア全土に広まったらしい。

　1497年にクリストファー・コロンブス（ジェノヴァ出身である）がアメリカ大陸を発見し、イタリアへトマトが入ってきたことで、「ラグー」という、いまやこれぞイタリアンだと世界中が認めるソースの材料が全部そろった。
　やがて19世紀になると、パスタは工場で作られるようになり、イタリアの国民食になったばかりか、諸外国へも輸出されるようになった。なかでもアメリカは、とくにイタリア南部の貧しい地域から大量の移民がやってきたので、多くの都市にイタリア系アメリカ人の大きなコミュニティが生まれ、そこでパスタやピザを出すレストランもできた。こうしてイタリアの食べ物に触れたうえ、パスタが手軽で長期保存できる食品だということもあって、パスタはアメリカをはじめ多くの国で人気の食べ物になった。そして、パスタと一緒に入ってくるイタリアのライフスタイルや食べ物の評価が上がるにつれ、パスタの人気も上昇した。ハリウッドのギャング映画に出てくるイタリア料理も、パスタの宣伝になったはずだ。そうした映画には、マフィアが次の殺しの計画を練りながら、レストランで食事をしたり料理をしたりするシーンが欠かせない。他のアメリカ文化がハンバーガーやホットドッグを世界中に広めたのと同じだ。
　イタリア人のライフスタイル、とりわけ、イタリア人の食生活全般と陽気でにぎやかな家族の食卓についてのイメージを利用した文化の例として、日本人小説家村上春樹の著作がある。彼の小説には、主人公がひとりでスパゲッティを調理する場面がたびたび出てくるが、これは主人

> 一九七一年、僕は生きるためにスパゲティーを茹でつづけ、スパゲティーを茹でるために生きつづけた。村上春樹『スパゲティーの年に』
> [『村上春樹全作品1979〜1989⑤』所収、講談社]

公が広い社会からはずれてしまっていることを示す。イタリア人の食事は社会的イベントである、というイメージを利用して、主人公の孤独を強調している。主人公にはスパゲッティを一緒に食べる家族も友人もいない、ということだ。もし、この主人公が日本の「うどん」を調理していたら、そんな効果はあれほど強くは生まれない。うどんはスパゲッティによく似た小麦の麺だが、日本人はうどんをひとりで食べることが多いから、スパゲッティと違ってうどんでは、社会的イベントを連想できない。主人公がスパゲッティを調理していることで、主人公は日本人なのに、日本にいる外国人のような疎外感をいだいていること、社会の主流からはずれていることを暗示する。と同時に、主人公は現代的で世の中を知っている人間だということも示す。日本の伝統的な食べ物ではなく、イタリア料理を家で食べようとしているからだ。

文学的側面以外にも、村上春樹の小説がスパゲッティを効果的に利用していることからわかることがある。ある種の食べ物がどのようにして世界中に普及するのか、ということだ。麺は東南アジアで発祥し、そこから西へ、おそらく中国と交易していたアラブ人商人の手で欧州へ伝わって、さらにアメリカへ入った。そして、スープに入れるのではなくソースで麺を食べるというイタリアのスタイルが、今度は東へ戻って日本やアジアの国々に伝わった。これで麺は世界一周を果たした。しかもここまでのあいだに、パスタという名前の麺は、パスタそのものが実際それほど変わったわけではないのに、さまざまな文化的シンボルになった。

## アメリカの麺

アメリカに到達した麺は、イタリア人移民がもちこんだパスタだけではない。逆方向からも、発祥時の形態のままやってきた。19世紀初めに太平洋を渡った中国人がもちこんだ麺だ。とくに大量の移民が流入したのは、1848年のカリフォルニアのゴールドラッシュのときだったが、次いで1850年に太平天国の乱が起きた後も、国を離れる中国人が増えた。この血みどろ

### 焼きそばパン

◆

異文化ミックスの食べ物といえば、日本のサンドイッチ、「焼きそばパン」にまさるものはない。この言葉は文字どおり、「炒めた麺を入れたパン」という意味だ。もともとは中国の麺料理である炒麺（チャーメン）をホットドッグ用のパンにはさみ、焼きそばソースという、イギリスのウースターシャー生まれのソースを日本風にアレンジしたソースをかける。さらにミックスして、日本の生姜の酢漬けとフランスのマヨネーズをそえることが多い。こういうと、炭水化物ばかりのめちゃくちゃな料理のような印象をあたえるかもしれないが、実際にはおいしいらしい。

の内戦は15年も続き、最終的には死者が2000万人に上ったという。そして、何千人もの中国人労働者がカリフォルニアの金鉱で働いたり、1863年から69年にかけて建設された最初の大陸横断鉄道の建設工事に雇われたりした。この鉄道の起点は、港湾都市サンフランシスコで、中国人移民の大半がアメリカ到着時にここに上陸していた。

イタリア人同様、中国人もアメリカに自分たちの食べ物をもちこんだ。同胞に中華料理を提供しようとレストランを開いた人もいて、そこから手を広げ、あらゆる民族のアメリカ人にも中華料理を出すようになっていった。今は世界中の中華料理店で見るチャプスイという料理は、アメリカで生まれたといわれている。伝えられるところによれば、腹をすかせた金鉱掘りたちが、中国人のコックになにか食べさせろと言ってきたが、コックがあいにく材料をきらしていたのがはじまりだったという。金鉱掘りたちはしらふではなかったので、コックは客を怒らせてはいけないと思い、ありあわせの食材を全部放りこんで調理し、麺にかけて出した。こうして新しい料理が生まれたらしい。ただし最近の研究によると、この話も人気の食べ物につきものの「神話」のひとつにすぎないようだ。残り物で作り、麺でかさを増した料理は、似たようなものが中国南部の広東省にある。広東省からは多くの移民がアメリカへ渡った。この話に信憑性があるのかどうか疑わしいところだが、少しでもあるとすれば、中国人コックは、知ってはいるがふつうは客には出さない料理を作ったということだけだろう。

中国人移民が上陸した港湾都市では、中国系の大きなコミュニティが生まれた。とくにニューヨークとサランシスコには、それぞれいまもアメリカ最大のチャイナタウンがある。規模はかなり小さいが、似たようなパターンはイギリスにもあった。ロンドンとリヴァプールでは中国人コミュニティが生まれた。ただし、中国系移民が増えたのは、第2次世界大戦後になってからのことで、そのほとんどは、イギリスの植民地だった香港や、マレーシア、シンガポールなど大英帝国や英連邦の一部地域の出身者だった。こうした地域にはいまも大きな中国系コミュニティがある。移民第1世代の多くは仕出し屋だったが、1960年代以降、中華料理のレストランやテイクアウト専門店が都市部から広がりはじめ、今では国中ほとんどの町で中華料理が食べられる。

そして麺も、これまで何度も文化の垣根を越え、世界でもっとも広く食べられている食べ物の仲間入りを果たした。1958年に日本の日清食品がインスタントラーメンを生み出したことも、麺の魅力を高めるのに一

**チャイナタウン**
ニューヨーク市マンハッタンのイースト・ブロードウェイ。中国国外では最古で最大の中国系住民居住地のひとつ。

58　図説世界史を変えた50の食物

役かった(正直いうと、インスタントでなくても、麺の調理はひどく手間がかかることでもないが)。インスタント麺は、あらかじめ調理した麺をさっと揚げて乾燥したもので、食べるときには熱湯で戻すだけですむ。しかも、インスタント麺に合わせるものを考えるのも面倒という怠け者のために、日清食品は次にカップヌードルなるものを考え出した。プラスティックのカップに麺と調味料がすでに入っているもので、熱湯を入れるだけですむため、手間のかからないインスタント食品をもっと簡単に食べられる。イギリスでは、類似品にポット・ヌードルという酷評を浴びた商品があり、怠け者の学生をからかう多くのジョークのネタになった。なにか食べるものを調理するどころか、湯を沸かすためソファから立つのも面倒なほど怠惰な学生のジョークだ。それはさておき、インスタント麺はどの商品も栄養価が疑わしいが、それでも、多様な文化やライフスタイルに合うよう麺を変えていくことができる、という可能性を示してもいる。この特質のおかげで、麺は4000年前の黄河の川岸から今のスーパーマーケットまでたどり着いたのだろう。

> ### ミー・クロップ
> ◆
> 多くのタイ料理同様、ミー・クロップも中華料理の一種である炒麺(かた焼きそば)がもとになっているが、ひとひねりしてタイならではの料理にしてある。米粉で作った極細の麺をカリカリのキツネ色になるまで揚げ(ミー・クロップとは「カリカリにした麺」の意味)、豚肉か鶏肉かエビを炒めて、タイの魚醤ナンプラー、ニンニク、ライムのしぼり汁、パーム糖、酢で味つけした具を麺にのせる。角切りにして揚げた豆腐をくわえることが多く、モヤシ、パクチー、唐辛子をそえて出す。ライム汁と酢がパーム糖の甘味によく合い、タイ料理ならではの軽く爽やかな一皿ができあがる。

オレはパラレルの宇宙に行ったことがあるし、時間が逆戻りするのを見たし、惑星を玉がわりにビリヤードしたことも、双子を産んだこともある。だけどよ、まともに食えるポット・ヌードルの味見なんて、生まれてこのかた一度も考えたことなかったぞ。
BBCのSFドラマシリーズ「宇宙船レッド・ドワーフ号」の登場人物デイブ・リスターの言葉

**インスタント食品**
明星シンガポール・カレーヌードル。日清食品の商品。熱湯を入れて3分待つだけで食べられる。

# オリーヴオイル

起源：地中海東部

時代：紀元前12世紀頃以降

種類：調理用オイル

◆ 文　化
◆ 社　会
◆ 産　業
◆ 政　治
◆ 軍　事

今では、世界のオリーヴオイルの9割以上が地中海周辺、おもにスペイン、イタリア、ギリシアで栽培されたオリーヴから作られている。この地域とオリーヴオイルの関係は、非常に長い歴史がある。すくなくとも7000年、いや、もっとはるかに長いだろう。古代、オリーヴオイルはランプの燃料であり、スキンローションであり、調理用オイルだった。また、重要な交易品でもあり、とくに古代のフェニキア人が、この地域の各地さらには域外へと運んでいた。すぐれた商人で船乗りだったフェニキア人は、西洋文明に大きな貢献をしたが、その功績はギリシア人やローマ人の陰に隠れがちだ。

### フェニキア人の交易網

紀元前12世紀の初め、それまで繁栄をきわめていた東地中海の大帝国、エジプトやヒッタイトなどが突然衰退した。これは通常、「海の民」とよばれる人々がくりかえし侵攻してきたためだとされているが、実のところ、この人々が何者なのか、完全にわかっているわけではなく、帝国崩壊がほんとうに彼らのせいなのか、それとも衰退した帝国の弱みにつけこんだだけなのか、ということもはっきりしているわけではない。だが、原因はともあれ、エジプトとギリシアのあいだの沿岸にあった都市は、50年たらずのあいだに次々と消滅し、この地域はいわゆる暗黒時代に突入した。この時代から抜け出しはじめたのは、紀元前10世紀にアッシリア帝国が興隆し、次いで紀元前8世紀頃から古代ギリシア文明が繁栄するようになってからのことだ。

帝国の崩壊で地中海世界に生じた権力の空白に足をふみ入れ、大規模な交易網を築いたのが、フェニキア人だった。フェニキアはひとつの統一国家ではなく、のちの古代ギリシアと同様、都市国家の集まりで、今のレバノンにあたるカナンの沿岸部にあったティルス、シドン、ビブロスをはじめ、多くの小さな都市を拠点としていた。フェニキア人は特徴的な円錐形のアンフォラ型容器をワインやオリーヴオイルの輸送に使っていたが、このアンフォラが地中海全域で出土していることから、その交易網の広がりがよくわかる。この交易網は、さらに北アフリカ、スペイン、フランスの大西洋沿岸、

はてはグレートブリテン島にまでおよんだ。当時のグレートブリテン島は、青銅作りに使う錫の重要な産地だった。

　交易の発展にともなって経済が復興すると、紀元前12世紀の帝国の崩壊で混乱していた地域も経済が回復し、ギリシアが繁栄しはじめる環境が整った。そしてそこから、最終的には、今では最初の現代文明といわれるものが生まれた。またフェニキア人商人は、他国と交易するだけでなく、技術的革新、とくに船の設計についても広め、音標文字という概念ももたらした。これは、それぞれの単語の意味をシンボルで表すのではなく、シンボルで音を伝えるという考え方で、ギリシア文字もフェニキア文字に母音をくわえて発展させたものだ。次にローマ人もこれを採用し、今日使われている文字へと発展させた。

**アンフォラ**
フェニキア人商人はこのようなアンフォラで、オリーヴオイルを地中海の各地へ運んだ。

　古代のギリシア人とローマ人は、フェニキア人と大規模な交易を続けた。とくに、ティリアン・パープルという巻貝（アクキガイ）からとれる染料をほしがっていた。この染料は非常に高価で、身分の高い人々のローブを染めるのに使う。実のところ、「フェニキア人」という今使っている呼称は、その染料をさすギリシア語に由来する。フェニキア人が紀元前539年にカナン沿岸の故国をペルシア人に征服され、大半の住民が故郷を離れてからも、このよび名が使われつづけた。そうしたフェニキア人は、それまでのあいだに北アフリカ沿岸に建設していた植民市へ移住した。その中心が今のチュニジアにあるカルタゴで、フェニキア人はカルタゴでも地中海交易を続けた。こうして彼らの打ち立てた帝国が、のちにポエニ戦争でローマ帝国に挑むことになるが、結局、紀元前146年にローマに滅ぼされた。

　地中海地域のオリーヴオイル取引がいかに大規模だったか、はっきりと示すものが今のローマにある。テヴェレ川東岸にある人造の丘モンテ・テスタッチョは、オリーヴオイルの運搬容器だったテラコッタ製アンフォラの無数の破片でできている。ここのアンフォラは、それぞれ約90リットルものオイルが入るほど大型で、スペイン産オイルをローマへ運んでいたものだった。ローマに着いたオイルは、ホルレア・ガルバという国家の食糧保管庫にある大きなタンクで保管されたが、アンフォラのほう

> あなたの神、主はあなたを良い土地に導き入れようとしておられる。それは、平野にも山にも川が流れ、泉が湧き、地下水が溢れる土地、小麦、大麦、ぶどう、いちじく、ざくろが実る土地、オリーブの木と蜜のある土地である。

『申命記』8章7-8節［『新共同訳聖書』、日本聖書協会、1987年］

は、砕かれて近くに投棄され、毎年10万個以上のアンフォラがローマに運ばれているうちに、廃棄された破片がやがて山のように積み上がった。この投棄は紀元前1世紀から紀元2世紀まで続いた。フェニキア人の作った交易網を別の人々が受け継いだ後も、カルタゴ帝国が滅亡した後も続いたということになるが、それでもここは、フェニキア人が開拓した交易、その後もこの地域の経済モデルになった商取引のあかしだといえよう。

### エクロンのオリーヴ圧搾機

　フェニキア人は商人だった。オリーヴオイル取引を促進する中間商人の原型で、農民ではない。オリーヴ栽培やオイルの圧搾は、人にまかせることにしていた。まかされたのは、カナンという地域、つまり、紀元前1000年頃のイスラエル人侵攻後はイスラエルとユダとよばれるようになる土地の内陸部に住んでいたさまざまな民族だった。この土地のオリーヴオイル生産の規模については、現イスラエルのエルサレムと地中海の中間にあるテル・ミクネで行われた発掘調査で明らかになった。遺跡から出土した銘文によれば、この場所が、聖書にあるペリシテ人の5つの都市のひとつ、エクロンだったようだ。ペリシテ人は、エーゲ海諸島が起源の民族とされ、一般には未開の野蛮人だといわれているが、おそらくこれは、古代イスラエルとたえず戦争状態にあったせいだろう。

　この発掘調査では、紀元前7世紀のオリーヴ圧搾機が100台以上出土した。当時この地域はアッシリア帝国に従属していたが、このことか

**エクロンの圧搾機**
オリーヴの圧搾機。エクロンの発掘調査で出土した当時の部品で復元したもの。

らすると、エクロンは古代世界で最大級のオリーヴオイル生産地で、毎年1000トンのオイルを生産できたらしい。この一部はエクロンの都市と周辺で消費したはずだが、一部はフェニキア人の手にわたり、地中海世界で取引されたのだろう。

この地域でオリーヴ栽培がどれほど重要だったかを示すものは他にもある。紀元前686年から642年までユダ王国を統治したマナセ王は、アッシリアに朝貢していたが、その貢ぎ物はすべてオリーヴオイルだった、という記録をアッシリア人が残している。アッシリアの記録と聖書の記述によると、マナセ王の父親ヒゼキヤ王は、アッシリアの王センナケリブに対し反乱を起こしたことがあったというから、エクロンのオリーヴ圧搾機があれほど大量のオイルを生産する態勢を整えていたのは、交易のためというより、ユダを支配していたアッシリアと融和するためだったのかもしれない。聖書によると、マナセの融和政策による平和は55年間続いたが、また不穏な時代が到来した。そして紀元前597年、バビロニアのネブカドネザル王がユダに侵攻してエルサレムを包囲し、結局、ソロモンの神殿が破壊され、ユダのユダヤ人たちは捕虜となってバビロンへ連行された。今では推測しかできないが、もし、ネブカドネザルにはむかうのではなく、オリーヴオイルを使って彼をなだめつづけていたとしたら、まったく違った歴史になっていたことだろう。

**マナセ王**
ユダのマナセ王。17世紀の無名のスウェーデン人画家による肖像画。

### エキストラ・ヴァージン・オリーヴオイル

◆

マドリードに本部を置く国際オリーヴオイル協会（International Olive Oil Council）によると、「ヴァージン」と称するオリーヴオイルは、化学的溶剤で処理せず、機械的な方法だけを使って、摂氏温度27度以下で抽出しなければならない。そのしぼりかすに残ったオイルを、化学的溶剤を使ってさらに抽出したもののことをポマースオイルという。「エキストラ・ヴァージン」とよぶには、酸度が低く、かつ専門家による官能検査に合格しなければならない。高価なエキストラ・ヴァージン・オリーヴオイルのラベルには、「低温一番しぼり（first cold pressed）」という言葉が書かれていることが多いが、厳密にいうとこれは不必要だ。エキストラ・ヴァージンと称するオリーヴオイルはすべて一番しぼりで、ふつうは低温で圧搾したものだけをいう。

# スパルタの黒いスープ

起源：古代ギリシア
時代：紀元前5世紀
種類：血のスープ

◆ 文　化
◆ 社　会
◆ 産　業
◆ 政　治
◆ 軍　事

古代ギリシアの都市国家スパルタは、その軍の戦闘能力で名をはせた。紀元前480年のテルモピュライの戦いで、ペルシアの侵略軍に対し300人のスパルタ軍が英雄的な最後の抵抗を試みたことは、いまも歴史に語られている。スパルタ人の軍事力は、兵士に規律と忠誠を植えつける厳しい訓練が支えていた。そうした訓練は、まだ子どもの頃からはじまり、食生活をふくむ生活のあらゆる面におよんでいた。

### スパルタ人の生活

　当時、シュバリスという豊かな生活で有名だった都市から来た旅人が、黒いスープをひと口試して、こう言ったという。「なるほど、これでスパルタ人が死を恐れない理由がわかった」。スパルタの兵士はおもにこのスープを食べていた。材料は豚の血と、血が凝固しないようにするための酢だ。残念ながらレシピは現存しないが、おそらく、いまも欧州の一部で作られている血のスープとたいして違わないだろう。こちらのほうは、肉の切り身を2、3時間煮こみ、できあがったスープに血と酢を混ぜたものをくわえてとろみをつける。スープというよりもシチューに近い、濃厚で栄養たっぷりの食事だ。

　スパルタの社会は、軍国主義的方針に沿って厳格に組織され、大きく3つの階級に分かれていた。最上位が市民で、次がペリオイコイという自由だが市民の権利をもっていない職人や商人の階級、そして最下層がヘロットという権利をまったくもたない奴隷である。スパルタ市民の男子は、生まれるとすぐ長老会に調べられ、虚弱で将来兵士になれそうもない子は崖から遺棄された。残った子は、7歳で家族から引き離され、アゴーゲーという兵士になるための厳しい訓練を受けた。この訓練は20歳になるまで続き、20歳になって訓練が完了したと認められたら、その者たちはシュシティアを行う。少人数の集団が、軍の会食堂のような場所で寝食をともにするのだ。まだ準備不足とみなされた者は、30歳までシュシティアへの選抜試験を受けつづけ、それでも選抜されなかったら、スパルタの社会へ戻されるが、ペリオイコイにならなければいけなかった。配属される会食堂が決まり、

**血のスープ**
スパルタの血のスープのレシピは現存しないが、シュヴァルツェナウアーというドイツ北部の血のスープに似たものだったのではなかろうか。

行きてスパルタの人々に告げよ、見知らぬ旅
人よ、彼らの掟に従い、われらここに眠ると。
テルモピュライの300人に捧げた記念碑の碑文

**ダヴィッドのレオニダス**
「テルモピュライのレオニダス」（1814年）。フランスの画家ジャック＝ルイ・ダヴィッドによる新古典主義様式の絵画。

そこに配属されたら、兵士は毎日同僚と食事をともにした。毎食、主となる料理は黒いスープだった。これもまた、同僚のため、スパルタの栄光のために戦って死ねる男たちを作るための軍事体制の一環だったのだ。

約15万人にもおよぶペルシアの大軍のギリシア侵攻は、スパルタにとっては、スパルタ兵が恐れられている理由を全ギリシアに見せつけるチャンスとなった。そして、レオニダス王率いるわずか300人のスパルタ軍部隊が、テルモピュライで約7000人の他のギリシア人兵士と合流した。この地は、エーゲ海の海岸線と険しい山にはさまれた隘路で、ペルシア軍がギリシアに侵入するには、どうしてもこの道を通る必要があった。

戦いに先立ち、ペルシア王クセルクセスは武器をすてるようギリシア軍に要求した。だが、有名な話では、レオニダスはこう返事をしたという。「奪いに来るがいい」。戦いは3日間続き、ギリシア軍はペルシア軍に甚大な被害をあたえたが、このとき、裏切り者が山中の抜け道をクセルクセスに教え、クセルクセスはこの抜け道を使ってギリシア軍を背後から襲うことにした。ペルシア軍の計画を知ったレオニダスは、ギリシア軍の大半の撤退を認め、自分は300人のスパルタ兵と約700人のギリシア兵を率いてふみとどまり、後衛として敵と戦った。だが結局、スパルタ軍はたちまち圧倒され、ほとんど全員が戦死した。実のところ、この戦いはペルシア軍の進軍を数日遅らせただけだった。決定的な交戦は、1か月後のサラミスの海戦だ。このときは、アテナイ人の率いるギリシア海軍がペルシア軍を破った。だがそれでも、スパルタ人がテルモピュライで見せた勇気は、いまもまだ、軍事史に残る最高に勇気ある行動のひとつだとみなされている。

**スパルタの戦士**
レオニダス像。古代の遺跡から出土したスパルタの無名戦士像にもとづく、現代のブロンズ像。

スパルタの黒いスープ 65

# ガルム

> ガルムは魚の内臓など、ふつうならすててしまう部分で作る。
> 大プリニウス『博物誌』

起源：ローマ帝国

時代：紀元前4世紀から紀元5世紀

種類：魚醤

◆ 文　化
◆ 社　会
◆ 産　業
◆ 政　治
◆ 軍　事

魚醤
ガルムは、いまも東南アジアで作られている魚醤に似ていたようだ。

　食べ物のなかには、特定の文化圏では人気なのに、それ以外の人には理解できないことがある、というものがある。外部の人間は、それのどこがいいのかわからない。ときには、そんなものを食べるのかと驚いたりする。ローマ帝国の場合、他の人間には理解できない食べ物といえば、ガルムという魚醤だ。だが古代ローマでは、皇帝から奴隷まで社会の全階層が、多くのレシピの食材として、また食卓の調味料として広く使っていた。

## ローマのこだわり

　大プリニウスやセネカなど、古代ローマ人が残した多くの著作からすると、ガルムは魚の塩漬けを作るときに残る魚のアラが原料だったらしい。頭や内臓など残りのアラ全部に塩をふり、作る量に応じたタンクや壺に入れ、日あたりのよい場所に数か月間置いて自然に発酵させる。プリニウスによれば、小魚ならほとんどなんでも使えた。ガルムができあがったら、その上澄みをすくいとり、残ったアッレクというどろどろの沈殿物も料理に使うという。

　帝国の全盛期、ガルムは産業規模で作られていた。ふたのないタンクから漂ってくるにおいは、ムカムカするほどひどい悪臭だったにちがいない。一般的に沿岸部にあったガルム工場は、たいてい町の郊外にあった。おそらく風下だったはずだ。ガルム工場の立地が、地元の法律に明記されている場合もあった。ガルムのにおいで町の雰囲気がだいなしになってしまわないようにするためだ。こうしてできたガルムは、製法から想像するとひどい味になりそうだが、おそらくは、いまも多くの東南アジア料理で使っている魚醤に近いもので、中華料理で醤油を使うのと似た方法で使っていたのだろう。こうした現代のソースと同様、ガルムもグルタミン酸塩が豊富で、このため、ほどほどの風味と塩味が混じった複雑な味だった。表現しにくいが、これには日本語の「うまみ」という言葉があてはまる。

　古代ローマ人は、このガルムをギリシア人から受け継いだようだ。両者の文化には他にも共通点が多い。そしてローマ人のガルム好き、ガルムの交易品として価値が、地中海沿岸部で領土を拡大しようとした誘因だったという。この説を裏づける証拠はないが、植民市を建設し、ガルムを生産すれば、その新しい領土は売

れる商品を入手できる。しかも、ローマ帝国全土と取引できる。となれば、ガルムがローマ帝国の拡張となんの関係もないとしても、沿岸部の植民市の経済に大きな役割を果たしたということはありうる。これのおかげで植民市は自立し、たとえ究極的にはローマの支配下にあるとしても、すくなくとも、ある程度の自治を帝国の枠内で行うことが可能になった。

**バエロ・クラウディア**
ガルムを作るためのタンク。スペイン南部にあるローマ時代の植民地バエロ・クラウディアの遺跡にいまも残っている。

　ガルムにはいくつかの等級があった。プリニウスによると、最高級のガルム・ソキオルムは、今のスペインにあたるヒスパニア属州の南部地方で作られたもので、とくにカルタヘナ産が最高とされたという。この港市にはいまも古代ローマ時代の大きな遺跡があり、代表的なのは中心部にある円形劇場だが、ガルム工場の遺跡はない。ガルム工場は都市を囲む市壁の外にあったはずなので、跡地に別の建物が建ってしまったのだろう。ただし、スペイン南端のジブラルタル近くにあった都市バエロ・クラウディアとカルテイアのガルム・タンクは遺跡が現存しており、いまも見ることができる。ガルムを入れたアンフォラも、ポンペイやローマ時代の多くの難破船から見つかっている。

　ガルムは中世の東ローマ帝国つまりビザンティン帝国でも作られていたが、1453年にオスマン帝国がコンスタンティノープルを征服すると、やがて姿を消した。西方でもローマ帝国滅亡後まもなく消えたようだ。おそらく、帝国崩壊の原因とされることもある「異邦人」の侵入者が、今の人間と同じく、魚の内臓で作ったソースだと思うとあまり手が伸びなかったのだろう。

---

**リーペリン（Lea & Perrins）・ウスターソース**

◆

　一説によると、ウスターソースは、ウスターの薬剤師だったリー氏とペリン氏が、インドからもち帰ったレシピで香り高いカレーソースを作ってほしいと頼まれ、1840年代にはじめて作ったという。アンチョビ、タマリンド、酢、多種多様なスパイスと香料を原料にして完成したソースは、強烈すぎる味だったが、それを地下室に数年間放置しておいたら自然に発酵し、そのおかげで味がよくなったらしい。ウスターソースはガルムとは味がだいぶ違うだろうが、この話を聞くと、魚を発酵させてソースを作ることは、はじめて聞いたときに感じたほどむちゃな発想とはかぎらないと思える。

# キムチ

起源：朝鮮半島

時代：1世紀以降

種類：発酵させた野菜

◆ 文　化
◆ 社　会
◆ 産　業
◆ 政　治
◆ 軍　事

つまりすべての朝鮮人は、朝鮮人社会の中にある地域的・社会経済的垣根を超越する、ひとつの大きなキムジャン共同体に属する。
韓国政府のユネスコ登録申請書より

　韓国が驚くほどの経済成長をとげた1960年代以降の時期を「漢江の奇跡」とよぶことがあるが、この時期、韓国は東南アジアの最貧国のひとつから世界有数の先進国に変貌した。そして、変貌にともなう社会の変化によって、今の韓国人は過去の韓国人とはまったく別人のようになる可能性もあった。だが、すくなくともある程度は、そうなっていない。国民食のキムチが、伝統的世界と現代的世界の連続性を保つのに一役かっている。キムチは野菜を発酵させた副菜で、ほとんど毎食テーブルにのる。もっとも一般的な材料は白菜で、塩漬けの魚や唐辛子と合わせて作ることが多いが、このほかいろいろな野菜で作ることもある。

## キムジャン

　2013年に韓国政府が行った調査によると、韓国市民の95パーセントがすくなくとも1日に1度、なんらかのキムチを食べているという。この調査は、キムジャンという伝統的なキムチ作りをユネスコ（国際連合教育科学文化機関）の無形文化遺産に登録申請するためのものだった。無形文化遺産は、ギザのピラミッドやタージ・マハルのような世界遺産と同様に、世界各地のさまざまな文化の重要な側面に対し、ユネスコが指定する。

　朝鮮半島では、厳しい冬をのりきるため、昔は食べ物を保存しておくことが不可欠だった。このため発酵させた野菜も長い歴史があり、すくなくとも1世紀にはじまる三韓の時代にさかのぼる。ただし、時代が下るにつれ、材料の一部が変わり、それに応じてレシピも変わったようだ。たとえば唐辛子は、17世紀初めに朝鮮に伝来し、その後広く使われるようになった。だが、キムチ作りの伝統的方法は昔とほとんど変わらない。11月下旬か12月上旬、家族が集まり、ときには友人や隣人も一緒になって、まるで祭りのようにキムチ作りをする。最近では、冷蔵庫が普及しており、輸入した新鮮な食べ物を一年中入手できるので、もうキムチ作りは重要ではないが、この伝統を守っている人は多い。キムチ作りは家族が集まる年中行事だからだ。この点、西洋の感謝祭やクリスマスと似ていなくも

ない。

　白菜をおもな材料にするペチュギムチを作るには、まるごとの白菜をひと晩塩水に漬け、その後、水で洗って余分な塩を抜いてから、唐辛子など他の材料を合わせたものをまぶす。唐辛子はキムチにピリッとした辛さをあたえる。伝統的な方法では、味つけした白菜をオンギという大きな陶器の壺につめ、戸外の土のなかに壺の首のところまで埋める。壺を開けたときに強烈なにおいがするので、そのにおいが家のなかに充満しないようにするためと、戸外のほうが低温なのでゆっくりと発酵が進み、キムチの味がよくなるからだ。しかも埋めておけば、完全に凍って発酵が止まってしまうこともない。この頃では、庭のない人のためにキムチ専用冷蔵庫もある。これなら、キムチを他の食べ物と分けて保存でき、キムチのにおいが他の食品に移らずにすむ。それに、あまり場所がない人でも自分でキムチを作れる。韓国の家族の半分以上は、まだキムチを手作りしており、たとえソウルの小さなマンション住まいでも、その伝統を守っている。

　いまやキムチは世界の多くの場所で手に入る。とくに、朝鮮系のコミュニティがあるところなら確実だ。国内にいても国外にいても、朝鮮人にとってキムチは、過去の伝統を思い出させるものであり、そうした伝統をいまも守りつづけることは十分に可能だということを示すものでもある。キムチの作り方は、今の世の中に合わせて変わったかもしれないが、キムジャンで家族を思い浮かべられ、皆で集まる社会活動を連想できるなら、市販のキムチが買えるとはいえ、家で手作りしたキムチのほうが絶対おいしいに決まっているのだ。

**伝統的キムチ**
キムチの貯蔵小屋とオンギ。ソウル近郊ヨンイン市の韓国民俗村の展示。

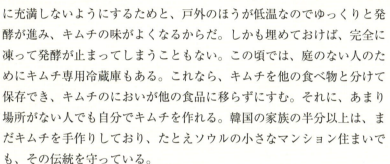

### コチュジャン（唐辛子味噌）
◆

　コチュジャンも朝鮮半島の発酵食品で、赤唐辛子、米、大豆、塩で作ったペーストだ。以前は、キムチと同じくオンギという壺で作ったが、今では市販のものを買うことのほうが多い。食卓の調味料でもあり、調理にも使う。たとえば、プルコギという人気の焼き肉の漬けダレにくわえる。ビビンバという野菜の混ぜご飯に入れることも多い。この味噌は唐辛子が大量に入っているが、発酵してあるので風味がまろやかになっていて、ピリ辛だが脳天にひびくというほどではない。

キムチ　69

# チョコレート

あなたの目の前にあるのはね、チョコレートばかり食べてる人生の結果よ。
キャサリン・ヘプバーン

起源：メソアメリカ

時代：遅くとも4世紀以降

種類：カカオの木の種子の加工品

◆ 文　化
◆ 社　会
◆ 産　業
◆ 政　治
◆ 軍　事

世の中には、チョコレートが好きではないという人もいるが、そういう人はごく少数だろう。たいていの人はチョコが大好きで、チョコがまったくもって好きではない人がいるとは信じがたい。チョコレート関連の事業は、いまや全世界で年間300億ポンドに相当し、しかも急増しているといわれている。ということは、500年前に母国の中米からやってきたチョコレートは、他の食べ物にはめったに見られないような形でわたしたちの心をつかんだということだ。

### マヤの黄金

1994年、イギリスのグリーン・アンド・ブラックス（Green & Black's）社が、ベリーズ南部トレド州産のカカオでチョコレートバー（板チョコ）を作りはじめた。この製品は、そのカカオを生産している人々にちなんでマヤ・ゴールド（Maya Gold）という。同社によると、このチョコは「濃厚なダークチョコレートに、オレンジ、ナツメグ、シナモンをくわえ、ほんのりバニラを香らせた」というが、そのとおりおいしいチョコだ。またこのチョコは、イギリスで最初のフェアトレード認証を受けた製品でもある。グリーン・アンド・ブラックス社がエシカル・トレーディング（倫理的貿易）の活動規範をとりいれ、トレド・カカオ生産者協会（Toledo Cacao Growers' Association）という小規模農家の協同組合と直接取引し、公正な価格でカカオを購入しているからだ。

マヤのチョコレートの歴史は長く、彼らの記録に残るだけでも、400年頃のいわゆるマヤ文明古典期の初めには存在していた。おそらく、これより1000年以上前からあっただろう。チョコレートは、中米原産のカカオの木（学名 *Theobroma cacao*）に実る大きな鞘形の果実の種子、カカオ豆で作られる。カカオの木は、マヤ人よりも昔の、ユカタン半島マヤ地域北部に住んでいたオルメカ人が栽培をはじめたらしいから、オルメカ人がチョコレートをマヤ人に伝えたのかもしれない。マヤの都市にあった特徴的な階段ピラミッドなど、マヤ人は他にも多くのオルメカ文化を受け継いだといわれている。起源はどうあれ、マヤ人がカカオの木の農園をもち、そのカカオ豆からチョコレートを作っていたのは確かで、彼ら

はそれを苦味のきいた飲み物として飲んだり、唐辛子やバニラで風味をつけて飲んだり、トウモロコシをくわえ濃厚な粥にして食べたりしていた。

　マヤがチョコレートを大事にしていたことは、マヤ文明古典期の出土品を見るとはっきりわかる。マヤの墓所で見つかった壺の装飾に、カカオの木を栽培しているところやチョコレートを作って飲んでいるところが描かれている。チョコレートを宗教的儀式や王の儀式で用いているところが描かれた壺もある。チョコレートとの関係は、現存するマヤの本にもみられる。ただし、マヤの本は大多数がすでに存在しない。スペイン人がメキシコを征服した後に燃やしたうえ、樹皮を原料にした紙を使っていたため、熱帯の環境下で急速に腐食して、ぼろぼろになってしまったからだ。

　マヤ人は中米全体に大きな交易網を築いていた。そして、金の代わりにカカオ豆を貨幣として使っていたようだ。カカオ豆は軽量で耐久性があり、マヤをはじめとする中南米の文明では非常に貴重なものだと考えられていたので、交易に利用する品としてはほぼ完ぺきだった。だが、古典期のマヤ文明は9世紀には衰退し、ユカタン半島の都市も放棄され、人口も激減した。こうした衰退の正確な理由ははっきりしていないが、長期にわたる干ばつが農業に壊滅的な影響をあたえたせいかもしれない。

　1502年、新世界へ3度目の航海をしたクリストファー・コロンブスは、マヤ人の大きな貿易用カヌーがカカオ豆を運んでいるところに遭遇した。つまり、チョコレートの原料を目にした最初のヨーロッパ人になったということだが、そのときの彼が、その豆で飲み物を作るということを知っていたかどうかはわからない。この頃には、アステカ帝国がこの地域の多くを支配するようになっていて、首都のテノチティトランが今のメキシコシティの場所にあった。アステカ人はマヤの風習の多くをとりいれた。チョコレートを飲むこともそのひとつだった。ただ、メキシコ中央部の比較的乾燥した気候では、カカオの木を育てられなかったので、アステカ人はマヤ人と交易してカカオ豆を入手したり、税金としてカカオ豆を集めたりしていた。コンキスタドール（アメリカ大陸を征服したスペイン

**マヤのチョコレート**
マヤの皿。女性がメタテ（食物をすりつぶすための石製の道具）を使って、チョコレートを作っているところが描かれている。

## モーレ・ソース

◆

　世界中どこでも、メキシコ料理のレストランにはたいていチキン・モーレというメニューがあり、ほとんどの場合、チョコレートソースで煮こんだチキンが出てくる。こう聞くと、あまり食欲をそそられないかもしれないが、上手に作ってあれば、チョコレートだけがきわだっている料理ではない。チョコレートが濃厚でなめらかな舌触りとほのかな甘みをあたえ、トマトとチリペッパーというおもな材料ふたつの風味を引き立たせる。メキシコには多種多様なモーレがあり、どのモーレも唐辛子を使うが、チョコレートを使ったものはモーレ・ポブラーノという。メキシコ南部のプエブラ州が発祥の地だからである。

チョコレート　71

人冒険者）のエルナン・コルテスがテノチティトランに到来したとき、アステカの王モンテスマはチョコレートを大量に飲んでいたという。コルテスの同行者の記録によれば、1日に60杯ということもあったらしい。コルテス一行のほうは、最初はその飲み物をどうとも思わなかったが、結局、アステカ征服後にチョコレートもスペインへもち帰った。

### チョコレート争奪戦

　こうしてスペイン人がチョコレートを欧州へもたらした。最初はスペインの王宮に入り、そこからイタリアとフランスへ広がった。これにはチョコの苦味をやわらげる砂糖が入手しやすくなっていったことも一役かっている。ただし、チョコレートはまだ新世界の熱帯地方から輸入しなければならなかったので、まだ高価で、上流社会以外はあまり飲んでいなかった。それでも17世紀初めには、チョコレートはスペイン領ネーデルラントでもみられるようになっていた。これはスペイン・ハプスブルク家の支配下にあった北海沿岸低地帯の南部地域のことで、いまや最高級のチョコレートで有名な現在のベルギーをふくむ。この後数世紀、ここは「欧州の戦場」とよばれるようになった。当時の列強が領土をめぐって戦争をくりひろげたからだ（しかも同じ状況が、20世紀の第1次、第2次世界大戦でまたくりかえされることになる）。そして、虚弱だったスペイン王カルロス2世の後継者をめぐって、ハプスブルク家とブルボン家が1701年から1714年にかけて戦ったスペイン継承戦争が終わると、スペイン領ネーデルラントはオーストリア・ハプスブルク帝国の支配下に入った。

　ベルギーが実際に独立を果たしたのは1830年のことで、欧州列強が独立を認めたのは1839年になってからだった。当時は、チョコレートの生産販売の産業化によって、チョコレートの販売量が劇的に増加した時期でもあった。1828年、オランダのチョコレート製造業バンホーテン社のクンラート・ファン・ハウテンが、カカオ豆からココアバターを取り出してココアパウダーを作る液圧プレスを開発し、業界で「ダッチプロセス」とよばれる製法を確立した。以来改良が重ねられたが、この製法は今でもチョコレート作りの主要工程になっている。また、この「ダッチプロセス」によって、飲み物のチョコレートだけでなく固形のチョコレートバーを作ることも可能になった。ココアバターとココアパウダーを必要量だけ混ぜあわせれば、固形のチョコレートができる。このため、このダッチプロセスの特許が1838年に切れた後は、他のチョコレート製造業者もチョコレートバーを作りはじめるようになった。

**チョコレート・ドリンク**
「チョコレートを運ぶ娘」（1743年頃）、ジャン＝エティエンヌ・リオタール画。チョコレート・ドリンクのマグと水を出すメイドを描いている。

イギリスのブリストルにあるチョコレート製造業者フライ＆サンズ（J. S. Fry & Sons）は、ココアバターとココアパウダーを合わせて固形のチョコレートバーに成型できる状態にする製法をはじめて確立した企業だといわれている。このチョコレートバーは1847年に発売され、その2年後、バーミンガムのキャドバリー兄弟も最初のチョコレートバーを作った。チョコレートバーの工場での製造は、18世紀の終わりからはじまった社会の大きな変化の一部でもある。この変化をもたらした産業革命の時期には、欧州各地で都市が急速に拡張し、いわゆる消費社会が到来して、人々はブランド名のついた商品を買うようになった。

ところが、比較的安価なチョコレート製品が買えるようになり、チョコレートの販売量が急増したため、カカオが供給不足におちいった。しかも、中南米のプランテーションで植物の病害が定期的に発生していたことが、供給不足を悪化させていた。だが、カカオの木は生態からして熱帯地方でしか栽培できない。カカオ不足が明らかになってきたときには、欧州の列強がまだ植民地化していない熱帯といえば、中央アフリカと西アフリカしかなかった。

当時、イギリスとフランスはすでに長いこと西アフリカと関係をもっていた。大西洋奴隷貿易を行っていたからだ。この貿易をやめた後も、両国はアフリカの領土を利用する方法を探し、イギリスは黄金海岸（現ガーナ）とナイジェリアを積極的に植民地化しはじめ、フランスはシエラレオネとコートジボワールを確保した。そして両国とも、この地域の自然資源を開発しはじめた。ダイヤモンドや金などだ。また、せっけん製造用のパーム油、綿花、ゴム、カカオ豆を生産するためのプランテーションも設立した。

1870年代、ベルギーもいわゆる「アフリカ分割」にまきこまれた。欧州列強がまだ植民地化

**ファイヴ・ボーイズ**

フライ社のミルクチョコレート、ファイヴ・ボーイズの1910年頃の広告。この商品はブリストルで製造され、1902年から1976年まで販売されていた。

### カカオ含有量
◆

今では多くのチョコレート製造業者が、チョコレートバーのラベルにカカオの含有量を記載している。たとえばグリーン・アンド・ブラックス社のマヤ・ゴールドは、カカオ分55パーセントで、同社のダークチョコレートバー2種は、70パーセントと85パーセント、ミルクチョコレートバーは35パーセントだ。この数字は、カカオ豆を加工して得られるカカオ由来物すべてをさす。つまり、チョコバーを作るのに使ったココアバターとココアパウダーを合わせた量である。残りの割合は、ほとんどが砂糖（と添加した香料）からなる。

チョコレート　73

していないアフリカ諸地域の支配権をめぐって、残り少ない土地を奪いあっていた時代だった。そうしたなか、イギリスはそれまでコンゴ地域にはあまり関心を示していなかったが、イギリスの探検家ヘンリー・モートン・スタンリーが、1874年から77年にかけてのアフリカ横断探検でコンゴ内陸部も探検し、その後、ベルギーのレオポルド2世に接近して、コンゴ奥地をもっと探検するための支援を得ようとした。レオポルド2世はイギリスよりも好意的で、アフリカに私有の植民地を造る

**スタンリーのコンゴ**
ヘンリー・モートン・スタンリー『コンゴとコンゴ自由国の建設 (The Congo and the Founding of its Free State)』(1885年) の挿絵。彼の探検が、コンゴのベルギー植民地化につながった。

チャンスだと、スタンリーの申し出に飛びついた。だが、目的を果たすには欧州列強の賛同を得る必要があった。

スタンリーがコンゴに戻ると、レオポルド2世とベルギー政府は自分たちの植民地政策を支持してもらうためのキャンペーンをはじめた。「文明化」がおもな目的で、天然資源を開発しようというだけではない、と主張したのだ。そして1884年にベルリンで開かれた会議で、ベルギーはコンゴ地域の大半を領有することが認められ、レオポルド2世はいわゆる「コンゴ自由国」を建設することができた。ただし、この国の実態は、レオポルド2世が私有する私領だった。そしてベルギーは、現地の人々の利益のためにこの地域を併合する、という建前をあっというまにすてたどころか、この時期でも最悪といえる過酷な植民地統治をはじめた。天然資源をできるだけ搾取することだけが目的だった。だが、大量殺戮や広範な強制労働など、とてつもない暴政のようすが欧州に伝わると、非難の声がわき上がり、結局、レオポルド2世はコンゴ自由国を私領として支配することをあきらめさせられた。とはいえ、この地はまだベルギーの植民地のままだった。

レオポルド2世は当初、コンゴ地域を開発してカカオ農園を作り、ベルギーのチョコレート製造業者にカカオを供給しようと計画していた。だが、こうした目的は早々に断念した。利益を出すには大規模な投資が必要だったからだろう。これとは逆に、イギリスとフランスは、西アフリカの植民地で大規模なカカオ農園を作りはじめた。欧州など世界各地でチョコレートの需要が増加していることに目をつけたのだ。いうまでもなく、これは慈善事業ではなく、農園から利益が得られると考えたからだが、かつて両国の植民地であったガーナやコートジボワールと比べ、現在のコンゴ民主共和国が1960年に独立を果たした後も対照的な歴史をきざんだことは、ベルギーのとった搾取的な植民地政策が、イギリスやフランスの方針よりも深刻な悪影響を独立後の時期にもあたえることになったということを示している。

コートジボワールとガーナは、今では世界第１位と２位のカカオ生産国だ。カカオは近年ますます価値が上がっていて、需要もまだ増加の一途をたどっている。だがコンゴ民主共和国のほうは、独立後も混乱がたえなかった。ジョゼフ・モブツの腐敗した独裁政治が続いたうえ、激しい内戦で国が荒廃した。この内戦では500万人が死亡したとされ、いまも、内戦からの復興がゆっくりはじまろうとしているにすぎない。天然資源も農地も豊富なのに、この国はいまもアフリカの最貧国にとどまっており、暴力と政情不安の結果、カカオ農園という弱小産業があるだけだ。だが、チョコレートの需要が伸びているあいだに、カカオ産業を発展させることができるかもしれない。この国では明るい未来の兆しは数少ないが、カカオの可能性はそうした兆しのひとつだ。そして未来が明るくなれば、植民地時代と独立後のいまわしい過去の恐怖も、希望の陰に押しこめておくことができるようになるかもしれない。

> **コンゴ・バー**
> ◆
> シアトルのエシカルなチョコレート製造業者テオ（Theo）は、俳優ベン・アフレックが設立した慈善団体、東コンゴ・イニシアティヴ（Eastern Congo Initiative）のパートナー企業として、2013年に340トンのカカオ豆をコンゴ民主共和国の農民から購入し、このカカオ豆から２種類のチョコレートバーを製造して発売した。コンゴ・ヴァニラ・ニブ（Cong Vanilla Nib）とコンゴ・ピリ・ピリ・チリ（Congo Pili Pili Chili）で、香料のバニラとチリもコンゴ産だ。価格は各５ドルで、このうち２ドルが東コンゴ・イニシアティヴに入る。

**コートジボワールのカカオ**
カカオの実を摘むコートジボワールの農民。同国は世界最大のカカオ生産地。

チョコレート　75

# パエーリャ

> パエーリャのレシピは村の数だけある。作る人間の数だけあるといってもいい。
>
> リョレンス・ミーリョ、バレンシアのシェフ

起源：スペイン

時代：8世紀

種類：複数の食材を炊きこんだ米料理

◆ **文 化**
◆ 社 会
◆ 産 業
◆ 政 治
◆ 軍 事

パエーリャは、いまやスペインを代表する料理だと多くの人が考えている。パエーリャというよび名は、これを料理するときに使う大きな平鍋にちなむ。パエーリャは肉か魚を入れたバレンシア地方発祥の米料理で、すくなくとも今のもっとも一般的な形になったのは18世紀のことだ。だが、そのルーツをさかのぼると、はるか昔の8世紀、アル＝アンダルスのイスラム国家を造ったムーア人のイベリア半島征服にたどり着く。

## ラ・アルブフェーラ

バレンシアがパエーリャの発祥地だとされるのは、ひとつには、ここがスペイン有数の米生産地の中心だからだ。米の多くは、ラ・アルブフェーラ周辺の水田で栽培されている。ラ・アルブフェーラは、バレンシアの南、バレンシア湾と狭い砂嘴でへだてられている淡水の潟湖で、17世紀までは塩水の潟だったが、運河の淡水が流れこんで徐々に塩分が薄まり、おかげで水を引いた水田で米の栽培ができるようになった。この水田や周囲のオレンジ畑で働く人々は、19世紀にはすでに地元の食材でパエーリャを作りはじめていた。たとえば、水田で捕まえたミズハタネズミ、鶏肉、ウサギなど手に入るものならなんでも入れた。肉ではなく手に入れた魚介類を使うこともあった。肉と魚介類、この2種類のパエーリャが、今では真のバレンシア風パエーリャだとされている。その他の、今では数百種類もあるパエーリャは、この伝統的な料理を現代風にアレンジしたものだ。

昼食用に大きな平鍋を薪の火にかけてパエーリャを作ると、薪の煙で料理の風味が増した。また、栽培していた短粒米のボンバやカラスパラは、鍋のなかで風味をよく吸う品種だった。食べるときは、木製のスプーンで鍋から直接すくうのが伝統的な食べ方で、みんなで鍋を囲んで座り、食事を分けあう。アラブ人の食習慣に似た食べ方だが、おそらくこれも、ムーア人の影

響を示すものだろう。パエーリャの伝統的な調理法には、世界各地の似た米料理、たとえばイタリアのリゾットや中央アジアとインドで一般的なピラフと大きく違う特徴がある。米を火にかけているあいだ、パエーリャを混ぜてはいけないということだ。鍋の底に「ソカラ」というカリカリのおこげができるようにするためである。

つまり本質的には、パエーリャは素朴な田舎料理で、もともとは、精を出して働いたのでボリューム満点の昼食がいる、という人々が作ったものだった。だが19世紀のあいだに、バレンシア市は今のような大きな港湾都市になり、農村部で働いていた人々を引きつけ、そうした人々が、都市に移り住む際にそれまでの食生活ももちこんだ。記録上、パエーリャという呼称をはじめて使ったのは、1840年のバレンシアの新聞だが、おそらく、それ以前からそうよばれていたにちがいない。そして19世紀後半には、パエーリャはバレンシア市のレストランの定番メニューになった。また、中流階級が田舎へ行ったときには決まって作る料理でもあった。田舎では、男性がこの料理を作るという伝統が残っていた。他の国でも、戸外で調理するときには、男性がバーベキューを担当することが多いが、それと同じようなものである。

**魚介のパエーリャ**
伝統的調理法のパエーリャ。戸外で薪の火にかける。これはムール貝、エビ、タコが入っている。

**スペインの米**
ラ・アルブフェーラの水田では、ボンバのようなパエーリャ向きの品種が栽培されている。

パエーリャ 77

## アロス

スペイン語で米を意味する「アロス（arroz）」という言葉は、通常「オレズ（orez）」と転写するアラビア語に由来する。このことは、スペインで栽培している米の起源をはっきり示している。ムーア人がはじめてイベリア半島へ侵入したのは711年で、ターリク・イブン・ズィヤード率いる少人数の部隊がジブラルタル近くに上陸した。それから60年のあいだに、今のスペインとポルトガル、当時の西ゴート王国の一部にあたる領土のほとんどが征服され、アル＝アンダルスというウマイヤ朝の一部になった。ウマイヤ朝は、ダマスカスを首都とする帝国で、7世紀の預言者ムハンマドが存命中にはじまったイスラム拡大の時代を引き継いでいた。

侵入したイスラム軍の多くは北アフリカ出身者で、民族的にはベルベル人とアラブ人だった。彼らは灌漑など乾燥地農業の技術をもちこみ、スペイン南部の乾燥した地域でその知識を役立てた。また、水に恵まれた場所では、米を栽培する水田を広めた。当時すでにアラブ世界では、東方から来た米が普及していた。おそらく、米を栽培していたインダス川流域からイランへと伝播したのだろう。イスラム王朝が台頭する前も、アラビア半島やナイル川流域のオアシスでは米が栽培されていたから、パエーリャと似たような料理がこれらの場所でも作られていた可能性はある。

750年、ウマイヤ朝はダマスカスのカリフ（最高指導者）の地位をライバルのアッバース家に奪われ、ウマイヤ家の一族はアラビア半島から追い出された。そこで、アル＝アンダルスに別の首長国を建設し、コルドバに首都を置いた。それから200年間、アル＝アンダルスは欧州屈指の先進的で文化的な都市に発展した。とくに注目すべきは、すくなくとも当時の基準としては、イスラム以外の信仰をもつ異教徒に寛容だったことだ。また、ムーア建築の代表例のひとつに、コルドバの大モスク（メスキータ）がある。このモスクは、200年かけて建設され、ようやく完成したのは987年だった。856本の石

### アロス・ネグロ
◆

バレンシア料理のアロス・ネグロ（黒い米）は、パエーリャと同じように作る。まず、イカを油でさっと炒め、一度鍋から取り出す。次に、タマネギ、ニンニク、コショウ、トマトを油で炒めてソフリト［スペイン料理等のベースとなるソース］を作る。そこにスペイン産の短粒米をくわえ、少し炒めてから、パプリカとイカスミを混ぜたスープストックを入れ、40分ほど煮こむ。米が煮汁をほとんど吸いこんだら、炒めたイカを米の上にのせ、さらに1、2分加熱すれば、ほとんど真っ黒な料理ができあがる。

**コルドバの大聖堂**
内部の円柱とアーチ。スペインのムーア建築屈指の傑作。

柱と独特の二重アーチがあるすばらしい内部をいまも見ることができる。ただし、このモスクは1236年以降に「コルドバの聖マリア大聖堂」に転用された。カトリック教徒であるカスティーリャの王フェルナンド2世が、スペインのレコンキスタを進めるなかでコルドバも征服したためである。

　コロンブスが新世界へ向かって出航した1492年、ムーア人はついにスペインから一掃され、約800年にわたるイスラム支配が終わった。この時期の遺産はいまも、とくにスペイン南部で見ることができる。また、コルドバのモスク＝大聖堂やグラナダのアルハンブラ宮殿のような建築の最高傑作だけでなく、ムーア人は科学や学問の普及にも一役かっていた。その文化の影響を受け、中世キリスト教世界にいた欧州は、いわゆる暗黒時代から抜け出した。

パエーリャはスペイン料理としては比較的新しく、今では世界的な料理になっており、とくにバレンシアと関係が深いが、それでも、ムーア人最後の支配者がスペインを追い出されてから500年以上たったいまも、ムーア人の影響を思い出させてくれる。

**ターリク・イブン・ズィヤード**
ムーア人の軍人。軍を率い、スペイン初上陸から征服までなしとげた。

パエーリャ　79

# スパイス

起源：東インド各地

時代：8世紀以降

種類：コショウ、ナツメグ、
クローヴ、シナモンなど多数

◆ 文　化
◆ 社　会
◆ 産　業
◆ 政　治
◆ 軍　事

　中世以降、スパイスは非常に貴重な商品として、世界中で取引が行われた。コショウ、クローヴ、ナツメグ、シナモンなど、多種多様なスパイスがあるが、どれも商品としてほぼ完璧だった。高価で軽量、しかも、産地はごく少数の人間しか知らないから、独占的に商売ができる。スパイスの取引は、歴史に大きな影響をおよぼした。ヴェネツィア共和国が発展したのも、ポルトガルとスペインの交易業者が世界中に航路を開いたのも、17世紀に東インドでオランダとイギリスの商社が台頭したのも、スパイスと関係がある。

## ヴェネツィアの富

　東洋のスパイスは、大昔から地中海各地で取引が行われていた。さかのぼれば古代エジプトでも、そしてギリシア・ローマ時代にも交易が行われた。地中海地域までスパイスを運んだ経路のひとつが、中国と中央アジアからの陸上の交易路、シルクロードだ。5世紀の西ローマ帝国滅亡後は、ビザンティン帝国の首都コンスタンティノープルがシルクロードの終点だった。これとは別に、海上輸送と陸上輸送を組みあわせた経路もあった。インド洋を渡り、紅海を抜け、エジプトの地中海沿岸にあるビザンティン帝国の都市アレクサンドリアにいたる経路だ。「スパイスルート」とよばれることもあるこの経路は、アラブ人商人が独占していたばかりか、彼らは取り扱っているスパイスの産地が東洋のどこなのかを秘密にしていた。しかも、この経路は重要性を増していくことになる。中央アジアの不安定な情勢のために、シルクロードの交易がたびたび遮断されたからだ。

　8世紀になると、ヴェネツィアが交易都市として発展しはじめた。アドリア海の端にあり、欧州の中部と北部へ物資を輸送する玄関口になっていたおかげだった。当時、ヴェネツィアはすでに独立した都市国家になっていたが、以前はビザンティン帝国の領土だったため、コンスタンティノープルやアレクサンドリアとの商取引がまだ続いていた。しかも、それまでの数百年間

80　図説世界史を変えた50の食物

に、スパイスなど東洋から運ばれてくる商品の交易で非常に豊かになっていた。中世の初期、欧州ではスパイスの需要が高く、スパイスは非常に高価になった。また、スパイスの正確な産地が不明なまま、アラブ人商人が交易を独占していたので、ヨーロッパ人はアラブ人商人を迂回してスパイスを産地から直接購入することなどできなかった。コショウの産地がインド南西部のマラバル海岸で、シナモンがスリランカ産、クローヴがインドネシアのマルク諸島産、ナツメグがマルク諸島南部の小さなバンダ諸島産、ということが欧州で知られるようになったのは、数百年のちのことだった。そしてマルク諸島は、欧州では「香料諸島（スパイス・アイランド）」とよばれるようになった。

　1200年頃から、ヴェネツィアは欧州のスパイス交易をほぼ独占するようになり、この状況はこれから3世紀にわたって続いた。だが、ビザンティン帝国が衰退しはじめ、ついに1453年にコンスタンティノープルがオスマン帝国によって陥落すると、ヴェネツィアの凋落がはじまった。いまもカナル・グランデ沿いに立ちならぶ多くの美しい建築物は、この黄金時代に建てられた。たとえば、ドゥカーレ宮殿や大理石のファサードのカ・ドーロがそうだが、これらはともに、当時の特徴であるヴェネツィア・ゴシック様式で建てられている。16世紀から17世紀にかけては、東洋への交易路は、アフリカ大陸をぐるりとまわる海路に移って、スパイスを直接欧州北部へ運ぶことができるようになり、ヴェネツィアを通る必要がなくなった。そして、衰退したヴェネツィアでは、壮大な建物が建て替えられることもめったになくなり、古色蒼然とした優雅さとロマンティックな魅力をおびた都市が残った。今日、この姿に魅了される人も多い。

**テリチェリー・ペッパー**
◆
いまやコショウは、ベトナムからブラジルにいたるまで世界中の熱帯地域で栽培されているが、インド南西部のケララ州マラバル海岸では、以前と変わらず重要な農産物となっている。西洋で購入できる最高級品のひとつが、ここのテリチェリー・ペッパーだからだ。テリチェリーは、マラバル海岸北部の商業都市タラセリーの英語名で、スパイス交易の長い歴史がある。豊かな香りとピリッとした辛味のテリチェリー・ペッパーは、西ガーツ山脈の丘陵部で栽培されており、最高グレードのテリチェリー・ガーブルド・スペシャル・エクストラは、世界最高のコショウとして有名だ。

**シナモン・スティック**
本物のシナモンは、スリランカのシナモンの木の内側の樹皮だ。シナモンの交易は数千年の歴史がある。

スパイス　81

### 大発見時代

　15世紀には、アジアを横断するシルクロードは衰退していた。チンギス・カンが200年前に建設したモンゴル帝国が分裂したためだ。そして15世紀末、オスマン帝国がビザンティン帝国を脅かしはじめると、スパイスルートも困難で費用のかかる交易路になった。そこで、海洋国家として台頭していたスペインとポルトガルは、ヴェネツィアが大きな利益を生むスパイス交易を独占している状態に終止符を打つため、そして、アラブ人商人とオスマン帝国の独占を打破するため、自分たちが東洋と直接に取引できるようにする方法を探しはじめた。

　いわゆる「大発見時代」というこの新時代でもっとも有名な航海が、1492年にクリストファー・コロンブスが行った航海だ。この航海は、スペインから西へ向かっていって、東インドまでの航路を見つけるためのものだった。コロンブスは世界の大半をまわることになる航海の距離計算を誤り、当初の目的を果たすことができなかったが、偶然にも「新世界」を発見した。長い航海の末ようやく陸地を見つけ、インドに着いたと思って上陸したところ、実際には、今のバハマ諸島の島だったのだ。このほか、当時としてはもう少し分別のある冒険にのりだした人々、アフリカが東へ地続きになっていると思って、アフリカ大陸をぐるりとまわる航路を見つけようと、アフリカ沿岸を探検した人々もいる。1497年、ポルトガルの船乗りヴァスコ・ダ・ガマは、艦船4隻の探検艦隊を率いてアフリカ大陸南端の喜望峰をまわり、モンバサの東海岸まで航海した（判明しているかぎり、この都市をはじめて訪れた欧州人が彼だ）。その後、1498年

> しかし実際、大量の金やスパイスに出会ったら、できるかぎりたくさんかき集めるまでとどまるだろう。このためなら、ひとりでも探しに出かける。
> 
> クリストファー・コロンブスの1492年の日記

**スパイスの都市**
1572年のカリカット。東洋産スパイスの主要交易拠点になった。

5月にインド洋を渡って、インドのマラバル海岸のカリカット（コジコーデ）に到達したところ、ここがインド亜大陸の主要なスパイス生産地だった。欧州で販売しているコショウの大半がこの地域のものだったうえ、さらに東方でとれたスパイスも、ここが大きな交易所になっていた。

　この航海の帰途、ダ・ガマは艦隊のうち2隻を失い、船員の半数以上が命を落としたが、それでもスパイスを積んでリスボンに帰り着いた。

　積み荷はおもにコショウとシナモンで、これだけでこの航海にかかった費用の60倍の価値があったらしい。また、この航海によって、カリカットへの交易路が開拓でき、ポルトガル海上帝国が成立し、ポルトガルは欧州で最初に海外植民地の展開にのりだした国になった。こうして、ポルトガルは比較的短命ながらも黄金時代を迎え、リスボンはアフリカ、東洋、南米との交易の主要な商港になった。ブラジルは、1500年にペドロ・アルヴァレス・カブラルが「発見」し、ポルトガル領と宣言した。カブラルはこの航海で大西洋を西へ進んでいた。嵐にあって航路をはずれてしまったか、あるいは、スパイス貿易を活用するため、東洋への新航路を探すという秘密の使命をおびていたのかもしれない。

　16世紀初め、ポルトガルはインド南部のゴア地方に植民地を建設した。スパイス貿易をもっと開拓するためだ。そしてここから、「香料諸島」の場所を見つける遠征隊を派遣しはじめた。1511年にはマレー半島の都市マラッカを併合し、やがて香料諸島の位置が判明すると、2年後に香料諸島も手に入れた。ポルトガル人のフェルディナンド・マゼランも、こうした遠征隊の一員だった。だがその後、彼はポルトガル政府の不興をかってしまい、1519年、スペインの遠征隊を率いて香料諸島への航路を発見する航海に出た。南米大陸をまわる航海だった。1519年11月1日、遠征艦隊は、のちにマゼラン海峡とよばれるようになる場所に入った。南米の本土とティエラ・デル・フエゴ（フエゴ諸島）のあいだにある海峡だ。そして、欧州人としてはじめて、大西洋から太平洋へと通り抜けた。マゼランは翌年フィリピンで死去したが、遠征隊は1522年にスペインへ帰還し、初の世界一周航海をなしとげた。この遠征隊も香料諸島を通過したので、のちにスペインは香料諸島の主権の分割を求めたが、欧州のスパイス輸入ルートとしてはあまり発展が見こめなかったため、結局、17世紀初めまでポルトガルが支配することになった。

**スパイス商人**
ドイツのニュルンベルクの商人を描いた1453年の挿絵。スパイスの重さを量っている。

スパイス　83

## スパイス戦争

　スパイス貿易から得られる富については、イングランドやオランダ（ネーデルラント連邦共和国）といった欧州の新興国も見逃しはしなかった。1592年、イングランド海軍がポルトガルの艦船マードレ・デ・デウス号をアゾレス諸島沖で拿捕した。この船は、900トンの積み荷をのせて東インドからリスボンへ戻る途中だった。積み荷のうち425トンがコショウで、他にも金銀、宝石のつまった箱がいくつもあった。当時の価値で推定50万ポンドにもおよぼうかというこの史上最大級の獲物に、イングランドは東洋貿易で莫大な富が得られるとはっきり知った。そして1600年、この貿易の可能性を利用するために「東インド会社」をロンドンに設立した。オランダもこれに続き、2年後に「オランダ東インド会社」、オランダ語の略称で「VOC」（「連合東インド会社」という意味のオランダ語の頭文字）を設立した。両社とも、それぞれの政府から認可を受け、海外の植民地の確保と防衛、軍隊の招集、そして必要ならば要塞の建造ができることになっていた。つまり、両社は名前の上では商事会社だが、まるで国家のように行動できる権力があった。

　この頃、オランダはすでにスパイス貿易にたずさわっていたため、17世紀はおおむねイングランドよりも目立つ存在で、ポルトガルを相手に、その帝国のあちこちで軍事衝突をくりかえしていた。この争いを「スパイス戦争」とよぶこともある。1602年から1661年までの約60年間、VOCは極東に確固たる地位を築き、ポルトガルのスパイス貿易独占を打破し、実質的にはオランダ海上帝国の海外領土といえるものをつくり上げた。この領土の中心は、のちにオランダ領東インドの首都にな

**オランダのマラッカ**
1661年から1824年までオランダが支配したマレー半島の貿易港。18世紀の挿絵。

るバタヴィア、今のインドネシアのジャカルタ
だった。また、マレー半島のマラッカも占領し、
マレー半島とスマトラ島をへだてるマラッカ海峡
を支配するようになった。この海峡も、東インド
から欧州へ向かうためには重要な海域のひとつ
だった。

　オランダとポルトガルの紛争は、1661年にユト
レヒトで結んだ条約でようやく決着し、オランダ
はそれまでに東インドで獲得した領土をすべて保
有しつづけることができるようになったが、ブラ
ジル北部に建設した植民地ニューホランドについ
ては放棄に同意した。またオランダは、中国南部
の珠江デルタにあるポルトガルの交易所マカオも
奪いそこなった。17世紀のポルトガルは、マカオ
を拠点に中国や日本との貿易を独占した。だが18
世紀の初めになると、1707年の連合法でイングラ
ンドとスコットランドが合併して成立したグレー
トブリテン（イギリス）が、この地域でこれまで
以上に活発になった。そして、ポルトガルがマカオを通じて中国貿易
を独占するのを見すごすわけにはいかず、珠江デルタの反対側に自分
たちの拠点を置いた。これがのちの香港だ。このふたつの植民地は、
1990年代末期までイギリスとポルトガルが所有しつづけ、香港が中国
へ返還されたのは1997年、マカオはその２年後だった。

　18世紀、イギリスはインド亜大陸での地歩をますます固め、東イン
ド会社が設立した交易所も増えていった。マラバル海岸にもスパイス
貿易のための拠点ができた。また、東インド会社はマレー半島にも進
出し、1819年、スタンフォード・ラッフルズが半島の先端に自由港シ
ンガポールを建設した。当時は、インドと中国を結ぶ主要航路がマラッ
カ海峡を抜けるようになっており、このシンガポールの位置は、マラッ
カ海峡を抜ける貿易船を管理するには最高の場所だった。19世紀にな
ると、スパイスは世界各地多くの場所で栽培されるようになったため、
商品価値が下がったが、この頃には、スパイス貿易を背景に作られた
商業・金融ネットワークが、その他のさまざまな商品を扱うよう
になっていた。

## バンダ諸島

◆

　19世紀に熱帯諸国でナツメグの木が
栽培されるようになるまで、その果実か
らできるナツメグとメースは、スラウェ
シとニューギニアのあいだにあるバンダ
諸島という火山性の小島群が唯一の生産
地だった。17世紀、ナツメグ貿易の独
占を狙うオランダは、1667年の第２英
蘭戦争の講和の一環として、マンハッタ
ン島の植民地をイングランドに割譲する
かわりに、バンダ諸島を完全に支配しよ
うとした。こうしてマンハッタン島の植
民地を手中におさめたイングランドは、
その名前をニューアムステルダムから
ニューヨークに変更した。

**ナツメグ**
赤褐色の仮種皮でメースを作
り、内部の種子がナツメグに
なる。

スパイス　85

# 塩漬けニシン

起源：バルト海、北海、北大西洋

時代：12世紀

種類：保存した魚

◆ 文　化
◆ 社　会
◆ 産　業
◆ 政　治
◆ 軍　事

中世の初期、北海とバルト海には、ニシンが途方もなく大量にいた。このためニシンは、当時の欧州で商業上もっとも重要な水産物になった。塩漬けのニシンは、北欧の大部分で主要な食材だったばかりか、のちにハンザ同盟へと発展する商人の団体が最初に交易した商品のひとつでもある。ハンザ同盟とは、国境を越えた都市間の商業同盟で、いくつかの点で、現代の欧州連合の先駆とみなすこともできる。

## ニシンとハンザ同盟

　南方の海よりも、北方の海のほうがニシンの大群がいる。その理由は単純だ。低温の海水のほうが、暖かい海水よりも溶存酸素を多くふくむことができるので、微小プランクトンなどニシンのエサになる無脊椎動物を大量に擁しているからだ。たとえば、デンマークの年代記作者サクソ・グラマティクス（1180頃-1220年）は、デンマークのコペンハーゲンとスウェーデンのマルメーのあいだ、エーレスンド海峡にいるニシンの大群について、ニシンが密集しているので、ニシンをかきわけながらボートを進めなければならないばかりか、ニシンを海から手でひろいあげることもできる、というようなことを書いている。まるでホラ話のようだが、サクソが少しばかり誇張しているとしても、このほかにも、ニシンの豊漁ぶりを示す15世紀の記録が、フランス北部の町アラスにある。アラスの商人が購入した塩漬けニシンの樽数とアラスの人口を比べると、アラスの住民は平均して、1人あたり1年に200匹以上の塩漬けニシンを食べていた。つまり、ほとんどの人がほぼ毎日、塩漬けニシンを食べていたということになる。

　アラスで食べていたニシンは、ブーローニュで水揚げされた北海と北大西洋のタイセイヨウニシン（学名*Clupea harengus*）だったはずだ。ブーローニュも、ニシンの取引で豊かになった数多くの欧州の漁港のひとつだった。最新の海洋生物学によると、バルト海の小さめのニシンは、タイセイヨウニシンの亜種（学名*Clupea harengus*

86　図説世界史を変えた50の食物

**シルヴァー・ダーリン**
タイセイヨウニシンも、小さめのバルト海亜種も、中世の北欧では重要な食料だった。

*membras*）で、脂肪分もやや少なめだが、それでも体重の1割が、栄養士にかならず摂取をすすめられるような種類の、健康によい脂だという。この点が、中世から現代まで続く保存方法の理由でもある。水揚げしたニシンは、脂肪分が悪臭を放ちはじめ魚を腐らせてしまう前に、つまり24時間以内に内臓を抜いて、塩水と一緒に樽につめた。当時ニシンとならぶ主要水産物だったタラは、脂肪分が少なく、すぐに傷んでしまうことがないので、塩をして干し、自然乾燥させることができる。

バルト海のニシンは、1年の大半を深海でエサを食べながらすごし、年に1度、産卵時に沿岸の浅い海域にやってくる。産卵の時期はさまざまだが、スウェーデンの最南端のファルステルボ半島の産卵場所は、春に産卵期を迎え

> ニシンよ、輝く波のなかにあって
> 自由に集い、宿り、流れゆく
> 小さきものなれど、海の神がくださるあらゆる贈り物のなかで
> わたしにとっては最高に嬉しい
>
> アレグザンダー・オヴ・ネッカム（1157–1217年）「神の英知をたたえる歌（De laudibus divinae sapientiae）」

る。12世紀には、ここのスコーネ地方で8月と9月に魚市場が開かれるようになった。そこで扱っていたのは、おもに樽入りの塩漬ニシンだった。市場のすぐそばの海でとれたニシンを、水揚げ直後に塩漬けしたものだ。この魚を買いに、北欧のいたるところから商人が集まった。リューベックという、当時の神聖ローマ帝国、今のドイツのバルト海沿岸近くにある都市もそのひとつだった。そして、市場で販売できる塩漬けニシンの量を決めたのは、ニシンそのものの量ではなく、入手できる塩の量だったため、リューベックの商人と市場を運営しているスコーネの漁師のあいだで双方向貿易が行われるようになった。リューベックの商人が、ドイツ北部、リューベックから約80キロメートル内陸でとれるリューネブルク産岩塩をスコーネの漁師に供給し、次に、その塩で作った塩漬けニシンを大量に購入したのだ。リューベックの商人たちはそれから、買ったニシンの多くをもっと内陸の町の商人に売った。

**リューベック**
1493年出版の『ニュルンベルク年代記』の木版画挿絵。ハンザ同盟の中心都市、城壁に囲まれたリューベックが描かれている。

## ハンザ同盟のリューベック

　塩漬けニシンの取引が盛んになったのは、当時は、鮮魚を腐らないうちに沿岸地域からどこかへ運ぶことがむずかしかったからだ。四旬節の40日間は肉食をひかえる、金曜日に魚を食べる、というキリスト教の慣習も理由のひとつだった。さらに、ニシンは安価で大量に買えたので、多くの人が一年中食卓にのせる食べ物になり、貧乏人の食べ物とみなされるようにもなった。だが、いくら安価だとはいえ、取引量が莫大だったため、取引の中心にいたリューベックの商人はしだいに裕福になっていった。そして、リューベックの町でギルド（同業組合）を結成し、バルト海沿岸にある多くの都市とも商業ネットワークを築いた。このネットワークはやがて、西方の北海沿岸と東方の現ロシアへ広がっていった。

　リューベックは東西間の貿易を管理できる位置にあった。ここが拠点となり、バルト海東部地域やロシアで産出する木材や樹脂などの原料が、小麦、琥珀、毛皮といった他の物品とともに西欧の諸都市へ送られ、一方で、布類をはじめとする加工品が東方へと送られた。13世紀のなかばには、リューベックは諸都市と貿易協会を結成していた。築いてきた独占状態を守り、その交易網が盗賊や海賊に襲われないようにするためだ。また、都市間で貿易協定が結ばれたおかげで、商人たちは互いに相手の都市の港に事業所と倉庫を置くこともできるようになった。干渉されずに商売ができるようにするためだった。こうした互恵協定がハンザ同盟の基礎となった。ハンザ同盟成立後は、リューベックで開かれるハンザ会議が同盟を管理運営したが、同盟は基本的に非公式の組織だったので、会議といっても、ときおり集まって、加盟都市間の貿易に関連する問題を話しあうだけで、これ以外は、加盟都市はそれぞれの判断に応じて自由に行動した。

　15世紀の初めには、ハンザ同盟は全盛期を迎えていた。西はベルギーのブルッヘまで拡大し、イングランドでも、ロ

**ハンザ同盟の軍艦**
軍艦「アドラー・フォン・リューベック（リューベックの鷲）号」。バルト海でハンザの商船を護衛するため1566年に建造された。

ンドンをふくむ数都市に事業所があり、東は、現在のサンクトペテルブルクの南にある都市ノヴゴロドまで加盟していた。ハンザ商人の富裕ぶりは、いまもリューベックで見ることができる。ここには、独特のブリック・ゴシック様式の教会やギルドホール、商人の住宅がまだ多く残っている。ただ、第2次世界大戦中に破壊されてしまった建物も多い。レンガ(ブリック)造りにしたのは、この地域には建材に適した石がなかったが、レンガ用の粘土なら豊富だったからだ。ブリック・ゴシック様式の建物は、ドイツ北部各地にもあり、その多くで、この建築様式の特徴である高い階段状の切妻がみられる。とくにリューネブルクは、ここがハンザ加盟都市だったことを思い出させてくれる魅力的な町だ。町の中心部には、1560年以降新築された建物はほとんどない。町が深刻なほど衰退したからだが、そのためいまも、中世の街なみや岩塩業界にいた人々の住宅が数多く残っている。16世紀なかばには、ファルステルボ半島周辺のバルト海のニシンが激減し、スコーネの魚市場も開かれなくなっていたので、リューネブルクは大口の顧客をひとつ失っていたうえ、南欧のフランスとポルトガルの大西洋沿岸で生産される塩との競合も激化していた。

しかも当時は、ハンザ同盟そのものも縮小しはじめていた。ハンザ同盟がバルト海周辺地域の貿易を独占していることに対し、台頭いちじるしいスウェーデンとデンマーク、そして新興のネーデルラント連邦共和国が挑んでいたうえ、欧州全体の商業がもっと大きな世界に目を向けるようになったので、極東との貿易ルートや大西洋を渡る貿易ルートに押されて、リューベックのにぎる貿易ルートは存在感を失っていたのだ。また、バルト海のニシンが減少したことで、最初はバルト海のニシンで富を築いたニシン貿易も、拠点が北海と北大西洋沿岸の漁港へ移りはじめた。そちらではまだタイセイヨウニシンの大群がいたからだ。ハンザ同盟結成後、ニシン以外にもっと儲かる商品が出てきて、塩漬けニシンの貿易は影が薄くなったようだが、バルト海沿岸地域の漁業と貿易協定の運命は、互いを反映しつづけ、ともに発展し、同時に衰退していった。

## シュールストレミング

◆

スウェーデン北部では、発酵させたニシンが珍味だとされている。シュールストレミングという食べ物だ。ニシンをまず塩漬けにしてから缶詰にするが、空気のない缶の中で、ニシンを自然発酵させる。食べるときは、昔から戸外で食べることになっている。もし家の中で缶を開けたら、とても耐えられないほどひどい臭いだといわれているからだ。ドイツのフードライター、ヴォルフガング・ファスベンダーによると、シュールストレミングを食べるときにいちばん大変なのは、ものすごい悪臭で吐きそうになるのを我慢しながら、これが実際どんな味なのか、味わうタイミングをみつけることだという。

**フレーゲルのニシン**
「ニシンとバートマン壺のある静物」（1631年頃）、ドイツの画家ゲオルク・フレーゲル画。

　ハンザ同盟は、かなり縮小した形ながらも以後200年間存在しつづけたが、最後には、最盛期の加盟都市約200のうちリューベックとハンブルクとブレーメンだけが残り、1750年代についに解散した。それでも一部の都市は、もう現実には意味をもたなくなった「ハンザ都市」という言葉を、その後も都市の正式名称に入れつづけた。そして1980年、新たなハンザ同盟が、またもリューベックを拠点に設立され、かつて同盟関係にあった都市すべてに門戸を開いた。2007年にはリューネブルクも加盟し、都市名を「ハンザ都市リューネブルク」に変えた。その過去をふまえ、約180の都市がゆるやかにつながる団体に再度くわわったことを考慮しての改名だった。この新たな同盟は、約500年前とほとんど同じ地域にわたり、現代の都市ノヴゴロドや、イギリスで唯一の元祖ハンザ同盟の建物が現存するキングズリンもくわわっている。
　過去の貿易ネットワークはいまやはるかな記憶にすぎず、新たなハンザの目的は、商業ではなく、文化交流や観光の促進だ。たとえば、リューネブルクとリューベックを結ぶ昔の塩街道の最古のルートを今日、たどることができる。その昔ニシンを保存するための塩を荷馬車に乗せ、スコーネの魚市場まで運んだ旅の最初の部分だ。ただし、この街道は1398年に運河にとって代わられた。この運河は欧州最古の運河のひとつで、これによって塩の輸送量が大幅に増えたが、運河のほうも、ニシン貿易の衰退にともなって、しだいに使われなくなった。それでも、リューネブルクの製塩所は1980年まで続き、閉鎖後の工場

はドイツ塩博物館になった。

## 今日のニシン

　バルト海周辺諸国では、ニシンはいまも人気がある。ただし最近は、塩漬けよりも生のままか酢漬けにするほうが一般的だ。イギリスでは、ニシン漁は1970年代まで重要な産業だったが、北海と北大西洋で何十年も乱獲したために、70年代にはニシンが激減していた。ニシンは繁殖力が強く、メスは1度に4万個の卵を産卵できるので、種の回復も早かったが、ちょうど増加中だった1990年代、家畜飼料用の魚粉を製造するための大規模漁業が行われ、ニシンは水産資源としてはまたも消滅の危機にひんした。そして、これ以上の乱獲を防ごうと、欧州連合が規制をかなり強化した結果、ニシンの数も着実に回復し、今では、大西洋のニシン漁は持続可能だとされている。

　イギリスでは、いまもまだ、ニシンは貧乏人の食べ物だとみなされがちのようで、1970年代にニシンが減った後は、また広く手に入るようになってからもニシンの市場が完全に回復することはなかった。このごろは健康に関心が高いので、昔のように塩漬けニシンを食べるようになるとはとうてい思えない。また、かつてハンザ同盟がまだ機能していた時代のように、ニシンがふたたび歴史に影響をおよぼすこともありそうにない。だが、昔「海の銀」とよばれていたニシンは、今では持続可能な漁が行われており、健康によい脂を豊富にふくんでいるから、ふたたび注目されるようになる日も近いだろう。

### オメガ3脂肪酸
◆

　ニシンは、魚介類の長鎖オメガ3脂肪酸をもっとも多くふくむ魚のひとつだ。この脂肪酸はEPAとDHAで、これが人間の健康に役立つことがはじめてわかったのは、グリーンランドのイヌイットの人々のおかげだった。イヌイットは魚をたくさん食べており、心臓疾患をほとんど発症しない。医学研究によると、EPAとDHAをふくむサプリメントをとっても同じ効果があるわけではなく、結局のところ、心臓病の可能性を低くするには、複雑な代謝経路が関係するという。つまり、あまり科学的とはいえない結論を出すとこうなる。体によいから、もっとニシンを食べよう。

**酢漬けニシン**
塩漬けニシンは欧州ではもうあまり一般的ではないが、このロールモップのような酢漬けのニシンなら広く食べられている。

# フランクフルター（フランクフルト・ソーセージ）

起源：フランクフルト・アム・マイン

時代：12世紀以降

種類：細びきの燻製したポーク・ソーセージ

◆ 文 化
◆ 社 会
◆ 産 業
◆ 政 治
◆ 軍 事

じつにシンプルな食べ物で、たいていは安い肉を使いきるために作るのに、世界中にはほんとうに驚くほどいろいろなソーセージがある。ドイツだけでも、1000種類以上あるという。そのひとつフランクフルト・ソーセージは細長いソーセージで、細びきの豚肉でソーセージを作ってから、燻製し煮沸する。おそらく、ドイツ国外ではもっとも有名なドイツ・ソーセージだろう。その大きな理由は、アメリカの食べ物、とくに、世界中に広まったホットドッグと関係がある。

法律はソーセージのようなものだ。作るところは見ないほうがいい。
オットー・フォン・ビスマルク

## マイン川

　12世紀、ドイツの都市フランクフルト・アム・マインは商業の中心になっていた。そのおもな理由は、ここにマイン川が流れているためだ。マイン川はライン川の主要な支流で、ライン川を使えば中央ヨーロッパの諸都市とつながる。フランクフルトでは定期的に見本市が開かれており、1152年には、神聖ローマ帝国の皇帝フリードリヒ1世（今はフリードリヒ赤髭王というよび名のほうが有名）が、フランクフルトの選帝侯会議で選ばれた最初の神聖ローマ皇帝になり、その数日後にアーヘンで戴冠した。そうした見本市やこのときの皇帝選挙で、なにか特定のソーセージを作ったり食べたりしたということを示す直接的な証拠はないが、16世紀には、それが伝統だとみなされていたので、この伝統が、フランクフルトで最初に皇帝が選ばれたときにはじまったのではないかと考えるのも、あながち不合理ではない。

　神聖ローマ帝国は、8世紀の終わりにシャルルマーニュ（カール大帝）が中欧に建設したカロリング帝国の後継国家だが、12世紀にはもう衰退していた。内部分裂があったうえ、ローマ教皇が力を強め、この地域の大半をにぎる皇帝の権威に挑んできたからだ。フリードリヒ赤髭王は帝国のかつての栄光をとりもどそうと、すでに独立していた北イタリア諸国に軍事遠征をしかけて勝利をおさめ、神聖ローマ帝国を復権させて教皇の面目をつぶした。

92　図説世界史を変えた50の食物

その後数百年間、フランクフルトは、イタリアの都市国家や北海沿岸低地帯の台頭いちじるしい商業都市との交易によって豊かになっていった。

フランクフルトは1372年、神聖ローマ帝国内の帝国自由都市の地位をあたえられた。これで、市の参事会が自分たちで自分たちの指導者を選ぶことができるようになり、おおむね自治が可能になったが、全体としてはまだ帝国の支配下にあった。フランクフルトは繁栄し、1564年には皇帝の選出だけでなく戴冠式も行われる場所になった。そして、ここで行われた最初の戴冠式、神聖ローマ皇帝マクシミリアン2世の戴冠式では、お祝いに特別なソーセージが作られた。それが、実際にフランクフルター（フランクフルト・ソーセージ）とよばれたのかもしれない。

実のところ、フランクフルトにあったソーセージに似た細長いソーセージが、いつ、どこで、フランクフルターとよばれるようになったのか、正確なところはわかっていない。19世紀初めには、よく似たソーセージをウィーンの肉屋が作っていた。一説によると、その肉屋はフランクフルトで働いているときに作り方を学び、その後、豚肉と牛肉の合びきを使ってアレンジしたという。だが、このウィーンのソーセージ、つまり、のちにアメリカでウィンナーとよばれるようになるソーセージが、のちにフランクフルターとよばれたソーセージだとは言いきれず、実際にフランクフルトで作られていたソーセージが最初からフランクフルターとよばれていたとも言いきれない。確かなのは、19世紀に約800万人のドイツ人がアメリカへ移住したこと、こうした人々がもちこんだ数々のもののなかに、故郷で食べ慣れていた食べ物があり、そのひとつであるソーセージに少し手をくわえたものが、アメリカの典型的な食べ物になったということだ。

**赤髭王**
フリードリヒ赤髭王。両脇は息子たち。12世紀の『ゲルフ年代記（Chronicle of the Guelphs）』挿絵。

**フランクフルト・アム・マイン**
17世紀のフランクフルト。当時は神聖ローマ帝国の帝国自由都市だった。1889年の水彩画。

## コニーアイランドと野球場

フランクフルトでは、この都市名を冠することになるソーセージは、公的な行事や見本市で食べるものだった。この関係は、知ってか知らずか、アメリカでも続くことになる。アメリカでは、フランクフルト・ソーセージをパンにはさんだものが、ホットドッグとよばれた。19世紀のアメリカでは、ホットドッグは、街中の屋台で買う手軽な昼食、あるいは戸外で楽しむ日や野球を見に行くときに食べるものになっていた。ホットドッグは安く、移動中に食べたり、試合を見ながら食べたりできるからだ。それに、おいしい。マスタードを少々と、その他薬味やザワークラウトをそえるととくに美味だ。ホットドッグは大衆の食べ物で、だれもが楽しんだ。大統領でさえ、とくに有権者にアピールしたいときには、ホットドッグを食べた。自分は高い地位についているけれども、ほんとうはごくふつうのアメリカ人にすぎない、と目に見える形で訴えるために、ホットドッグを食べてみせた。

アメリカのホットドッグの起源は、伝説が多すぎてはっきりしない。どこのだれがはじめてホットドッグを作ったのか、今となっては知ることができないが、正直いうと、天才でなくてもソーセージのサンドイッチを作ることくらいできる。名前の由来のほうも、数多くの説があるが、一説によると、ホットドッグは最初はダックスフント・サンドイッチとよばれていたという。おそらく、どちらも細長くて、ドイツ原産だからだろう。そして、締め切りに追われていた新聞記者が、ダックスフントのスペルがわからず、名前を短く縮めてしまったらしい。

ホットドッグ販売で最初に成功した人物のひとりが、1870年に商売をはじめたチャールズ・フェルトマンだ。彼は1856年、15歳のときにニューヨークへ来たドイツ移民で、屋台を皮切りにケータリング業を営んだ。当時のニューヨークでは、コニーアイランドがすでに人気の行楽地になっていた。ブルックリンのすぐ南にあるが、ブルックリンとはまったく別物なので、コニーアイランドは都会から日帰りで遊びに行く

> **球場のホットドッグのほうがリッツホテルのステーキよりうまい。**
> ハンフリー・ボガート

**ランチの屋台**
1906年頃のニューヨーク、ブロード・ストリートの屋台。フランクフルト・ソーセージが1本3セント、2本なら5セント。

にはぴったりのところだった。1883年にブルックリン橋が開通し、20世紀初めに鉄道が延長されると、コニーアイランドはもっと行きやすい場所になった。だが、コニーアイランドの人気がほんとうに爆発したのは、1915年に地下鉄が開通したときだった。

1916年、フェルトマンの従業員だったネイサン・ハンドワーカーが独立し、地下鉄駅のそばでネイサンズ（Nathan's Famous）を開店した。ここのホットドッグはフェルトマンの店の半額で、10セントではなく5セントだった。そのため最初は、そんな安いソーセージは中身が怪しい、と人々が疑ってかかり、この疑いを消すのに時間がかかった。一説によるとハンドワーカーは、近くにある病院の医者が白衣を着たまま来店したら、ホットドッグを無料で提供したという。医者たちがネイサンズで行列を作っているようすを見たら、安全な食べ物なのか信じきれずにいた人々も、だいじょうぶだと安心しただろう。この話が本当かどうかはともかく、ネイサンズはコニーアイランドの名物になった。いまも同じ場所、サーフ・アベニューとスティルウェル・アベニューの交差点にある。コニーアイランドは1920年代と30年代を全盛期に、しだいに人気が落ちたものの、いまもコニーアイランドへ行ったら、ネイサンズのホットドッグを食べないとなんとなくものたりない。

同じことは野球場へ行ったときもいえる。野球とホットドッグは、1893年にメジャーリーグがはじまったときから関係がある。そのため今でも、これ以上アメリカ的な体験があるとはとても思えない。野球もホットドッグも、人々がよりよい生活を求めて「自由の地」にやってきた19世紀に、文化の巨大なるつぼから生まれて発展をとげた。そして、その過程で、活気に満ちたダイナミックな文化を生み出した。次にはこの文化が、世界を変えていくことになる。

**ネイサンズ**
いまもコニーアイランドの名物、ネイサンズ。今では全米に300以上の店がある。

### シカゴ・スタイル
◆

「ウィンディ・シティ」シカゴでは、ホットドッグは「ひきずって庭を通る」ほどだといわれる。つまり、トッピングを全種類のせる。マスタード、薬味類、ピクルス、トマト、ペッパーと、ケチャップ以外全部のる。シカゴの住人によれば、ドッグにケチャップはかけない、いくら言われてもかけようとは思わない、という。シカゴ・スタイル・ドッグの変化形が、マクスウェル・ストリート・ポリッシュで、ポリッシュ・ソーセージにタマネギとマスタードをそえたものだ。これを最初に出したのはジムズ・オリジナル（Jim's Original）のスタンドで、地区再開発前の、マクスウェル通りとハルステッド通りの交差点にあったマーケットのなかで営業していた。今はイースト95番通りにある。

# 北京ダック

丘の上で口を開けて待っているだけでは、いつまでたっても焼いたアヒルは落ちてこない。
孔子（551頃-478年頃）

起源：北京
時代：14世紀以降
種類：焼いたアヒル

◆ 文　化
◆ 社　会
◆ 産　業
◆ 政　治
◆ 軍　事

西洋ではペキン・ダック、中国ではベイジン・カオヤーとよばれる料理は、もっとも有名な中華料理のひとつになった。今では多くの国のレストランでメニューにのっており、中国では国民食だと考えられている。今のような形の北京ダックがはじめて作られたのは、19世紀なかばの北京だった。清王朝の皇帝の巨大な宮殿、紫禁城の皇帝の台所か、あるいは、北京にあった多数の料理店のどれかひとつだが、その起源をたどって中国の歴史をさかのぼると、すくなくとも14世紀初めのモンゴル人王朝、元に行き着く。

## 北京の焼いたアヒル

　北京ダックの特徴は、皮がパリパリなのに、なかの肉がまだしっとりしていることだ。こうなるようにするには、まず、アヒルの首の切り口から体内に空気を入れ、皮と脂肪を分離させてから、アヒルに麦芽糖のシロップを塗る。そして、炉の中にぶら下げ、高温であぶると、脂肪が滴り落ち、皮がパリパリに焼けて、こげ茶色になる。北京のレストランでは、北京ダックは3品に分かれて出てくる。最初はパリパリの皮。次が薄切りにした肉で、通常、薄く焼いた小麦粉の皮に、千切りのキュウリとネギ、甘い味噌だれと一緒に巻いて食べる。そして最後に出るのが、肉を切りとった残りの部分で作ったスープだ。

　現代の北京ダックと似た調理法で焼いたアヒルのことが出てくる中国最古の記録は、これまでのところ、元王朝の皇帝に飲膳大医として仕えた忽思慧（こっしけい）が1330年に編纂した『飲膳正要』である。忽思慧は、皇帝とその家族の健康的な食生活を守ることが責務で、彼の本には料理のことだけでなく、食べ物の薬効についても書かれている。元はチンギス・カンの孫のクビライ・カンが建てた王朝で、その伝統的な食事は、かつてモンゴルの大平原の遊牧民だった父祖から受け継いだ遺産を反映していたが、忽思慧は、自分もモンゴル人ではあったけれども、中国のさまざまな民族の料理について書いたばかりか、はるか遠くの料理、たとえば中央アジアのテュルク系民族やペルシア人の料理についても書いた。また彼は、節制を心がけ、野菜と果物を

いろいろ摂取すべきだと強調し、今日の栄養士も賛同するようなバランスのとれた食事を勧めている。

元が1368年に滅亡した後も、忽思慧の著作は明朝にも影響をあたえた。明は、当初は南京が首都だったが、1421年に首都を北京に戻した。そして、「北の首都」北京に戻った皇帝の宮廷は、中国南部の料理の影響も北京にもち帰り、北京ダックに使う品種のアヒルももちこんだ。このアヒルを品種改良したのが、今の北京ダック用のアヒルで、西洋では一般に、このアヒルのことも同じくペキンダックとよぶ。焼いたアヒルの専門店が北京に現れはじめたのもこの時期で、そうした店の一部は、明の次に成立した中国最後の王朝、清の時代も、そして20世紀前半の革命期ものりこえて続いた。それどころか、こうした料理店のなかには、中華人民共和国となった今もまだ、アヒルを出しているところが若干ある。政治体制がどう変わろうと、おいしい食べ物はやはりおいしい食べ物だ、ということの実証だ。

中華料理が世界中に広まった結果、このごろはあちこちで北京ダック（すくなくとも、北京ダックの一種といえるもの）を食べられる。筆者の自宅からすぐの中華料理店にも置いてある。イギリス版の北京ダックは、「クリスピー・アロマティック・ダック」とよばれており、たいていは北京の北京ダックよりも長く時間をかけて火を通すため、肉のしっとり感も脂肪分も少なめで、ふつう、皮と肉は別々ではなく一緒に出てくる。そして、海鮮醤がそえてあることが多い。このタレは甘い味噌に似ているが、どういうわけか、きまってプラム・ソースとよばれている。ただしここにプラムはまったく入っていない。

**全聚徳**(ぜんしゅとく)

◆

全聚徳は1864年に北京にできた料理店で、ここの料理人が、いまやあちこちでまねられているアヒルの焼き方、つまり、アヒルをラックにつるして炉に入れるという方法をはじめたといわれている。現代の店は巨大で、1年に200万羽のアヒルを500万人の客に出しており、中国を公式訪問した各国指導者も数多く訪れる。有名なところでは、1971年にアメリカの国家安全保障担当補佐官ヘンリー・キッシンジャーが訪中したとき、ここで中国政府主催の晩餐会が開かれた。キッシンジャーはアヒルを堪能したらしく、晩餐会の席上での話しあいが、翌年のリチャード・ニクソン大統領の画期的な訪中への地ならしになったとされている。

ひなのあひるをさすまたに刺して焼く。観察の役にある馮氏の家の料理人が最もうまい。
袁枚『随園食単』（1716-1797年）［中山時子ほか訳、精興社］

# カスレ

起源：ラングドック

時代：1355年

種類：肉と豆のシチュー

◆ 文　化
◆ 社　会
◆ 産　業
◆ 政　治
◆ 軍　事

　カスレは栄養たっぷりの肉と豆のシチューで、南フランスのラングドックが起源だ。現地のオック語では「cacolet（カソレ）」と言う。これを料理するときに使う大きな土鍋カソールが名前の由来である。この料理は、トゥールーズとカルカソンヌが有名だが、実のところ、もともとは田舎料理で、田園で働く人々の昼食だった。サンドイッチで軽くすませるのではなく、たっぷり昼食をとる必要があったからだ。

### カステルノーダリ

　カステルノーダリという小さな町の住民によれば、カスレの発祥の地はトゥールーズでもカルカソンヌでもなく、カステルノーダリだという。町議会のウェブサイトを見るかぎり、彼らは自分たちの町が「世界に冠たるカスレの中心地」だと考えているようだ。カステルノーダリはトゥールーズとカルカソンヌのほぼ中間点にあり、ミディ運河が町を流れている。この運河は、17世紀終わりに完成した運河で、地中海と大西洋を結んでフランスを横断する内陸水路の一部にあたる。

　数百年にわたってミディ運河の主要港だったカステルノーダリには、平底荷船を一晩係留しておける最大級の船だまりがあった。そうした荷船が積んでいたのは、ほとんどが小麦とワインという二大商品だった。貨物船は1970年代になるまで運河を行き来していたが、その頃に

**巨大な船だまり**
カステルノーダリ。ミディ運河の巨大な船だまり越しの光景。

はもう輸送量は微々たるものに激減していた。というのも、19世紀に
鉄道が開通したうえ、20世紀には道路輸送へ切り替わったからだ。今
では、ミディ運河を使うのはおもに娯楽用の船になっている。20世紀
後半の観光ブームを背景に、カステルノーダリの住民も、カステルノー
ダリをカスレの町にしようとしているのだろう。観光ブームがはじまり
かけたのとほぼ同時期の1960年代、シェフや
フードライターがこのカスレを見つけ、フラン
スの田舎に住む人々、「ペイザン」の素朴なシ
チューをレストランの一皿に変身させた。今日
では、本物に近いものから遠いものまで、さま
ざまなカスレが世界中のメニューにのっている。
　最高級のフレンチ・レストランで出すオート・
キュイジーヌ（高級フランス料理）とは対極に
あるような、フランス人がふだん食べている料
理についてフランス国外で書かれて出版された
本のうち、最古の、そしておそらくは最高の一
冊が、イギリスで1960年に初版が出たエリザベ
ス・デイヴィッドの『フランスの田舎料理
（French Provincial Cooking）』だ。第2次世界
大戦中にはじまった食料の配給が1954年によう
やく終わったイギリス人にとって、この本は、
自分たちとは違う暮らし方、おいしいものを食
べたり飲んだりするようなシンプルな楽しみを
愛する生活をかいま見ることができるものだっ
た。そして、イギリスが戦後の耐乏期をへて回
復し、外国へ遊びに行く余裕もできてくると、
フランスがおもな旅行先のひとつになった。フ
ランスはイギリス海峡のすぐ向こう側にあって、
イギリスより気候がよいだけでなく、フランスにはイギリスからほとん
ど消えてしまった暮らし方がある、と思われていたからだ（そもそも、
イギリスにそんなものがかつてあったとすれば、の話だ）。
　ミディ運河をトゥールーズから南フランスまで遊覧船で下るクルーズ
の楽しみをいち早く見い出した人々のなかに、そうしたイギリスからの
旅行者もいた。そしてカステルノーダリは、途中で立ち寄るのにぴった
りの場所だった。この町では、町議会のプロモーションとして、元祖カ
スレをレストランのどこかひとつで試食できたうえ、地元の赤ワインも
2、3杯楽しめた。くつろいだランチの後は、旅の土産に、近くのイセ
ル村で作る本物のカソールを買うこともできた（ただし、よかれと思っ
て買っても、いずれは食器棚の奥にしまいこんでしまいがちだろう）。

## カステルノーダリのカスレ
◆

　カステルノーダリのカスレの場合、お
もな食材は、豚肉、白いんげん豆、アヒ
ルのコンフィ［肉をその脂肪で煮たもの］、
トゥールーズ・ソーセージの4つで、こ
れにタマネギ、ニンニク、ハーブのブー
ケガルニがくわわる。まず、豆を一晩水
に浸してから、コンフィとソーセージ以
外の材料すべてと一緒にカソールに入れ
る。コンフィは温めなおすだけでよく、
ソーセージはあらかじめ別に焼いておく
からだ。次に、肉と豆がひたるくらいの
水をカソールに入れ、そのカソールを
オーブンに入れて数時間加熱する。煮え
てくると、カスレの表面に膜が張るので、
数回混ぜあわせる。最後に、コンフィと
ソーセージをカソールにくわえ、さらに
30分ほど煮る。この最後の段階ででき
た膜はカソールに残しておく。これで完
成となる。

カスレ　99

こうして、カステルノーダリの人々は運河の運輸業が衰退したあと、新しい生計の立て方を見つけた。そのひとつとして、町おこしのためにあみだしたカスレ・フェスティバルも1999年から開催している。

## 黒太子

　一説によると、カスレは百年戦争中の1355年に、カステルノーダリではじめて作られたという。百年戦争とは、イングランドのノルマン朝とプランタジネット朝の歴代国王が所有権を主張していたフランス内の広大な領地をめぐって、イングランドとフランスの国王が数代にわたり対立した一連の戦いのことだ。1355年10月、カステルノーダリは、イングランド王エドワード3世の息子エドワード・オヴ・ウッドストックの軍に包囲された。今では黒太子という通称のほうが知られている王子である。このとき、カルステルノーダリの住民が手元に残っている食料をもちより、みんなで分けあうためにひとつの大鍋に全部入れて煮て作ったのが、豚肉やアヒルなど、ありあわせの食材の数々が入ったシチューだったという。こうしてできたカスレは、黒太子に抵抗する戦いを続ける力を住民にあたえたことだろうが、残念ながら勝利にはいたらなかった。10月の末、町は陥落し、黒太子の軍に略奪された。住民の多くが殺され、城と多くの家が焼かれた。

　当時の歴史家によれば、このグレート・レイド（大攻撃）とよばれる黒太子のアキテーヌとラングドック遠征では、彼の軍がカステルノーダリにいたのはわずか2日間で、この町の甘い防備をやすやすと破ると、次の略奪先を求めてすぐに移動していったという。これが事実だとすれば、町の住民には守備を組織する時間などほとんどなく、まして、新しい料理を考案する余裕などありえない。しかも、今ではカステルノーダリの町議会でさえ認める覚悟ができていることだが、カスレの特徴である食材、インゲン豆は新世界が原産地で、コロンブスの新世界発見は1492年なので、その100年以上前に作られたシチューにインゲン豆が入っているはずはない。

　百年戦争というと、今日のイギリスでは、まず1415年のヘンリー5世のアジャンクールの戦い（すくなくとも、シェイクスピアが描いたこの戦い）を思い浮かべるが、フランスではジャンヌ・ダルクだ。彼女は1429年の戦いでフランスの運命をよみがえらせ、それが1453年のフラ

**黒太子**
エドワード黒太子を描いた15世紀の挿絵。イングランド王旗を持っている。

ンスの最終的な勝利につながって、イングランド王はフランス内にもっていた領地を失った。今日イギリス人もフランス人も、自分に都合のいいことだけ覚えており、イングランドがアジャンクールで勝利したことや、百年戦争全体としてはフランスが最終的に勝利をおさめたことなど、百年戦争のうち関心のある部分に注目するだけだ。全体の構図はあまり気にせず、出来事をめぐって生まれたサイドストーリーが歴史的に正確かどうかもあまり気にかけない。

**ジャンヌ・ダルク**
ジャンヌ・ダルクの当時の肖像はない。この細密画は1431年の彼女の死から約50年後に描かれた。

　カステルノーダリのカスレも、この類だ。実のところ、カステルノーダリがカスレのことをこの地域のどこよりも強くアピールできるとする根拠はない。おそらく、百年戦争や黒太子とカスレの関係にあまりに関心をもちすぎている住民が少しばかりいるのだろう。そういう人たちには、カスレがこのところの町の運命を復活させたことが重要なのだ。たとえば、カステルノーダリにあるオテル・ド・フランス（Hotel de France）は、レストランでカステルノーダリのカスレを出しているだけでなく、自前の缶詰工場をもっていて、お客がカスレの缶詰を買って帰れるようになっており、買いそびれてもオンラインで注文できる。こうなると、カスレは、そしてフランス料理という概念やそれにともなうライフスタイルも、町の歴史を作るため、地域経済を押し上げ、住民に仕事と暮らしをあたえるために使われているということになる。もっとも、これだけではない。カステルノーダリのカスレのようにきちんと作れば、カスレは非常に美味だ。

> 午後からあまり動かなくてよい日のお昼にカスレをいただくなら、ムッシュ・コロンビの助言をお聞きになるのが賢明でしょう。
> エリザベス・デイヴィッド『フランスの田舎料理（French Provincial Cooking）』

# カブ

> わたしはほとんどカブとジャガイモで育ったようなものだけど、カブのほうがジャガイモより効果があったと思う。
> マレーネ・ディートリヒ

起源：北欧
時代：14世紀以降
種類：根菜

◆ 文　化
◆ 社　会
◆ 産　業
◆ 政　治
◆ 軍　事

　カブというものは、カブを栽培している国々のほとんどでジョークのネタになっているようだ。その多くは、カブを食べるのは農民だけだ、とほのめかしたり、胃腸によいという効果をあてこすったりするジョークだが、フランスでは、カブは比較的大事にされている。また、クラシックなフランス料理、ラムのナヴァランには欠かせない食材だ。またカブは、14世紀に北海沿岸低地帯からはじまった新しい農法の一環として、歴史上重要な役割をはたしてもいる。その農法が欧州全土に大きな社会的変化をもたらし、19世紀の産業革命の下地を作った。

## 輪作のカブ

　14世紀、今はベルギーにあるブルッヘやアントウェルペンなどの北海沿岸低地帯の商業都市は、羊毛の貿易や北方のハンザ同盟都市との商業ネットワークが生み出す富のおかげで拡大を続けていた（86ページ参照）。人口増加にくわえ、欧州の他地域からも人々が流入していたので、ここの農民にとっては増収の好機だったが、問題が起きてもいた。市場拡大に対し、農業に適した土地がかぎられているためこの機会を十分に生かしきれず、そのギャップをバルト海周辺地域から輸入している塩漬けニシンのような食品の販売が埋めていたのだ。
　この問題の解決策が輪作だった。農地の生産性が倍増する新機軸だったにもかかわらず、これまでめったに評価されたことがない。だが、この農法は以後500年以上にわたり農業の基盤になったばかりか、今でも多くの地の農業を支えている。この新しい農法の核になったのがカブだった。冬の時期の安価な食料になる食用作物というだけでなく、羊をはじめとする家畜の飼料にもなるからだ。それまでは、作物を確実に収穫するには畑を長期間休ませておく必要があったので、いつも農地の3分の1を休閑地にしていた。こうして作物を収穫した後の土地を回復させていたのだ。また休閑期は、土壌の生産力を回復させると同時に、作物のさまざまな害虫や病気のライフサイ

クルを断ち切ることにもなる。これをしないと、やがて害虫や病気が増大して、収穫量が激減する可能性がある。

　北海沿岸低地帯の農家が進歩した点は、牧畜と耕作を一体化したことだ。飼料用の作物を栽培することで、さまざまな病虫害を受けやすい穀物の栽培を中断し、家畜が草をはむためのイネ科の草とクローバーを栽培する牧草地も輪作に組みこんだ。こうして耕地を牧草地に使う段階の利点は3つある。家畜の放牧や冬用の飼料に使えること、イネ科の草とクローバーの牧草地なら害虫や病気の増大をより抑えられること、そして、土壌の生産力が大きく向上することだ。なぜなら、牛や羊の肥やしの循環があるからだ。羊も牛も牧草をはみながらじかに糞を落とす。家畜が冬をすごす小屋で集めた糞とわらを畑にまくこともできる。しかも、マメ科のクローバーは土壌内の窒素を増やしてくれる。マメ科植物の例にもれず、クローバーも土壌性細菌と共生関係にあり、クローバーの根にできる根粒に細菌が生息する。その細菌が、根から養分をもらう一方、空気中の窒素をクローバーの根に固定して、クローバーに栄養をあたえるのだ。

　フランドルや隣接するオランダの地域で農業が成功した結果、北海沿岸低地帯はますます繁栄し、16世紀には世界有数の貿易立国になった。アントウェルペンは欧州屈指の裕福な大都市になり、オランダも、莫大な費用をかけて国を変身させる大規模な土地造成にとりかかる余裕ができた。もちろん、アントウェルペンが裕福になったことも、17世紀のオランダの黄金時代が文化の百花繚乱の時代になったことも、すべて、この地域でもっとも地味な根菜を育てていた農家が土台だった、とまで言うのはどうかと思うが、こうした現象が起きるための経済状況を作るのに、カブがささやかながらも一役かった、と考えるのは不合理とは言いきれない。

**ラムのナヴァラン**
◆

　フランスでは、カブ（フランス語ではナヴェ）はまだ若く甘いうちに収穫するので、ラムのナヴァランのカブは、大きくなったカブにある苦い後味がない。この料理は、ラム肉の安価な部位を使う。ラム肉とカブ、その他の根菜、タマネギ、ニンニク、ハーブを数時間かけてゆっくり煮こむと、アイリッシュ・シチューやランカシャー・ホットポットのような料理に似たものができあがる。違いは、ナヴァランはジャガイモを使わないことで、スープをおいしくするためにプラム・トマトをくわえることが多い。

カブ　103

## カブのタウンゼンド

　フランドルで生まれた革新的農法は、すぐに欧州各地で続々とまねされたわけではなかった。イングランド東部の耕作地域でも、この農法をはじめたのは17世紀になってからで、しかも、ごくまれだった。その理由は、耕作地の多くが開放耕地制で耕作されており、地元の人間が入会権者の権利（土地の共同利用権）をもって、帯状に区分した土地を耕作したり、その休閑期に放牧したりしていたからだ。休閑のない継続的な輪作を中心とする農業に変わったのは、こうした開放耕地の囲い込みがはじまってからのことだった。法律にもとづいて行われた囲い込みでは、土地の所有権が公認されたので、通常、地元民は入会権を失い、貴族や大地主が土地の所有権を得た。

　田園部での囲い込み、輪作のような新しい農法の導入、それに、新しい機械の開発や家畜飼育法の改良、これらがイギリスの農業革命だった。そして以前は、この農業革命すべてが数人の賢明な男性の業績だとされていた。そのひとりが、チャールズ・タウンゼンド（1674-1738年）、のちの第2代タウンゼンド子爵だ。高位の政治家で外交官だった彼は、ノーフォークに広大な地所をもっていた。彼がイギリスに四輪作法（ノーフォーク農法）を導入したとされることが多い。

**タウンゼンド子爵**
タウンゼンドはカブを使った輪作を、ノーフォークのレイナムにある自分の地所に導入した。

　タウンゼンドは1709年から1711年までオランダ共和国駐在の大使だった。北海沿岸低地帯で生まれた農法の生産性をじかに見たことから、自分の地所にも応用することにしたのだ。フランドルでは、最高7種類の輪作が行われていたが、イギリスでは、単純化して一般に4種類になった。初めが冬小麦で、秋に種をまいて、翌年夏に収穫する。小麦を収穫したら、その直後にカブを植える。カブは成長が早く、比較的寒冷な秋でも耐えて、冬用の飼料作物になる。次の春は大麦を植え、これを収穫したら、輪作の最後として、イネ科の牧草とクローバーを混ぜた種をまく。これは放牧用と干し草用で、それが終わったら土を耕し、また小麦から輪作をはじめる。

　実際のところ、この農法の導入にタウンゼンドがどの程度貢献したのかは疑問の余地がある。タウンゼンドより数十年前に、カブと穀物の輪作をしたという記録が残っているからだ。それでも、導入に果たした役割はどうあれ、彼が農法の改良を盛んに提唱していたのは確かで、詩人のアレグザンダー・ポープもこの事実に言及し、タウンゼンドがカブのことばかり話すため、「カブのタウンゼンド」というあだ名がついたと

書いている。タウンゼンドは話し相手にするにはつまらない人物だったかもしれないが、四輪作法や類似の農法を広くとりいれた結果、農業の生産性は倍増した。しかも当時は、ちょうどイギリスの人口が急増している時期だった。

最近では、カブは以前ほど栽培されていない。まだ輪作を利用している混合農業でも例外ではない。他の作物に地位を奪われたうえ、他のものを食べる余裕がない人の食べ物、というカブの評価は、多くの西洋諸国が豊かになった今ではあまり実感が得られない。カブの返り咲きなどまったく想像できないが、それでもカブは、生産性の高い農法の採用とそれに続く社会の変化に一役かったのだから、どんなに中傷されようと、歴史を変えた野菜だと堂々といえる。

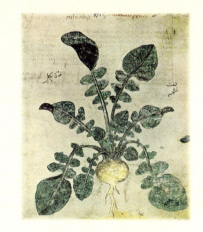

**カブ**
6世紀の彩飾写本『ウィーン写本(Vienna Dioscurides)』の挿絵。

ボールドリックよ、わたしはかねがね聞きたいと思っていたのだがね、君には野心というものがあるのかね、カブを手に入れることを別にすればだよ。
エドマンド・ブラックアダー、BBCテレビ連続ドラマ「ローワン・アトキンソンのブラックアダー」3のキャラクター

### 有機輪作
◆

有機農法は1920年代と30年代に開発がはじまった。合成化学肥料と農薬に依存して食べ物を生産するのは不自然だ、と考える人々が、その対抗策として支持している。そして、土壌の生産力を管理し、病虫害を抑えるために、有機農法の創始期から使われている主要な方法のひとつが輪作だ。少々皮肉めいているのは、有機農法が「オルタナティヴ(伝統からはずれた)」だというレッテルを貼られがちなことだ。なぜなら、じつは有機農法の手法は何百年も前からずっと使われてきたもので、いわゆる「慣行」農法のほうが、昔の手法をかなり根本的に変えたものだからだ。

カブ 105

# ロックフォール・チーズ

起源：フランス
時代：1411年
種類：ブルーチーズ

◆ 文　化
◆ 社　会
◆ 産　業
◇ 政　治
◇ 軍　事

　フランス人は食べ物にこだわりがあるという。そのこだわりの最たるものがチーズだ。フランスでなければ、2、3種類のチーズしか手に入らず、場合によっては、缶詰のチーズでもかまわないと思っているように見える人もいるが、フランスではじつに多種多様なチーズから選べるうえ、その多くが、このグローバル化した世界で多くの食べ物が失ってしまった地域性を保っている。フランスのチーズではどれが最高か、ということについては意見の分かれるところだが、大のチーズ好きならまちがいなくベスト10に入れるはずのチーズが、南フランスのロックフォールだ。羊の乳で作られたロックフォールは、砕けやすい、しっとりした白いチーズで、内部に青緑のかびが筋状に入っている。

### コンバルーの洞窟

　欧州連合の規則では、合法的にロックフォールと名称表示できるチーズは、名前の由来の地、フランス南部のラルザックという石灰岩台地にあるロックフォール＝シュル＝スールゾン村で作ったチーズだけだ。この地域の地形が、ロックフォール・チーズの特質に影響している。ラルザックでは、水は地表を流れずに石灰岩にしみこみがちなので、川がほとんどない。このため水が不足しているうえ、岩だらけのやせた土地ということもあって、ここに適した農業は羊の飼育しかなく、農家はラコーヌ種の羊を飼っている。そして、この羊の乳からチーズを作って、そのチーズをロックフォール村にある石灰岩の小山コンバルーの洞窟で3か月以上熟成させている。

　この洞窟は、石灰岩のなかを流れる水で岩が削られてできた洞窟だ。また、ここの岩には、約1億5000万年前のジュラ紀の噴火活動でできた「フルリーヌ」という亀裂がいくつも入っている。このフルリーヌが、ロックフォールの洞窟内の微気候形成に影響し、洞窟内の温度と湿度を一年中一定に保つ。

**ロックフォールはひざまずいて食べるべきだ。**
グリモ・ド・ラ・レニエール（1758-1838年）

106　図説世界史を変えた50の食物

低温で少しじめじめした洞窟内は、チーズの熟成にぴったりの環境だ。しかも、洞窟内の環境は、ロックフォール・チーズを作るのに使うカビが土のなかで繁殖するのをうながす。このカビは、学名 *Penicillium roqueforti* という真菌で、このほかスティルトンやゴルゴンゾーラのようなブルーチーズを作るときにも使い、抗生物質を作るための真菌と同じ属に入る。かつては、チーズに接種するカビも、チーズ生産者が洞窟内で培養していた。地面にパンを放置しておき、そこにカビを繁殖させていたのだ。だが最近では、数少ない現代化への譲歩のひとつとして、洞窟内で採取したカビを人工培養している。こうするほうが、純度が高くむらの少ないカビを使えるためだ。

**ロックフォール**
石灰岩の小山コンバルーからロックフォール＝シュル＝スールゾン村を見下ろした光景。

## ロックフォールの保護

ラルザックでは、すくなくとも2000年前の古代ローマ時代からチーズを作っている。それよりもかなり前からあったのは疑いない。一説によると、8世紀のフランク王国の王シャルルマーニュも、このチーズが好きだったという。この説は、スイスのサンガル修道院の修道士が書いた話にもとづいているが、実のところ、その修道士は特定のチーズを名指ししているわけではない。こうした古い文献が触れているチーズがロックフォールなのかどうか、今となっては確実ではないが、1411年

**チーズの熟成**
ロックフォール・チーズは、コンバルーの洞窟内で3カ月以上熟成させる。

ロックフォール・チーズ 107

にフランスのシャルル4世が署名した法律なら信頼できる。そこでは、ロックフォールと名指ししたうえで、ロックフォールの住民がコンバルーの洞窟で作ったチーズをロックフォールという名称をつけて売る独占販売権を、ロックフォールの住民にあたえている。おそらくこの法律は、質の悪い模倣品を本物と称して売ろうとする人間から生産者と消費者を守るために作ったのだろう。ロックフォールは今と同じく昔から高い評価を受けていたということだ。

シャルル4世が認めた法律は、特定の食品の名称をあげて保護対象とすることを明示した最初の法律だった。この後も、この法律はトゥールーズ高等法院で何度か確認され、20世紀初めの「アペラシオン・ドリジーヌ・コントロレ（原産地統制呼称）」（AOC）つまり「原産地名称保護」の立法化を先どりすることになった。AOCは1919年にはじめて導入された。各地域の境界線を明記することによって、ワイン取引を組織化しようとするものだ。これは、「テロワール（土壌）」という考え

> ### スティルトン
> ◆
> スティルトンは牛乳で作るブルーチーズで、やはり学名 *Penicillium roqueforti* というカビを使う。1996年にEUの原産地名称保護を受けたので、スティルトンはダービーシャー、レスターシャー、ノッティンガムシャーの3州内で作られたものにかぎられるが、じつは、この地域内にはスティルトン村はない。スティルトン村は昔のハンティンドンシャー、現在のケンブリッジシャーにある。スティルトンは「チーズの王」とよばれることがあり、フランスでも高い評価を受けているが、フランス人は、イギリス人はスティルトンをパンではなくクラッカーにのせて食べるのが大好きだと思っている。

にもとづく。つまり、ある特定の場所で作られたワインは、原料となるブドウの品種や製造方法が影響するだけでなく、そのブドウを栽培している土地の地形、土壌、気候からも影響を受けるという考え方だ。ロックフォールのチーズ生産の特質も、ラルザックの石灰岩の地形の特質から来ているから、あきらかにワインと同様だ。1925年、ロックフォールはAOCの指定を受け、AOCを獲得したはじめての食品となった。

1935年、AOC指定を監督する機関が設立され、指定を受けようとする製品が従わねばならない規定が定められた。この頃には、AOC認証は品質を示すシンボルであると同時に、本物だという保証になっていた。ロックフォール・チーズの場合、この規定によってAOCラベルをつけるには、ロックフォールの村内で、周辺の農場が飼育する羊の乳を原料にして作らねばならず、使用するカビもコンバルーの洞窟由来のものにかぎられる。チーズの熟成もコンバルーの洞窟内で行わねばならない。つまりAOCは、好きなチーズを信頼して買えるという保証を消費者にあたえることによって、ロックフォール村がチーズ生産

**ラコーヌ種の羊**
ロックフォールはおもに、ラルザック台地とその周辺で飼育されているラコーヌ種の羊の乳から作られる。

**チーズ生産者**
1907年頃のロックフォールの女性たち。チーズ作りをひと休みして写真撮影に応じた。

を継続していけるように、ラルザックの農家が羊の乳の出荷先を維持できるようにしているということにもなる。地域の伝統的な産業を保護し、雇用機会のほとんどない地域の住民に雇用を提供しているのだ。今では、ロックフォール・チーズを製造している会社が村内に7社ある。最大手はラ・ソシエテ・デ・カーヴ・ド・ロックフォール（La Société des Caves de Roquefort）、通称ラ・ソシエテ（La Société）で、ここのチーズが世界で販売されているロックフォールチーズの約7割を占める。

　AOCの成功で、AOCの管轄範囲が拡大され、1992年からは欧州連合のEU法に組みこまれた。原産地名称保護（PDO）、地理的表示保護、伝統的特産品保護の各制度だ。どの制度も、地域と結びつきがあって伝統製法で作られた特定の農産物や食品を模倣品から守れるよう設計されている。数あるなかから一例だけあげると、メルトン・モウブレイ・

> 246種類もチーズがある国を統治できると思うかね？
> シャルル・ド・ゴール

ポークパイは、PDO認証を受けた2008年からは、レスターシャーのメルトン・モウブレイという町で作られたものでなければならず、指定条件に明記されているとおりの伝統的な製法と正確な材料で作られていなければならない。それまでは、どこで作ったポークパイでも、どんな製法で作ったポークパイでも、メルトン・モウブレイという名前を利用して稼ごうと思ったら、メルトン・モウブレイ・ポークパイと表示することができた。パルマハムやリューベックのマルツィパンなど、多種多様な製品が同程度の保護を受け、こうした食品の地域的特徴が保たれている。だが、これ以外の食べ物はますます似たものになっているようだ。

ロックフォール・チーズ　109

# ジャガイモ

どんなことであれ、重大な問題をじゃがいもだけ
で解決できると思ったらそれは間違いだ。
ダグラス・アダムス『宇宙クリケット大戦争』［安原
和見訳、河出書房新社］

**起源**：ペルーとボリビアにまたがるアンデス山脈中のアルティプラノ高原

**時代**：15世紀以降

**種類**：学名*Solanum tuberosum*の食用塊茎

◆ 文　化
◆ 社　会
◆ 産　業
◆ 政　治
◆ 軍　事

ジャガイモは驚くべき植物だ。いろいろな気候、いろいろな標高の土地で栽培できる。どんな主要作物よりも生産力が高く、その塊茎は栄養たっぷりなので、人はこの塊茎だけでも生きていける。そして、さまざまな関与の仕方で歴史を変えた。原産地のペルーのインカ帝国の勃興から、17世紀と18世紀の欧州の戦争、そして19世紀なかばのアイルランドの恐ろしい飢饉にいたるまで。

## インカの興亡

今のジャガイモの祖先にあたる野生種を見たら、食べ物になりそうとはすぐには思えないだろう。塊茎は小さくて苦く、ナス科の植物として全体像を見ても、毒性があるので、まず毒を抜いてからでないと食べられない。こういう植物を最初にどのように栽培品種化したのか、どのように品種改良して塊茎から毒性をとりのぞいたのか、はっきりとわかっているわけではないが、最近のDNA研究によれば、はじめて栽培品種化したのは、アンデス山脈のアルティプラノ高原、チチカカ湖周辺だったらしい。今のペルーからボリビアにかけての地域だ。その後、何世代にもわたる選抜育種によって毒性を減らしていった。

インカの人々は当初、アンデスの山中、ジャガイモが最初に栽培品種化された地域の北西の近隣地域に住んでいたが、15世紀の初めには、彼らは首都クスコ周辺を中核に拡大をはじめていた。このあたりは標高が高く、南米で主食とされることの多いトウモロコシが育たなかったので、インカの農業はジャガイモなど、その環境に耐えられる作物が基盤だった。トウモロコシなどの主要作物に比べ、ジャガイモの栄養価が高いことも、インカがこの地域を支配するようになった理由のひとつだ。ジャガイモのおかげで近隣諸国よりも人口が増え、より大きな軍隊を支えることができたため、優位に立てたのだ。

一般に、インカ帝国は古典期が1438年にはじまったとされている。指導者のパチャクテク（「世界を震撼させる者」という意味）が王位について軍事遠征をはじ

110　図説世界史を変えた50の食物

**世界を震撼させる者**
パチャクテクの肖像。17世紀にスペインで描かれたもの。インカ帝国を創設した人物だとされる。

めた年だ。この遠征は40年間におよび、結局インカ帝国は、アンデス山脈全域ばかりか南米の西の沿岸部、今のチリ中部からコロンビアにかけての一帯も占領するまでに拡大した。インカは多くのさまざまな文化を支配していた。そして、征服した民族に税金を課し、彼らを動員して公共事業を行った。広範な道路網の建設もそのひとつで、そうしてできあがった道路網が帝国の統治や農産物の輸送に使われた。またインカは、巨大な建造物の建設もはじめた。その一部はいまもクスコや山上の遺跡マチュ・ピチュに残っており、ともに、インカの職人がすばらしい石積み技術をもっていたことを伝えている。

インカ帝国は比較的短期間に興隆したが、あまり長くは続かず、驚くほどあっけなく滅亡した。1532年、スペインのコンキスタドール、フランシスコ・ピサロがエクアドルに上陸した。手勢はわずか168人の部下と27頭の馬だけだった。彼は以前にも、小規模の探検隊を率いてこの地域に来たことがあり、今回の目的は、スペイン国王のためにここを植民地化することだった。ピサロ一行は少人数だったが、軍事技術についてはインカの人々よりもはるかにまさっていた。また、帝国内の不満を抱えている人々と手を結ぶこともした。インカの支配者に隷属する地位に置かれていることを不満に思う人々がいたのだ。実のところインカ帝国は、内戦続きですでに不安定な状態だった。インカ皇帝アタワルパも、兄を内戦で破って即位していた。こうした内戦による内部分裂にくわえ、スペイン人が意図せず南米大陸にもちこんだ天然痘など、伝染病の蔓延もあった。

1532年7月、アタワルパはピサロを会談に招いたが、ピサロはインカに対し、スペインの支配を受け入れ、キリスト教に改宗するよう要求したうえ、アタワルパを幽閉した。そして翌年、金と銀で莫大な身代金を払わせたにもかかわらず、アタワルパを処刑させた。インカ帝国はその後もしばらくはかろ

**マチュピチュ**
この山上の遺跡は、もともとパチャクテクのために建設されたらしい。

ジャガイモ 111

うじて存在しつづけたが、伝染病により多くの命が失われる一方、スペインからは、インカには信じられないほどの富がある、という話につられた入植者が続々とやってきた。スペイン人はアンデスの山中にあるインカの金鉱や銀鉱を奪い、現地の人々を強制労働させ、その食糧として、標高の高い山中で栽培していたジャガイモをあたえた。

　だが、鉱山労働者に食料を提供する手段になったことを別にすれば、アンデス地域で用いられていたインカ式の農業は、スペイン人にほとんど無視された。そのかわり、スペイン人は南米を植民地化する際に、自分たちの慣れた動物や作物をもちこんだ。ただジャガイモについては、1570年頃にスペインにもち帰った。最初に栽培したのは

**ジャガイモ**
「*Papas Peruanorum*」と表示された植物画。ニュルンベルクのバシリウス・ベスラーによる『アイヒシュテット庭園植物誌』（1613年）。ジャガイモの現在の学名は*Solanum tuberosum*。

カナリア諸島だったらしい。その後、ジャガイモはスペインから徐々に欧州全土に広がったが、栄養価が高くても、人間が食べるために栽培していたわけではなかった。もっぱら、家畜の飼料や薬に利用するためだった。

### ジャガイモ戦争

　欧州では、ジャガイモはほとんど無視されていたとはいえ、それでも例外がひとつあった。軍隊に安価な糧食を提供できたということだ。17世紀から18世紀にかけ、戦争や混乱が頻発したのを機に、ジャガイモ栽培は欧州大陸全土に広がった。まず、プロテスタント諸国とカトリック諸国が戦った三十年戦争が、1618年から1648年までほとんど間断なく続いた。歴史的には、欧州大陸でジャガイモ栽培が広まる前に起きた大きな戦争は、これが最後だったとされている。この戦争は、諸国が次々とひきずりこまれ、ついにはたんなる宗教戦争というよりも、ブルボン家の王朝とハプスブルク家の王朝の対立に発展した。そして中欧全域が、侵入した両陣営の軍に荒らされた。そうした軍は、兵士に食べさせるため作物を手あたりしだいにとりあげたり、食べ物が敵の手にわたらないようにと畑の作物をつぶしたりしたのだ。ようやく三十年戦争が終わっても、その直後、飢饉と病気が襲ってきた。しかも、法と秩序はほぼ完全に崩壊していた。だが、この後の戦争は、実際の戦闘による破

壊がそれまでの戦争より少なかったとはいえないものの、一般住民への影響については、以前ほどではなかった。ジャガイモが栽培されていたからだ。戦争が起きそうだと見越して、ジャガイモを栽培しはじめることが多かった。戦争は次々と続いた。大同盟戦争（1688-1697年）、スペイン継承戦争（1701-1714年）、オーストリア継承戦争（1740-1748年）、七年戦争（1756-1763年）と、大きな戦争だけでもこれだけある。それでも、ジャガイモが一般市民の食糧になっただけでなく、軍の糧食にもなったことからすれば、軍隊が展開した先の農村部で糧食を徴発することはあまりなかっただろう。

そして1778年、プロイセン率いるドイツ諸国がオーストリアと対立したバイエルン継承戦争が勃発した。この戦争は、ドイツでは別名「ジャガイモ戦争」ともよばれる。こうした名前がついたのは、両陣営とも戦闘よりジャガイモを食べている時間のほうが長かったからだという。この戦争がなにか直接ジャガイモと関係があったということではない。名前の由来については別の説もある。両陣営の兵士が武器を手に交戦するのではなく、ジャガイモを投げあってばかりいたからだという。いずれにせよ、この戦争では実際の戦闘はほとんどなく、戦争の発端となったプロイセンのフリードリヒ大王とオーストリアのヨーゼフ2世の論争は、両者ともバイエルンへの領土拡張を狙っていたものの、結局、交渉によって決着した。今となっては、この小さな戦争に意味があるとすれば、オーストリアと新興国プロイセンの対立がここからはじまったということだけだ。この後プロイセンは、19世紀になると存在感を増し、1871年のドイツ統一では、プロイセンが支配者となって、オーストリアは排除された。

こうした長期にわたる戦争の結果、欧州全土でジャガイモ栽培をはじめる人が増えるにつれ、ジャガイモの隠れていた利点が明らかになった。とくに、欧州大陸がいわゆる小氷期のさなかにあった期間、ざっと1650年代から1850年代にかけての北半球の寒冷期にはなおさらだった。この期間、ロ

チューニョ
◆
アンデス山脈の高地に住んでいたインカなどの民族は、ジャガイモを凍結乾燥して保存していた。凍結乾燥ずみのジャガイモのことを現地のケチュア語でチューニョという。これは今日もまだ2種類作られている。黒いチューニョを作るには、ジャガイモを夜の氷点下の気温にさらし、そのまま昼の日光の下に放置しておく。すると、ジャガイモが黒くなる。そして、ジャガイモを足でふんで水分をしぼりとる。白いチューニョは、ボリビアではトゥンタとよび、同様の作り方だが、黒くなった部分を洗ってとる。その後、ひいて粉にすることが多い。

**ジャガイモ掘り**
ドイツの印象派画家マックス・リーバーマンによる1875年の油彩画。ジャガイモを掘りだしているところ。

ンドンでは冬になると、テムズ川が氷でおおわれたほどで、大半の穀物よりも霜に強いジャガイモの栽培が広まりはじめるまでは、欧州全土が深刻な食糧不足におちいった。欧州でジャガイモを主食にするようになったことが、18世紀から19世紀にかけて全土で人口が増加した理由のひとつだともいわれている。先に述べた輪作のような農業技術の進歩と考えあわせると、なおさらそういえそうだ。イギリスでは、産業革命期に都市へ続々と流入して増えつづけた工場労働者をジャガイモが支え、アイルランドでも、ジャガイモのおかげで人口が激増した。

だが、工業化がほとんど見られなかったアイルランドは、ジャガイモの収穫が落ちたとき、悲劇が待っていた。

## 大飢饉

アイルランドで1845年にはじまった飢饉は、アイルランド語で「an Gorta Mor（アン・ゴルタ・モー）」、つまり大飢饉という。この飢饉は、アイルランドの歴史を根本的に変えたばかりか、いまもまだ論議の的になっている。その論議の極論をあげるとこうなる。ひとつは、この飢饉は避けられない悲劇だった、という説だ。欧州大陸から広がってきたジャガイモの病気「ジャガイモ疫病」が突然蔓延し、アイルランドのジャガイモが壊滅したために起きたからだという。もうひとつは、イギリス政府がこの危機に乗じて、アイルランド西部のカトリック文化を滅ぼそうとした、という説で、要するにジェノサイドの一例になるという。

実際のところは、おそらく、このふたつの極論のあいだにあるのだろうが、論争の余地がないのは、恐ろしい規模の大惨事だったということだ。すくなくとも100万人が飢餓や病気で亡くなった。チフスをはじめとする伝染病が、絶望的な状況に置かれた生活ですでに弱っていた人々に蔓延した。また、この飢饉の結果、やはり100万人が国外へ移住した。その多くは、イングランドの工業都市、マンチェスター、リヴァプール、バーミンガムなどへ向かい、そこで大きなアイルランド人コミュニティを形成した。また、もっと遠くまで行った人々もいた。行き先はオーストラリア、ニュージーランド、そして、とりわけアメリカだ。そして、飢饉からのがれようと、いわゆる「コフィン・シップ（ぼろ船）」で大西洋を渡った人々は、そうすることで渡航先の歴史を変えた。

1880年代には、ニューヨークとボストンの人口は、4分の1がアイルランド人かその子孫だった。今でも、アイルランド系アメリカ人の人口は、アイルランドの人口の10倍に上る。

アイルランドは、欧州のなかで比較的早くジャガイモが到来していた。そして、ジャガイモは栄養価が高いだけでなく、穀物栽培には適さない環境でも育つことから、ジャガイモ栽培が広まった。とくに、西海岸に住む人々が栽培していた。この地域は住民の大半が貧しく、小さな農地しかもっていなかった。だが、ジャガイモの栽培が増えるにつれ、人口も急増した。1600年に約100万人だったのが、1800年には400万人になり、そして1845年には、850万人になっていた。だが、伝統的な相続方法では、農地を子どもたちで分割することになっていたため、それぞれの家族が使える農地の広さは徐々に減少していった。しかも実際には、土地の多くは不在地主が所有しており、みずからはイングランドに住んで、雇った代理人に土地の管理をまかせていることが多かった。そして貧しい人々は、賃金をもらうどころか、住まいの小屋と畑の賃料を労働で払っていたので、小さくなる一方の小作地で作れるものを作って、生きてゆくのがせいいっぱいの生活を送ることを強いられていた。

小作地の大きさが、人々がジャガイモに頼るようになった理由だ。ひどく狭い土地でも、家族の生活を支えられるほど生産力がある作物はジャガイモだけだった。1840年代には、ほとんどの人々がアイリッシュ・ランパーという品種のジャガイモを育てていた。この品種はアイルランド西部の湿度の高い環境でもよく育ったが、病気に非常に弱かった。また、ジャガイモの栽培は、以前に収穫した種イモを育てて次の収穫をするという形をとるので、アイルランドで栽培されていたジャガイモの多くは、遺伝的多様性もほとんどなかった。そのため、いったん病気が発生すると、広範囲にわたって作物全部が病気にかかってしまう可能性があった。

疫病は今でも、ジャガイモのかかる病気としてはもっとも深刻だ。北米から欧州へもちこまれた

> アイルランドの報告は誇張と不正確の傾向があるため、それにもとづく対応は遅らせるのがつねに望ましい。
> イギリス首相ロバート・ピール、1845年10月の演説

**大飢饉**
1849年の「イラストレイテド・ロンドンニューズ」掲載のイラスト。アイルランドの飢えた人々が必死で食べ物を探しているようすを伝えようとしている。

ジャガイモ 115

らしいが、おそらくアメリカからベルギーへ輸入された種イモについていたのだろう。到来した疫病は1845年初夏、北欧の作物に蔓延しはじめ、8月にはイングランドにも広がった。そして9月、アイルランドではじめての発生報告があった。この疫病、学名 *Phytophthora infestans* は、卵菌という真菌のような微生物で、その胞子が空気中で拡散する。この病原菌に感染したジャガイモは、たちまち葉が立ち枯れ、地中の塊茎も腐ってしまう。

> ベルギーで被害の訴えが非常に多く、イングランドの地方でもいくつか苦情が出ているジャガイモの疫病が作物を襲っており、近隣および周辺地域に甚大な影響が出ている。
> 1845年9月の「コーク・エグザミナー」紙の記事

今では、この病気は予防策をとってコントロールしている。いったん発病したら、枯死を防ぐことはできず、発病が目に見える形で1本でも見つかったときには、すでに残りのジャガイモにも広がっている可能性があるからだ。そのため、疫病の広がりやすい気象条件、つまり温暖で湿度が高いときには、植物の表面にとどまって病原菌の胞子の定着を防ぐ殺菌剤をまく。

だが1845年の欧州には、疫病を防ぐ手立てはなく、作物は甚大な被害を受け、深刻な食糧不足が起きた。それでも大半の人々は、別の作物でどうにかしのいだ。食べ物を買う余裕がある人もいた。ところが、アイルランド西部ではそうはいかなかった。貧しい人々はジャガイモだけが主食で、飼育している豚の飼料もジャガイモ頼りだった。1845年、ジャガイモは約3分の1が枯死し、翌年には被害が悪化して、ジャガイモの4分の3が壊滅した。

アイルランドでは、300万人以上がジャガイモに全面依存していたので、ジャガイモの不作によって貧窮したばかりか、賃料未払いで地主

**ジャガイモ疫病**
疫病にかかると、まず葉に病斑が出て、たちまち全体に広がり、地中のジャガイモが腐る。

に土地をとりあげられる事態も起きはじめ、状況はますます悪化した。イギリス政府の対応は、ようやく動いたときには、ひいき目に見ても遅すぎ不適切だった。このためアイルランドの民族主義者ジョン・ミッチェルは、飢饉が終息したあと、こう書いた。「全能の神がジャガイモ疫病を送りこまれたのだとしても、この大飢饉を生み出したのはイングランド人だ」。多くの人々が絶望的な状況に直面していたのに、政府はどう見ても無関心だった。その最悪の表れが、1851年まで続いた飢饉のあいだずっと、アイルランドがイングランドへ穀物や家畜などの農産物を輸出しつづけていたことだ。この輸出を止めなかったのは、西海岸の飢えた人々が貧しすぎて食糧を買えなかったので、アイルランドには食糧の市場がなかったからだ。政府の講じた救済策も、おもに、極貧者を救貧院に収容したり、無意味な公共事業をはじめたりするだけだった。その結果、人々は、ろくに救済にならないものを得るために、家から追い出され、土地をとりあげられた。政府のしたことは、危機の解決どころか、危機を悪化させただけだった。

　当時の政府のしたことがジェノサイドなのかどうか、今になって証明することはできない。飢饉のはじまった時点で殺人の意図があった、という明確な証拠はないからだ。だが、当時はアイルランド全土がイギリスに属していたのだから、結局のところ、イギリス人であるはずの人々の命を冷淡にも無視したことは、この後もイギリスとアイルランドの関係に長く影を落とすことになったうえ、アイルランドばかりかアメリカをはじめとする世界中の巨大なアイルランド系コミュニティでも共和主義運動に火をつけた。

**コルカノン**
◆
　アイルランド料理コルカノンは、マッシュポテトにケールやキャベツを合わせ、ミルク、バター、薄切りのグリーンオニオンをくわえた料理だ。茹でたベーコンとパセリ・ソースをそえて出すことが多い。昔はアイルランドの家庭ならどこでも置いてあったような材料で作る、伝統的なディナーだ。多くの家庭が自家用の野菜を育てており、豚も飼っていた。アメリカでは、アイルランド系移民はベーコンの代わりに、手に入りやすいコンビーフを使うことが多かった。その後、このアメリカ風のものがアイルランドへ逆輸入され、今では、こちらのアメリカ風のほうも典型的なアイルランド料理とみなされている。

# マヨネーズ

起源：フランス
時代：1589年
種類：乳化したソース

◆ 文　化
◆ 社　会
◆ 産　業
◆ 政　治
◆ 軍　事

　もっとも基本的なマヨネーズは、油と卵黄を勢いよく泡立てたソースで、たいていはこれに酢と塩少々をくわえて乳化させ、乳濁液、つまり溶けあわない2種の液体が混合している状態にする。今では広く普及しており、スーパーマーケットでは瓶入りやチューブ入りのマヨネーズが買え、日常的に口にする食べ物の多くにそえられているから、つい忘れがちだが、マヨネーズはそもそも、フランス料理の伝統的なソースのひとつだ。

### マヨネーズのソース

　名前からすれば、マヨネーズはマヨンという場所と関係がある。ベアルネーズ・ソースはフランス南西部のベアルンという地域に関係があり、オランデーズ・ソースは似たレシピのオランダのソースにちなんだ名前なので、同じように考えればそうなる。ところが、マヨネーズには同様の関連があるわけではない。フランスにはマヨンという地域も町もなく、そのため、この名前はスペインの都市マオンから来たのではないかといわれている。マオンはメノルカ島の中心都市で、1752年以後はフランスが支配した。この年、七年戦争中だったフランスがイギリスからこの島を奪ったためである。

　ところが、この名前が1752年以前にも、フランスでソースに使われていたことを示す証拠が存在する。そこで、別の説も出てきた。この名前の起源は、フランス北西部のル・マンに近いマイエンヌという地域で、とくに、16世紀後半にフランスを二分したフランス宗教戦争の主要人物、マイエンヌ公爵ロレーヌのシャルルにちなんだ名前だという。この戦争は、フランスのカトリックとユグノー（フランスのプロテスタントである改革派教会の信者）が戦った内戦で、紛争や市民の暴動が続いた。もっとも有名な事件が、1572年にパリで起きたサン・バルテルミの虐殺だ。この事件では、カトリックの暴徒がパリのユグノー数千人を虐殺したばかりか、フランス全土の多くの場所で同様の事態が起きた。

> マヨネーズ──フランス人にとっては国教に代わって助けてくれるソースのひとつ。
> アンブローズ・ビアス（1842-1913年）

118　図説世界史を変えた50の食物

マイエンヌ公爵はカトリック同盟の軍事指導者で、1589年9月のアルクの戦いではカトリック軍の司令官をつとめた。戦いの相手は、自身はプロテスタントながら数週間前にフランス王位についたばかりのアンリ4世だった。アンリ4世は、この先4年間、みずからの王位の正統性を確立するための戦いを強いられることになる。アルクの町は、今はアルク＝ラ＝バタイユという名だが、当時はフランス北西部沿岸にある戦略的に重要な港町で、アンリ4世が占領していた。マイエンヌは町の奪回を試みようとしていたが、一説によると、戦いの前に食事をすませたいといって、コールドチキンにソースをかけさせたという。そのソースが、のちに彼の名前にちなんで名づけられたソースらしい。

**シャルル・マイエンヌ**
マイエンヌ公爵は真のフランス人だ。まず昼食を終えてから、アルクの戦いにのぞんだ。

アルクの戦いは9月15日から29日まで続き、両軍ともに多数の犠牲者を出した。マイエンヌ公爵の軍はアンリ4世の軍よりもはるかに大軍で、当初は公爵のほうが優勢かと思われたが、やがてイングランド軍が到着して、国王軍に加勢しはじめた。それはエリザベス女王が海峡の向こうから送ってきた軍で、重砲をそなえていた。この参戦で戦いの潮目が変わった。カトリック軍は撤退し、勝利を手にしたアンリ4世は、翌年、イヴリーの戦いでふたたびマイエンヌを破り、次いでパリを包囲した。だが、パリのカトリック軍は抵抗を続け、結局、この段階の一連の戦いがついに終わったのは1593年になってからだった。アンリ4世がマイエンヌと休戦協定を結び、フランス人はプロテスタントの王を絶対に認めない、という助言に従って、カトリックに改宗したからだ。

食べ物の起源にまつわる話で、実際の直接証拠がない場合の例にたがわず、この話もいくらか疑ってかかる必要がある。それに正直いうと、マヨネーズがアルクの戦いでなにか一役かったとしても、フランス宗教戦争の歴史に小さな影響をあたえたどころではない、などと言ったら真実を誇張することになってしまう。とはいえ、今マヨネーズとよんでいるソースは、オート・キュイジーヌのアイテムでありながらも、貴族的な出自を越えて広がり、庶民も楽しむようになった数少ないもののひとつだ。それに、やはりコールドチキンによく合う。

> **ヘルマン**
> ◆
> 1905年、ニューヨークのコロンバス・アヴェニューでデリカテッセンを経営していたリチャード・ヘルマンが、妻の手作りマヨネーズを瓶に入れて発売した。このマヨネーズが大成功したので、彼は1912年にマヨネーズ工場を開き、次いで1932年には、この事業をベストフーズ（Best Foods）というサンフランシスコを拠点とするマヨネーズメーカーに売却した。だがベストフーズ社は、これら重複する2ブランドを統合せず、これまでどおりヘルマンを東海岸で、同じベストフーズ・マヨネーズをロッキー山脈の西側で販売しつづけた。世界的にも同様に2ブランドに分かれている。今は両ブランドとも、イギリスとオランダに本拠を置く多国籍企業ユニリーバが所有しているが、イギリスではヘルマン・マヨネーズが買え、オーストラリアでは同じものがベストフーズ・マヨネーズとよばれている。

マヨネーズ 119

# ルンダン

起源：スマトラ

時代：16世紀頃

種類：水気のないスパイシーな肉料理

◆ 文 化
◆ 社 会
◆ 産 業
◆ 政 治
◆ 軍 事

ルンダンは今では、インドネシア、マレーシア、シンガポールの料理だと思われており、世界中のレストランのメニューにのっている。だが、起源は西スマトラ州の高地で、ミナンカバウ人が宗教的祝祭や結婚式の際に作る伝統料理だ。この料理は、メランタウという文化的慣習、つまり、若者が故郷から旅立つという伝統に従った人々によって広まった。

## パダンから

インドネシアの都市パダンは、スマトラ島の西海岸にあり、インド洋に面している。ミナンカバウ人の住む西スマトラ州の州都だ。16世紀、パダンは商業港市として発展しはじめ、ここの商人はとくに、スマトラ島内陸部で採掘される金の取引や、スパイスの貿易にかかわるようになった。そのため、同じ地域の他の都市だけでなくポルトガルやオランダの商人ともネットワークを築いた。とくにミナンカバウの高地出身の若者は、メランタウの伝統にしたがって、パダンへ行き商人になるだけでなく、さらに遠くへ足を延ばす覚悟ができていたから、貿易関係をもった都市へ移り住み、そこでコミュニティを築いた。そしてルンダンは、調理法のおかげでこの地域の熱帯性の気候でも数週間保存がきき、長い旅に持参するのに適した食べ物なので、ミナンカバウ人は移住するときルンダンを持参して、移住先の数多くのコミュニティにルンダンを広めた。

ルンダンの伝統的な調理法では、牛肉をココナツミルクとスパイスのペーストでゆっくりと煮こむ。スパイスのペーストは、赤唐辛子、ショウガ、ガランガル、ターメリックなどのスパイスを混ぜあわせて挽いて作ったものだ。そして、ココナツミルクの水分がほとんどなくなるまで煮たら、こげ茶色の水気がない料理になる。辛い料理を食べ慣れない人や本物のルンダンをはじめて試そうという人は、ショックを受けるかもしれない。西スマトラ州で作られているようなスパイス・ペーストには、冗談抜きに大量の唐辛子が入っているからだ。ただし、西洋諸国にある近ごろのレストランでは、たいていオリジナルのレシピで作ったルンダンを出すので、それほど辛くない。

120 図説世界史を変えた50の食物

口のなかが火事になるような料理を食べたい客ばかりではないため、客の好みに合わせている。

19世紀には、パダンは貿易港としてはすでに衰退を迎えていた。金鉱が枯渇し、オランダが今日のインドネシアを植民地化したためだった。スパイスのおもな貿易ルートも、スマトラ島の東側のマラッカ海峡を抜けるようになっていた。このルートは、イギリスがシンガポールに貿易拠点を置いてからは世界屈指の便数を誇る海上輸送路になったが、パダンには寄港しなかった。多くの若者が西スマトラ州を遠く離れて商人になる、というミナンカバウ人の移住の伝統はまだ続いていたが、この頃には、業界が変わり、彼らはジャカルタなどこの地域の多くの都市でレストランを開くようになった。こうした、いわゆる「パダン料理店」は、今ではインドネシアの都市ならどこでもあり、インドネシア国外にもある。そして、彼らのミナンカバウ料理、とくにルンダンは有名で、インドネシア料理ではもっとも知名度の高い料理のひとつになっている。

ミナンカバウ人のコミュニティは、インドネシア全土とマレー半島にある。とくに、マレーシアのクアラルンプールのすぐ南側にあるヌグリ・スンビラン州では、ミナンカバウ人が最大の民族集団となっている。

西スマトラ州の高地では、伝統的なミナンカバウ人社会は母系社会なので、財産と土地の相続は、母親から娘へと受け継がれる。このような制度が発展し、維持されてきたのは、多くのミナンカバウ人男性が、人生の大半を故郷から離れたところで働いてすごすからだという。最近では、西スマトラ州を出た若者は、ジャカルタやシンガポール、クアラルンプールで大学にかよって就職し、給料の一部を故郷に仕送りして家族を支えている。レストラン業もまだ多くの雇用を提供しており、ルンダンなどのミナンカバウ料理はいまやインドネシアとマレーシアだけでなく世界中で食べられているから、メランタウとパダン料理の関係も、この先ずっと続くはずだ。

## ライスターフェル
◆

パダン料理の影響は今日のオランダにもある。ライスターフェルというもので、文字どおりには「ライス・テーブル」という意味だ。これのもとになったのは、ナシ・パダンという、パダンのレストランでは一般的な料理の出し方で、何種類ものミナンカバウ料理の皿をずらりとならべて出し、客が好きなものを選んで食べ、食べた分だけ払う。ライスターフェルでは、40種以上の料理がならぶこともあり、ルンダンなどのパダン料理のほか、インドネシアの他地域の料理も出る。たとえば、焼き飯ナシゴレン、ピーナッツソースをかけた野菜料理ガドガドなどで、インドネシアのバラエティ豊かな食べ物を反映している。

# 砂糖

起源：ニューギニア

時代：17世紀以降

種類：炭水化物

◆ 文　化
◆ 社　会
◆ 産　業
◆ 政　治
◇ 軍　事

**精製糖**
生のサトウキビ（右上）を精製し、いろいろな砂糖がつくられる。白砂糖もあれば黒砂糖もあり、粉砂糖、角砂糖、氷砂糖などのさまざまな形で売られている。

　進化生物学によると、ネコ科以外は、どの動物も甘いものが好きだという。自然界は総じて甘い食べ物が手に入りにくいが、見つけさえすれば、甘いものはすぐれたエネルギー源になってくれるので、そうした環境に適応した結果のことらしい。ただし人間の場合は、こうした砂糖好きも度がすぎれば、現在のように、健康問題をひき起こすことがある。そして過去をふりかえると、砂糖が原因で、歴史上もっとも恥ずべきことも起きた。大西洋を横断した奴隷貿易だ。ひかえ目に見積もっても、1500万人のアフリカ人が大西洋を運ばれ、その多くがサトウキビ畑で働かされた。

## 白い黄金

　17世紀まで、砂糖は欧州では貴重で高価な商品だった。砂糖の起源は東南アジアで、最初にサトウキビが栽培されたのはニューギニアらしい。その後1493年、クリストファー・コロンブスが2度目の旅の際に新世界へもちこんだ。16世紀になると、ポルトガルとスペインが新世界の植民地でサトウキビのプランテーションをはじめ、次いでオランダもこれに続いたが、それでも、欧州へ届く砂糖の量はわずかで、価格もふつうの人々が手を出せるようなものではなかった。1602年にオランダ東インド会社が設立され、これを機にスパイス貿易が急成長し、商品で大いに稼げることがわかると、イギリスとフランスもカリブ海地域を植民地化しはじめた。この地域はサトウキビがよく育ちそうに見えたからで、ここを開発すれば、莫大な利益を得られるのは明らかだった。

　問題は、土地は入手できるものの、サトウキビの栽培も砂糖の精製も非常に人手がかかることだった。まずは新設したプランテーションで現地の住民を働かせてみたが、カリブ海地域では、欧州からの入植者がもちこんだ病気によって、すでに多くの人命が失われていた。そのため、いち早くサトウキビ栽培をはじめた1627年建設のバルバドス・イギリス植民地では、プランテーションのオーナーが、5年間働けば土地を提供するという条件で、ブリテン諸島から契

約労働者をよびよせることにした。これは比較的うまく行ったものの、やってきた男たちは、サトウキビ畑で働くことよりも、私腹を肥やすことのほうが大事だという者が多かった。なにより、一年中暑い気候には不向きで、マラリアのような熱帯病で倒れてしまうこともよくあった。

当時、ポルトガルはすでにブラジル植民地の労働力問題を解決していた。アフリカから奴隷を輸入していたのだ。そしてイギリス人とフランス人もこれにならった。彼らが奴隷労働の倫理性を考えて少しでも良心のとがめを覚えていたとしても、そんな良心は、苦労していたプランテーション経営が奴隷のおかげで高い利益の出る事業に変身しはじめると、即座にすててしまったらしい。バルバドスでも、小アンティル諸島の他の島でも、サトウキビのプランテーションができはじめ、イギリス人はセントキッツ島とアンティグア島で、フランス人はセントルシア島、マルティニーク島、グアドループ島でサトウキビ栽培を行った。これらの島々は、カリブ海でもっとも東側にあり、大西洋に面していたので、西アフリカから最短距離で渡ってくることができた。

イギリス人もフランス人も、当時すでに西アフリカとの関係を確立しており、欧州で生産した物品との交換で、金と象牙を輸入していた。そして、この交易に奴隷貿易がくわわって、三角貿易が発展した。欧州産の物品が西アフリカで奴隷に交換され、次に奴隷が、いわゆる中間航路でカリブ海へ運ばれて、サトウキビのプランテーションで働かされる。そして、最終製品の精製糖が欧州へ戻っていく。こうした仕組みのおかげで、この貿易にたずさわる船は、どの航路でも積み荷を満載にすることができた。中間航路は、積みこんだ奴隷を残酷に扱うという悪名をとどろかせた。奴隷を船につめこめるだけつめこんだので、航海のあいだに病気や飢えで命を落とした奴隷が多かった。推計では、西アフリカで総計1500万人が奴隷に売られ、うち300万人が中間航路で死亡したという。

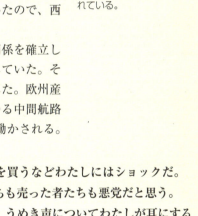

**奴隷船**
「リヴァプールの奴隷船」、ウィリアム・ジャクソン（1780年頃）。リヴァプールの国際奴隷博物館で展示されている。

告白しよう。奴隷を買うなどわたしにはショックだ。奴隷を買った者たちも売った者たちも悪党だと思う。
彼らの苦難、苦痛、うめき声についてわたしが耳にすること、それは石でさえ哀れみの涙を流すほどのものだ。わたしは彼らを大いに哀れむが、わたしは口をつぐまねばならない。
砂糖とラム酒がなければ、わたしたちはどうすればいいのかわからないから。
ウィリアム・クーパー（1731-1800年）

この三角貿易は、莫大な利益が見こめたが、大きな初期投資も必要だった。そこで、資金集めのための会社ができた。こうして生まれた機関投資家の一部はいまも有名な会社で、当時も、イギリス王室をはじめとする多くの人々が投資をしていた。そして18世紀、イギリスでもフランスでも砂糖の需要が急増し、三角貿易も増加していった。この理由

砂糖 123

のひとつは、イギリスでは紅茶を、フランスではコーヒーを飲むのが流行しており、砂糖を入れて甘くしていたうえ、砂糖たっぷりのケーキもそえることが多かったからだ。両国とも、大西洋に面した港湾都市は、三角貿易への投資で豊かになった。たとえば、ブリストル、リヴァプール、ボルドー、ナンテといった都市だ。一方、カリブ海地域や中南米本土でも、砂糖のプランテーションが各地に広がった。

1750年には、砂糖は国際貿易でもっとも重要な商品になっていた。欧州の総輸入額の5分の1を占め、そのほぼ全量がカリブ海の砂糖プランテーションで生産されていた。そして、この貿易が生み出した富が資金源となって、イギリスでは産業が発展し、19世紀のイギリスは世界でもっとも繁栄した国となり、ロンドンは今のような世界的な金融の中心地になった。

砂糖の価格が下がり、需要が急増すると、ほとんどの人は、砂糖を生産するために残酷で非人道的なことが行われていることに目をつぶ

**サトウキビ畑の労働者**
19世紀終わりに、立体鏡用に作られた画像。タイトルは「陽光あふれるフロリダの現地サトウキビ栽培者」。

るようになったようだ。だが、18世紀後半になると、奴隷解放運動が盛んになりはじめ、奴隷制度の恐ろしい状況をじかに見聞きした文章が出版されるにおよんで、奴隷解放運動の支持者が増えていった。なかでも有名なのは、『アフリカ人、イクイアーノの生涯の興味深い物語』で、これは奴隷だったイクイアーノが自由の身分を買ったのち、イギリスに移住してから執筆した自伝だ。イギリスでは、奴隷貿易は1807年についに非合法化されたが、奴隷制度そのものが完全に廃止されたのは1834年になってからだった。次いでフランスも、1844年に奴隷制を廃止したが、じつは以前にも、奴隷制度の廃止と復活が行われたことがあった。この頃には、サトウキビのプランテーションが世界各地に出現しており、欧州では、サトウキビのプランテーションに対抗して、テンサイがあちこちで栽培されるようになっていた。

### ラムと革命

17世紀の終わり、イギリスとフランスによる砂糖と奴隷の三角貿易とは別の三角貿易が現れた。アメリカのニューイングランドにあるボストン、ニューポート、ロードアイランドといった港湾都市の入植者が、砂糖精製時の副産物である糖蜜を西インド諸島から買って、自分たちでラム酒を製造しはじめたのだ。それまでは、彼らもカリブ海にあるイギリス人所有の蒸留所からラム酒を輸入していた。そこで奴隷商人も、アメリカ製のラム酒を通貨代わりにして西アフリカで奴隷を買い、その奴隷を大西洋航路で砂糖プランテーションへ運ぶようになっ

た。しかも1690年からは、ニューイングランドのラム酒蒸留所は、イギリス人の所有する砂糖精製所ではなく、カリブ海にあるフランス人の砂糖精製所から糖蜜を買いはじめた。というのも、フランスは本国のブランデー製造業者を保護するため、植民地でのラム酒製造を禁じていたからだ。地元に市場のないフランス人の製糖業者は、イギリス人業者の半額以下で糖蜜を売る用意があったので、ニューイングランドの業者はかなり安くラム酒を製造でき、結果的に、西アフリカで奴隷を買うための代金としても多量のラム酒を渡すことができるようになった。

1733年、イギリスはこの貿易をやめさせようとした。西アフリカにあるイギリスの事業に打撃となっていたためだ。そこで、西インド諸島のフランス植民地からニューイングランドへ輸入される糖蜜に関税をかけることにし、糖蜜法という法律を成立させた。この糖蜜法は、1ガロンあたり6ペンスという法外な関税を課すもので、もしこの関税をまともに払うなら、ラム酒蒸留業者には死活問題になってしまうほどの額だった。糖蜜をイギリス人業者から買わせるための関税だったのは明らかだ。ところが現実には、イギリス人業者の糖蜜は供給不足だった。その多くがすでにカリブ海のラム酒製造業者に売られていたからだ。ニューイングランドのラム酒製造業者は、このどうみても不当な関税をおとなしく払うつもりなどなく、かわりに、フランス植民地から糖蜜を密輸入したり、必要とあらば税関職員に賄賂をつかませたりした。イギリスの厳しい課税に対して、アメリカの植民地が公然と反抗した歴史の先例を作ったといえる。

実際、関税が課されてからの数十年間、ボストンのラム酒製造は増加し、イギリスは関税を徴収しようとすることすらあきらめた。だが、1754年から1763年にかけ、アメリカのイギリス植民地とフランス植民地が戦ったフレンチ・インディアン戦争で、イギリスはかなり費用がかかったことから、またも糖蜜に関税をかけようとした。戦費の調達で巨額の公的債務がかさんだので、1764

### ボストン糖蜜大洪水

◆

1919年1月15日午後12時30分頃、ボストンのノースエンド地区で、糖蜜が200万ガロン以上入っている巨大なタンクが破裂し、糖蜜が高さ12メートルもの波となって流れ出した。これにより21人が死亡し、近くの高架鉄道の線路がねじ曲がった。このタンクは、ピュリティ蒸留会社（Purity Distilling Company）が所有していたもので、この会社は糖蜜で工業用アルコールを製造していた。地元住民の起こした集団訴訟では、ピュリティ社は当初、無政府主義者がタンクを爆破した、と主張していたが、その後、タンクの建造が劣悪だったこと、急に内圧が増大したためこのような破裂にいたったことが明らかになって、結局、示談で解決した。

糖蜜がアメリカの独立に欠かせない材料だったと認めるのに、恥じる理由などない。
ジョン・アダムズ、1818年

年のいわゆる砂糖法でその一部を埋めあわせるためだった。今度の砂糖法による関税は、前の関税の半額程度だったが、それでも植民地側は憤慨し、アメリカの植民地がイギリス議会へ代表を送りこんでいない以上、承諾していないのに課税されること自体反対だ、と異を唱えた。これが、「代表なくして課税なし」というスローガンにつながっていく。

　２度目の法律は、最初のものほど厳しくはなかったが、今回は関税の徴収を執行するための条項がふくまれていた。植民地側にもイギリスにも利益をもたらした戦争の費用を補填するため、歳入を増やすのが目的だった。だが、以前も糖蜜法をこばんだアメリカ人は、これ以上課税を受け入れる気にはならなかった。砂糖法だけでなく、1765年の印紙法にも、1767年のタウンゼンド諸法にも、1773年の茶法にも課税がふくまれていたからだ。最初はこうした税金に対して抗議するために集まった人々が、やがてはアメリカ独立をめざす動きの中核となっていった。そして、法律を執行しようとしてイギリスがとった手段が、かえってアメリカの独立運動を勢いづかせた。

## ハイチとキューバ

　1804年、フランスの植民地サン゠ドマングで革命が成功し、ハイチ共和国が誕生すると、フランス人のサトウキビ農園主たちはキューバとルイジアナへ移り、そこでも奴隷を使って砂糖プランテーションを経営した。革命前のハイチは、カリブ海有数の砂糖生産地であり裕福な植民地だった。だが、砂糖産業が衰退すると、ハイチの経済は壊滅状態になったばかりか、1825年にフランスがハイチに巨額の負債を負わせたことにより、状況はますます悪化した。革命が原因で生じた損失を賠償するようフランスに請求され、支払いをこばむなら軍事力を行使する、とフランスにおどされたのだ。ただでさえ砂糖貿易を失って苦しみ、もろくなっていたハイチ経済は打ちのめされ、完全に立ちなおることができないまま、あいつぐ腐敗や圧政のせいで、状況は悪化の一途をたどった。この事態は現代

### ブラジルの砂糖

◆

　現在、ブラジルは世界最大のサトウキビ生産国だ。ブラジルの精製所は砂糖を製造するだけでなく、糖蜜からエタノールを蒸留することや、バガスとよばれるサトウキビのしぼりかすを燃やして発電し、精製所に電力を供給することもできるよう設計されている。1970年代初めのオイルショックを機に、ブラジル政府は1976年に法律を制定し、ブラジル国内の小型乗用車すべてに対し、燃料にエタノールを混ぜるよう義務づけた。エタノールの混合量は、これまでのところ供給量しだいで10から25パーセントまでさまざまだが、このおかげでブラジルは、世界最大のバイオ燃料使用国になっている。

に入っても続いた。

　ハイチが苦しんでいるのに対し、キューバの砂糖産業は、拡大しつづけるアメリカの市場に供給することで急成長をとげた。アメリカ独立革命の時期には、イギリスがカリブ海のイギリス植民地からアメリカへの輸出を全面的に禁止し、市場をキューバへ開放した。その後もキューバは、ハイチからの農園主の流入で生産量が増加して利益を得たばかりか、1812年のアメリカ＝イギリス戦争中、カリブ海貿易がまたもとだえたことからも恩恵を受けた。また、キューバはスペインの植民地だったので、イギリスとフランスの奴隷制度廃止が影響をおよぼすことはなかった。キューバの砂糖プランテーションは奴隷を使いつづけ、この制度がついに終わったのは1886年だった。19世紀には、アメリカの投資家がキューバの砂糖産業の多くを買いとり、その多くが、アメリカン・シュガー・リファイニング・カンパニーの設立に参加した。この会社はニューヨークのブルックリンで工場を操業し、20世紀初頭には、キューバ産サトウキビのほぼ全部をコントロールしていた。

**キューバの砂糖**
1870年代のキューバの砂糖プランテーション。キューバでは1886年まで奴隷制度が廃止されなかったので、ここに描かれている人々もおそらく奴隷だろう。

　砂糖貿易を皮切りに、アメリカの経済界は長いことキューバに関与しつづけた。この島の併合へ向かっているのではないかと見えるようなことも何度かあった。1898年には、キューバの独立運動にアメリカが介入してアメリカ＝スペイン戦争が勃発し、この戦争中、アメリカはキューバに軍政を敷いた。キューバがスペインから完全に独立したのは1898年だが、米軍がついに出ていったのは1903年になってからだった。それでも、グアンタナモ湾の海軍基地については、アメリカはまだ置きつづけている。20世紀に入ると、アメリカのビジネス界は砂糖以外にも多角的に投資を行い、経済を支配するようになったが、やがて両国の関係は突然終わりを迎えた。1959年、キューバ革命が成功したからだ。革命を率いたのはフィデル・カストロ、キューバの砂糖農園主の息子だった。

# ビルトン

起源：南アフリカ

時代：17世紀

種類：保存処理をした肉

◆ 文　化
◆ 社　会
◆ 産　業
◆ 政　治
◆ 軍　事

オランダ語かアフリカーンス語を話す人々は、「ビルトン」という言葉だけで、これがどういうものかある程度わかる。これは「尻肉を細長く切ったもの」という意味で、牛肉かゲーム肉（猟獣肉）のスライスにハーブとスパイスをまぶし、塩と酢で保存処理をしてから風にあてて干し、長期間保存できるようにしたものだ。このごろはスナックとして売っていることが多いが、その昔、南アフリカの初期オランダ人入植者にとっては、重要な食べ物だった。

### グレート・トレック（大移住）

オランダ東インド会社がアフリカ大陸の先端に入植地を建設したのは、極東へ向かう船に物資を補給するためだった。当初は、いつまでも人を置いておくつもりではなかったが、ほどなくオランダ人入植者にくわえ、ドイツ人やフランスのユグノーが続々と到着し、ケープ植民地を建設した。こうした入植者がもっていた肉の保存技術で作ったのがビルトンだ。このビルトンが、やがて非常に重要なものになる。18世紀なかば、入植者はオランダ東インド会社の権威主義的な管理を受けなくてすむようにと、内陸部へ移動しはじめた。いわゆる「トレックボーア」（「ボーア」とはオランダ語で「農民」という意味）の出現だ。トレックボーアの一部は農場をかまえたが、多くは遊牧民のような生活を送っていた。そして、家畜をつれて牧草地から牧草地へと移動しながら、独立独歩の気風をはぐくみ、オランダ語から派生した独特な言葉を使うようになっていった。この言葉が最終的にはアフリカーンス語となる。

トレックボーアはケープ植民地の外側に住んでいたので、なにかあっても植民地に駐屯している軍隊に助けを求めることはできなかったが、新しい土地へ移動していくにつれ、武器を手に戦わなければならないような衝突が日常茶飯事になった。最

トレックボーア
1804年のイラスト、サミュエル・ダニエル画。荷馬車の脇でキャンプするボーア人家族。

初はケープ地域に住んでいるコイコイ人が相手で、次に18世紀末、北東部のコサ人と衝突した。そのコサ人も、拡大を続けるズールー人の圧力を受けていた。そうした境界線にいる農民は、民兵組織を作った。ボーア・コマンドとよばれるようになる組織だ。ボーア・コマンドの部隊は、それぞれ自分たちのコミュニティに属し、いつでも招集に応じられるようにしていなければならなかった。このコマンドは、軍事用語でいうと不正規の軽騎兵隊で、土地勘があり、その土地で自給自足の暮らしを送っている人々だった。そして彼らは、野生の鳥獣を狩ったり、持参してきた手製のビルトンを食べたりしていた。ビルトンは軽くて栄養豊富な食べ物で、必要とあらば移動しながら食べられるだけでなく、シチューやスープに入れることもできた。軍隊の糧食としては完璧といってもよかった。

**ボーア・コマンド**
ボーア・コマンドの絵。19世紀終わり、ドイツ人画家ハインリヒ・エーガースドルファーが描いたスケッチ。

　1795年には、オランダ東インド会社はひどく弱体化していた。そしてイギリスが、この機に乗じてケープ植民地を占領した。ここがインドへの航路上にあるからだった。結局、ケープ植民地は1814年、ナポレオン戦争の戦後処理の一環としてオランダからイギリスへ割譲され、イギリスはボーア人の住む土地にまで影響力を拡大しはじめた。最初、イギリスはコサ人との境界争いを続けていたコマンドにも協力した。ところが1830年代の終わりになると、ボーア人コミュニティのなかに、もっとアフリカ内陸部へ大量移住すべきだという意見が出てくるようになった。それは彼らトレックボーアの先人たちの伝統を継承することでもあった。彼らは北東をめざして進み、複数の独立ボーア人共和国を建国した。ナタール共和国、トランスヴァール共和国、オレンジ自由国の3国で、これらは今では南アフリカの北東地域を構成している。

　この移住、いわゆる「グレート・トレック」がどうしてはじまったのか、その正確な理由にはまだ不明なところもある。開拓者精神を受け継いでいきたいという思いや、牧畜のために新しい土地を探したいという願望だけではないようだ。一説によると、ボーア人はイギリスの支配下に入るのが気に入らなかったうえ、イギリスはコサ人との戦いにのり気ではないようだ、という見方が広がってもいたという。ボーア人は、このときにはもう60年間もコサ人と戦いつづけており、紛争を終わらせるために人種間の平等や統合を促進する方策を導入しようとしたこともなかった。またイギリスは当時、植民地の奴隷制度を廃止する方向へ動いていたが、そもそも奴隷を所有するボーア人はほとんどいなかったの

で、奴隷制度廃止がボーア人コミュニティに大きな影響をあたえたとは思えない。理由はどうあれ、いわゆる「フォールトレッカーズ」約1万2000人は、移住の旅に出て、ボーア人共和国を建国した。その国は、第2次ボーア戦争終結まで独立を維持することになる。

## ボーア戦争

1850年代にボーア人共和国ができたのち、ボーア人は隣のズールー王国と和平を結んだ。イギリスもボーア人の動きをほぼ静観していた。だが1867年、状況が一変した。キンバリー地域でダイヤモンドが発見され、次いでトランスヴァールで金鉱が見つかったのだ。このため、ケープ植民地はもちろん、世界中から大量の人間がおしよせ、この地域はどんどん不安定になっていった。しかもこの時期は、イギリスがアフリカで拡張政策をとっていた。たとえばケープ植民地首相のセシル・ローズは、イギリスの植民地がケープからカイロまでとぎれなくつらなるようにしたい、と表明している。ただしそうなれば、イギリスとボーア人共和国の紛争はまず避けられない。そして1880年、のちに第1次ボーア戦争と名づけられる戦いが勃発した。この戦争は、翌年協定を結んで決着したが、ボーア人共和国で発見された金鉱床が巨大だということが明らかになると、1899年にまた戦争がはじまった。今回は前回よりも長引き、費用もふくらんだ。

第2次ボーア戦争は、ボーア軍がレディスミス、マフェキング、キンバリーに駐屯するイギリス軍を包囲する戦いからはじまった。このためイギリスは、南アフリカに大規模な増援部隊を派遣しなければならなくなった。イギリスでは、ボーア軍のほうが総数が少ないのだから戦争はすぐに終わる、と思われていたが、イギリス軍が包囲を解くと、ボーア・コマンドはゲリラ戦に転じた。このゲリラ戦は2年にわたって続き、終わりそうな気配もなかった。ボーア人は食料の補給がなくても数週間持ちこたえてい

---

数インチ離れたところにつるしてあるその細長いきれはしは、まるで多数の蛇か皮をはいだウナギのように見える。そんなふうにつるしたまま、灼熱の太陽がそれらを固くて縮んだものに乾かすまで放置しておく。それらが食べられる状態になったと宣言されたら、ビルトンの名のもとに、ボーア人の主要な食べ物となる。

レディ・フロレンス・ディキシー『不運の地にて (In the Land of Misfortune)』(1882年)

**ボーア戦争**
1900年頃の写真。いかにもタフそうなコマンドたち。第2次ボーア戦争中に撮影された。

けた。野生の鳥獣や携行しているビルトンを食べていればすむ。たえず補給が必要な通常の軍隊であるイギリス軍とは対照的だった。母国を守ろうとする彼らの粘り強さと闘志を見せつけられ、イギリスはこの戦争の戦略を全面的に考えなおすことにした。

ビルトン
ビルトンの伝統的な製法。肉を保存処理してから、自然乾燥する。

　軍事的手段だけではボーア軍のゲリラ戦術を破ることはできないとわかってくると、イギリスは封じこめを目的とした鎮圧作戦にとりかかった。また、イギリス軍司令官のキッチナー卿は、ボーア人の農場に対し焦土作戦をとり、農作物や家畜を焼きはらっては、農家の家族全員を強制収容所に入れた。その強制収容所では、多くの女性と子どもが病気や飢えで命を落とした。こうした野蛮な戦術のすえ、1902年5月、ボーア人は降伏し、イギリスの提示した講和条件を受け入れ、ついに戦争が終結した。ボーア共和国はいずれも大英帝国の支配下に置かれた。その後、この地域のイギリス領は統合されて、南アフリカ連邦が生まれ、この南アフリカ連邦が1961年にイギリスから独立して、南アフリカ共和国になった。

　最近では、ビルトンは南アフリカだけでなく、世界各地の肉屋やスーパーマーケットでも買える。とくに、南アフリカ系の大きなコミュニティがある場所ならまちがいない。ビルトンはたいてい牛肉だが、他にいろいろな肉も使う。また、ウェットタイプ、ミディアムタイプ、ドライタイプの3種類があることが多い。これは、乾燥時間の長さによって決まるが、このごろでは、戸外で干すのではなく、オーブンに入れ低温で乾燥するのがふつうだ。ウェットタイプのビルトンは、1日か2日乾かすだけだが、ドライタイプになると、最大2週間もオーブンに入れておくことがある。2週間かけると、数年保存がきくほどの状態になる。

### ボーアウォース

◆

　南アフリカの食べ物で、ケープ植民地のオランダ人入植者が起源のものはもうひとつある。ボーアウォースだ。これは「農民のソーセージ」という意味で、牛ひき肉にコリアンダーシード、ナツメグ、クローヴなどの各種スパイスをきかせて作る。オランダのフェルスヴォルストというソーセージもまったく同じ作り方で、違いといえば、こちらは通常、牛肉ではなく豚肉を使うことだ。このボーアウォースをアレンジしたものが、ドルーアヴォルス、つまり「ドライソーセージ」で、材料はほぼ同じだが、もっと細い形にして自然乾燥するので、こちらのほうが長く保存できる。

# アイリッシュ・シチュー

起源：アイルランド
時代：17世紀以降
種類：肉と野菜のシチュー

◆ 文　化
◆ 社　会
◆ 産　業
◆ 政　治
◆ 軍　事

　アイリッシュ・シチューはシンプルな料理といえるかもしれない。おもな材料はラム肉、ジャガイモ、タマネギ、そして水だ。それでも、大いに議論をよぶ。たとえば、実際のところ、これはシチューではなくスープなのではないのか、という意見がある。なにかとろみをつけるようなものをとくにくわえるわけではなく、ラム肉の脂肪分と煮くずれたジャガイモによってとろりとしているだけだからだ。また、他の材料の位置づけとなると、いくら議論してもきりがない。基本の４つ以外になにか入れたら、本物のアイリッシュ・シチューではなくなってしまう、という人もいれば、もともとありあわせで作ったアイルランドの田舎料理なのだから、他の材料も、ニンジンでもパースニップでもパセリでも丸麦でも、なんでも入れてしまってかまわない、という人もいる。だが、いろいろなレシピが正しいかまちがっているかはともかく、結局のところアイリッシュ・シチューは、安価なラム肉でディナーを作るための料理だ。ラム肉はジャガイモなどの野菜と一緒にコトコト煮れば、すばらしくおいしいうえ、それほど費用もかからない。

アイリッシュ・シチューは単純素朴、だからまずいかというと、決してそんなことはありません。
ジョン・ランチェスター『最後の晩餐の作り方』［小梨直訳、新潮社］

## ケルティック・フリンジ

　アイリッシュ・シチューが今のような作り方になったのは、17世紀以降だろう。どのレシピでも欠かせないジャガイモがアイルランドで広く

132　図説世界史を変えた50の食物

栽培されるようになったのは、17世紀に入ってからのことだったからだ。だが、似たようなシチューなら、アイルランド全土でも、ケルト文化の遺産を根強く受け継いでいるブリテン諸島一部地域でも、大昔から食べている。スコッチ・ブロスやランカシャー・ホットポットのような料理は、西部地域、いわゆる「ケルティック・フリンジ」ならどこにでもあり、どの料理も起源は青銅器時代にまでさかのぼる。青銅器時代には、金属加工がはじまり、直火にかけてシチューを作れるような鍋を作る技術も生まれていた。

**ケルトの大鍋**
青銅器時代の典型的な大鍋。直火にかけて調理するのに使った。これは大英博物館所蔵のもの。

　アイルランドで発見されたケルト文化最古の大鍋は、紀元前7世紀のものだ。これは青銅器時代末期にあたり、この数百年後には、より耐久性のある鉄製の鍋が登場する。こうしたことからすると、当時は金属は貴重品だったので、鍋がぼろぼろになってもすてず、鍋を溶かして金属を再利用していたのだろう。この時期の現存する金属加工品の多くは、あえて埋蔵したり川や湖に投げこんだりしたものらしい。おそらく、なにか宗教的儀式に使ったか、儀式の供物として使ったのだろう。また、たいていは剣や盾といった高い地位を示す品で、こった模様の装飾があった。料理用の鍋のような日常品ではない。

　通常、アイルランドの青銅器時代は、紀元前2500年頃にはじまったといわれる。当時は、まず銅が使われ、その後、銅にスズをくわえて青銅を作るようになった。アイルランドの職人がさまざまな金属を駆使するみごとな技術をもっていたことは、いくつかの埋納遺構から出土した美しい黄金の宝飾品を見ればよくわかる。そうした職人であれば、料理用の鍋を作ることなど容易だっただろう。アイルランドでは、肉を煮る方法は他にもあった。アイルランドで「フロフト・フィーア」、つまり「焼け石の塚」とよばれるものを使う方法だ。フロフト・フィーアは、飼い葉桶型の容器をはめこんだ穴で、容器を石で作るか、容器の内側を粘土でおおうかして水がもれないようにしてあり、そこに熱く焼いた石を投げこめば、湯を沸かすことができた。フロフト・フィーアの遺構では、黒く焼けた石も出土しているが、こうした石はアイルランド中の遺構で共通して見つかっていることから、水を熱するための石だったようだ。ただし、これが調理のためのものか、それともなにか別に理由があってのものなのか、確実なことはわからない。

## カウル

◆

　アイリッシュ海をはさんだ向かい側、ウェールズには、カウルという料理がある。カウルとはブロス（スープ）という意味だ。この料理はさほど有名ではないが、アイリッシュ・シチューとほとんど変わらない。ただしウェールズでは、リーキを入れることがある。ジャガイモもたいていは別にゆで、後でまるごとくわえたり、マッシュポテトにしてスープに混ぜ、とろみをつけたりする。聖カドク（497頃–580年）が言ったとされるウェールズの格言によると、「ブロスを飲むもよし、肉を食べるもよし（cystal yfed o'r cawl a bwyta's cig）」だそうだ。

アイリッシュ・シチュー　133

**フロフト・フィーア**
アイルランドでは、4000以上のフロフト・フィーアが出土している。これはカウンティ・ウェクスフォードのアイリッシュ・ナショナル・ヘリテイジ・パークにある復元物。

青銅器時代になると、もともとアイルランドの大部分をおおっていた低地の森林の多くが切り開かれ、人口が急増した。つまり、金属加工技術の到来が、農業にも調理方法にも大きく影響したということだろう。当初のアイリッシュ・シチューは、大鍋で煮たかフロフト・フィーアで大量に調理したかはともかく、こうしたアイルランドの風景を大きく変えたものだったのかもしれない。このおかげで、紀元前500年頃に鉄がアイルランドに到来したとき、一段と技術が進んだのだろう。

アイルランドの鉄器時代は、欧州大陸から人々が大移動してきたいわゆる「ケルト人の侵攻」が幕開けだったとされることが多い。なにか大きな変化があったということは、ラ・テーヌ様式のケルト芸術をとりいれていることが証拠になる。ラ・テーヌ様式というのは、この文化の発祥の地、今のスイスにあるラ・テーヌという場所にちなんだ名称だ。だが、最近の考古学や遺伝子研究によると、この時期にアイルランドへ渡来した人々は、じつは比較的少数だったという（そうした人々のもちこんだ技術の影響が非常に大きかったとしても）。この説のとおりなら、現在アイルランドのケルト人、スコットランドのケルト人、ウェールズのケルト人、コーンウォールのケルト人とよばれている人々は、実際には、青銅器時代に同じ地域に住んでいた人々の子孫ということになる。そしてもちろん、彼らは青銅器時代以前もずっと大昔からそこに住んでいたにちがいない。

### ケルトの虎

アイリッシュ・シチューがアイルランドで長い歴史をもっているのは確かだが、近年では、アイルランドだけでなく世界各地でも存在感を高めている。祖国を離れ、多様な民族性をもった人々に囲まれて暮らす人々のいだいているアイルランド人としてのアイデンティティが、広く知られるようになってきたからだ。この現象にくわえ、アイルランドそのものも自信を深めている。この自信の源泉となったのは、1963年6月のジョン・F・ケネディ大統領のアイルランド訪問だといってもいいだろう。ケネディ大統領の曾祖父母はみな、1840年代の飢饉の時期にアイルランドを出てアメリカに向かった人たちだった。ケネディ大統領はアイルランドを訪問した最初のアメリカ大統領になり、なみなみならぬ大歓迎を受けた。政治家というよりもロックスターがやってきたかのような歓迎ぶりだった。このため、以後の大統領も、そのあとに続いてみずからとのつながりを求めつつ、アイルランドを訪れた。たとえば2011年5月には、バラク・オバマ大統領がアイルランドにやってきて、

ぜひにと勧められたギネスビールを飲みながら、わたしは過去に失われた大切なもの(アポストロフィ)を探しに来ました、とジョークを飛ばしたり、自分の曾祖父の祖父が生まれた土地、カウンティ・オファリーのモニーゴールを訪問したりした。

つまり、世界でもっとも強大な力をもつ男でさえ、アイルランド人の血を引いていることをアピールしたいと思ったのなら（ケネディはたしかにそうだ）、ならばアイルランド系はみな、同じように自分の遺産を世に喧伝するべきだ、という論法だ。一方、アイルランド文化の復活はもっと最近になってからはじまったことだ、という見方もある。1990年代、アイルランド経済が長期にわたる成長をはじめたときから、というものだ。この経済成長で、アイルランドは「ケルトの虎」とよばれた。韓国、台湾、シンガポール、香港といった新興経済国「アジアの虎」にちなんだよび名だった。だが、2008年にはじまった世界的な金融危機で、それまでのアイルランドの急成長は、持続不可能な水準の公的債務と巨大な不動産バブルによるところが大きすぎたいうことが明らかになり、結局、同じようにバブルが大々的にはじけ、長期の景気後退に入った。以来、アイルランドは不況から抜け出そうともがきつづけている。だがこの頃には、アイルランド文化の知名度はすでに世界的なものになっていたので、金融危機程度のことでは、その広がりの障害にはならなかったようだ。

実のところ、ここ数十年でアイルランド文化が花開いたのはどうしてか、という問いの答えはない。おそらく、アイルランドに住む人々や国外にいる膨大なアイルランド系の人々のあいだで、これといった理由もなく出現した大衆運動にすぎないのだろう。その表れが、聖パトリック祭のパレードのようなイベントだ。いまや聖パトリック祭のパレードは、世界中の多くの都市で行われている。この日は聖パトリックの祝日にはちがいないが、ほとんどの参加者にとっては、どちらかというと、「町を緑に染める」パーティをしたり、アイルランドに関係するものすべてを祝ったりするための口実のようなもので、宗教的な祝祭の挙行は二の次だ。しかも、ケルトの遺産をもっていない者が、それを祝おうとするなら、まずは聖パトリック祭に1杯の黒ビールと1皿のアイリッシュ・シチュー、というのが最善の方法だろう。

2時に悪魔は地獄へ戻り、
5時までゆったりくつろいだら、
人殺しをラガーにして食べ、
反逆者をアイリッシュ・シチューにする。
バイロン「デヴィルズ・ドライヴ（The Devil's Drive）」

**聖パトリック祭**
ニューヨークの聖パトリック祭パレードの参加者3人。このイベントの精神を心得ている。

アイリッシュ・シチュー　135

# 茶

紅茶のない国に住むなんて、恐ろしい話だと思わないか？
ノエル・カワード

起源：中国

時代：17世紀以降

種類：浸出によって得られる東洋の飲料

◆ 文　化
◆ 社　会
◆ 産　業
◆ 政　治
◆ 軍　事

チャノキ、学名 *Camellia sinensis*。この中国とインドの国境地域が原産の小さな木は、その葉を湯に浸してできる美味な液体によって、歴史に途方もなく大きな影響をおよぼした。革命と戦争、世界貿易と金融システムの発展、そして大英帝国の成立にかかわった。史上最大の帝国だった大英帝国は、太陽の沈まない国といわれた。その領土が世界中に広がっていたからだが、言い換えれば、大英帝国では、いつもどこかがティータイムだったということだ。

## 非常にイギリス的な飲み物

イギリスは、今でこそ世界中で紅茶の国と思われているが、17世紀なかばまでのイギリスでは、茶はほとんど知られていなかった。茶をもちこんだのは、当時、中国との貿易で先行していたポルトガルかオランダだろう。イギリスで茶を飲んだという最古の記録は、日記で有名なサミュエル・ピープスの記述で、1660年にはじめて茶を試したと書いている。これは、ロンドンのコーヒーショップが茶をはじめて置き出した頃のことだ。ピープスが試した茶は、おそらくリスボンかアムステルダムから来たものだろう。当時の東インド会社は、東インドとの貿易を独占する権利をあたえられてはいたものの、まだイギリスへの輸入をはじめていなかったからだ。

イギリスへ茶を紹介したのは、ポルトガルのジョアン4世の娘、キャサリン・オヴ・ブラガンザだとされることが多い。彼女は1662年、2年前に国王に復位したイギリス国王チャールズ2世に嫁いだ際に、茶をいくらか持参したからだという。だがピープスの日記にあるように、それほど普及していたわけではないにせよ、彼女の到着前のイギリスでも、茶を飲むことができるようになっていた。キャサリンの茶好きは、宮廷の人々や上流社会に影響したかもしれないが、それ以上大きく影響が広がったということはないだろう。大半の人にとっては、茶はまだ手がとどかないほど高価だったばかりか、キャサリンはカトリック教徒だったために敬愛されていなかった

136　図説世界史を変えた50の食物

ので、宮廷の外にいる多くの人が彼女の趣味をまねようとしたとは思えない。

　茶がイングランドをはじめとするイギリスでほんとうにブームになったのは、18世紀になってからだった。東インド会社が中国との貿易で存在感を増した結果、茶も、以前より幅広い社会階層の人が買えるものになりはじめたためだ。その後50年間で、茶はイギリスの社会全体に普及した。これには、茶の流行だけでなく、東インド会社の影響もあった。当時の東インド会社は、今なら販売キャンペーンとでもよぶようなことをして商品を売りこみ、輸入量を増やしつづけていた。茶にミルクと砂糖を入れて飲むという習慣は、中国人ならぎょっとするにちがいない行為で、イギリス特有の飲み方だが、このおかげでイギリスの茶の消費量が増加し、それがまた東インド会社の中国貿易の増加につながっただけでなく、西インド諸島の砂糖の需要も、サトウキビ畑に必要な労働力を供給する大西洋横断奴隷貿易も増加させた。

　しかも、これらは相互に関連する国際的な貿易だったので、ロンドンが世界の商業と金融の中心地として台頭するための原動力のひとつになった。今日のグローバリゼーションの原型でもある。

　イギリスの茶の消費量を押し上げたのは、おもに女性だった。一般

### ボストン茶会事件

◆

1773年12月16日の夜、「自由の息子たち」と名のるアメリカ人グループが、抗議のため東インド会社の船舶4隻に押しかけ、積み荷の紅茶をボストン港へ投げすてた。この行動は、イギリス政府が一方的にアメリカの植民地に課税することに対する抗議だった。とくに、中国から直接アメリカへ茶を輸入する独占権を同社にあたえた茶法が、抗議の標的になった。この抗議に対し、イギリス政府は厳しい対応をとったが、その対応がさらに植民地の騒乱をまねいた。これがエスカレートし、2年後、アメリカ独立戦争がはじまった。

**東インド会社**
ロンドンのレドンホール・ストリートにあった東インド会社の本部。活動停止後、1860年に解体された。

### アールグレイ・ティー
◆

紅茶に柑橘類のベルガモットの精油で香りをつけたアールグレイは、1830年から1834年までイギリス首相をつとめた第2代のグレイ伯爵（アール・グレイ）、チャールズ・グレイにちなんで、こうよばれるようになった。彼の政権は、イギリスの憲法史上もっとも重要な法律のひとつ、1832年の選挙制度改革法を成立させたほか、大英帝国内での奴隷制度を廃止し、東インド会社から中国貿易の独占権を剥奪した。一説によると、この紅茶がグレイ伯爵にちなんだ名前になったのは、これがそもそも彼のために特別にブレンドされた紅茶だったからだという。ベルガモットの酸味が、彼の住むノーサンバーランドの屋敷の水の硬さをやわらげてくれたらしい。

に、当時の女性は男性ばかりのコーヒーハウスには入れなかったからだ。上流階級の女性がお茶会を催すようになり、これがやがてアフタヌーン・ティーという習慣になった。さらには、このお茶会に欠かせないものとして、そうした女性たちが高価な磁器のティーポットや陶器を買った。こうした陶磁器もまた、東インド会社が中国から輸入したものだった。高級な陶磁器の貿易は、茶の貿易と連動していた。そうした磁器は、茶と一緒の船に積まれてイギリスへ輸入されていたためだ。茶だけでは船荷が軽すぎるので、磁器がバラスト代わりだった。そして、中国産の陶磁器が手に入るならということで、茶器セットなど磁器の需要が伸び、そのこともおもな要因となって、イギリスの陶磁器産業も拡大した。イギリスの陶磁器産業は、1760年代初頭、ジョサイア・ウェッジウッドがストーク・オン・トレントで新しい製陶法を開発したのが幕開けだった。中国産のものと競えるよう、自社製品の品質を高めようとしたのだ。またこの会社は、のちの産業革命に不可欠となる工場方式による製造の初期の例でもある。産業革命は、まずイギリスの社会を変容させた。そして、この新しい産業手法がよそでも採用されたことで、現代社会の成立に一役かうことになる。

## 茶とアヘン

茶の貿易が拡大した18世紀、依然として中国は、外国人が国内内陸部へ入りこんで、茶を栽培している農民からじかに茶を買いつけることを禁じていた。中国人業者が取引を独占し、中国南部の広東沿岸に置いた交易所でヨーロッパ人に茶を販売することだけを認めていたにすぎなかった。そして、「ホン」という中国人商人の商館が、茶の産地である中国南部の山地から広東沿岸への供給網を管理し、茶の農園や茶の栽培についてヨーロッパ人にいっさい知られないようにしていた。このため、中国人業者から茶を仕入れていた欧州の商人のなかには、緑茶も紅茶も同じ植物から作るということさえ知らない者もいるという状況だった。

茶の生産地を秘密にしていただけでなく、中国は東インド会社からの代金支払いを金と銀の地金だけにかぎっていた。それに中国では、外の世界から入ってくる物品の需要がほとんどなかったので、東インド会社は双方向貿易を行って中国で利益をあげることができなかった。つまり、この貿易は中国のほうがかなり有利な貿易だった。そのため、東インド会社はそれまでの蓄えがつき、損失を縮小する方法を探さざるをえなくなった。これが、東インド会社がインドで領土拡張にのりだした大きな理由のひとつだ。東インド会社はとりわけベンガル地方を重視していた。そして、ベンガルを完全に植民地化しようとしたことから、フランス東インド会社やベンガルのナワーブ（太守）など地元のインド人指導者と対立し、戦争へと突入した。結局、1757年のプラッシーの戦いに勝ち、ベンガルは事実上イギリス領になった。この戦いでイギリス軍を率いたのが、のちに「インドのクライヴ」とよばれるようになったロバート・クライヴだ。こうして、既存の東インド会社領にくわえベンガルも獲得したことで、イギリスはインドで一大勢力になった。

> その後、わたしはティー（中国の飲み物）を1杯とりに行かせた。これまで一度も飲んだことがない飲み物だ。
> サミュエル・ピープス、1660年9月25日（火曜日）の日記

また東インド会社は、ベンガル獲得によって、インドのアヘン貿易も独占するようになり、この後50年間、このアヘン貿易を利用して資金を調達した。その資金は、インドでの商取引のほか、とくに中国との茶貿易につぎこまれた。当時の中国では、アヘン吸引がすでに蔓延していた。アヘンの輸入は違法だったが、取り締まりは緩慢だった。しかも東インド会社は、中国の法律の網の目をくぐるため、複雑な金融手法をあみだした。簡単にいうと、ベンガル産のアヘンをカルカッタ（現在のコルカタ）の第三者の商人に売り、その第三者の商人がアヘンを中国へ密輸して、その収益を（むろん自分たちの取り分を引いたうえで）中国国内の東インド会社の事務所へ持参したり、その収益を使って東インド会社の代理として茶を買いつけたりしていた。

これは今でいえば麻薬密売とマネーロンダリングだが、こうした行為の倫理性については、東インド会社もイギリス政府もあまり気にしな

**インドのクライヴ**
プラッシーの戦いの後、ベンガル太守と会談するロバート・クライヴ。フランシス・ヘイマンによる油彩画（1760年頃）。

かったようだ。ただしすくなくとも、両者ともに、実際に動いている現場の商人とはいくらか距離を置こうとしていた。だが、アヘン貿易が高い利益を生んだのは確かだ。1800年には、イギリスの全税収の1割を東インド会社が納めていた。18世紀に大英帝国が拡大し、イギリス海軍も発展したのは、おもにこの財源のおかげだった。そして1805年、イギリス海軍はトラファルガーの海戦で力を見せつけ、ホレーショ・ネルソン提督率いるイギリス軍が、フランスとスペインの連合艦隊を撃破した。この勝利で、イギリスは海上の覇権をにぎり、以後100年にわたってその地位を守りつづけた。この時期は、まるで「ルール・ブリタニア」の歌詞が現実のものになったかのような、イギリスがほんとうに「海洋を支配」した時代だった。

> 頑固で恥知らずな紅茶飲み。20年にわたり、この魅惑的な植物を湯に浸して作った液だけで食事を薄めつづけ、その湯沸かしが冷える暇などほとんどなく、夕方を紅茶でまぎらわし、夜中を紅茶で慰め、朝を紅茶で迎える。
>
> サミュエル・ジョンソン博士の自分自身の定義

茶の貿易にアヘンの密貿易からの資金が流入するようになったため、中国では、入ってくる銀の地金の量が急減し、深刻な経済問題が発生した。なお悪いことに、中国全土でアヘン中毒が増加していた。中国はアヘン取引に歯止めをかけようとしたが、イギリスに妨害され、ついに19世紀なかば、2度にわたってアヘン戦争が起きた。この戦争は、イギリスの圧倒的な軍事力の前に、2度とも中国が完敗した。1839年から1842年までの第1次アヘン戦争では、中国は香港をイギリスへ割譲し、対外貿易の港を増やすことを強いられた。1856年から1860年にかけての第2次アヘン戦争後には、中国はさらに商業上の譲歩を迫られた。アヘン取引が中国国内で

**アヘン戦争**
「ネメシス」（1843年）、エドワード・ダンカン画。第1次アヘン戦争でイギリス海軍初の装甲艦が中国のジャンク船を破壊している。

合法化された。

　アヘン戦争以後、諸外国は長期にわたって中国に介入した。また、中国が政治的にも社会的にもきわめて不安定になったのは、アヘン戦争も一因だった。中国史上この時期は「百年國恥」とよばれることがある。1860年代には中国南部で破壊的な太平天国の乱が起き、19世紀末には義和団事件が発生した。義和団事件では、アヘン取引など、中国で外国の列強が行っていることに対し地方から抗議の声が上がり、そうした抗議が1900年に北京にまで広がった。中国の政府や軍の内部にも支持者が現れた。そして、列強の公使館区域、つまり、北京にいる外国人の大半が居住する城壁で囲まれた一画が、義和団と中国軍によって包囲されはじめたことから、欧州列強、アメリカ、日本が、北京に連合軍を派遣した。この包囲は、55日後に連合軍によってようやく解放され、これで義和団の反乱も実質的に終息したが、中国政府の抱える弱点があらわになった。その後、辛亥革命をへて1912年に中華民国が成立し、2000年にわたる皇帝の支配に終止符が打たれた。

## インド紅茶

　18世紀末期、東インド会社は、茶の供給を中国が独占している状態を打破する方法を探しはじめた。だが、それはむずかしい仕事だった。中国が茶の栽培についても秘密にしていたので、中国以外にあるチャノキのこともほとんど知らなかったからだ。そのため当初は、ロンドンのキューにある王立植物園や、東インド会社が1787年にカルカッタに設立した植物園で研究したものの、あまり進展は見られなかった。1813年に同社がインド・イギリス間の貿易の独占権を失うと、インドで茶を栽培しようとした動機も弱まったが、その20年後、中国貿易の独占権も剥奪されたため、自前の茶を栽培しようという挑戦が復活した。これに拍車をかけたのが、インド北東部の中国とビルマに国境を接した地域、アッサム地方のブラマプトラ川流域で、野生のチャノキを発見したことだった。

### ティー・クリッパー
◆

　ティー・クリッパーとは、1840年から1869年まで建造された3本マストの横帆式帆船で、アヘンと茶の貿易に使うため、積載量だけでなく速度も重視して設計された。中国産の新茶をまっさきにロンドンへ届けるため、海上では非公式の船のレースがくりひろげられていたのだ。1869年にスエズ運河が開通すると、航海に必要な期間は半分になったが、この運河は汽船しか利用できなかったので、クリッパーはすたれてしまった。最後に建造されたクリッパーのひとつがカティ・サーク号で、これは最速のクリッパーでもあった。2007年に火事でほとんど破壊されたが、大規模な修復作業が行われ、現在はグリニッジの乾ドックにある。

**ティーガーデン**
アッサム地方ジョールハト近くの茶園で茶を摘む女性たち。この茶園は、ブラマプトラ川流域にある。

　アッサム地方のチャノキは、中国のチャノキと少し異なり、葉が幅広で、緑茶よりも紅茶に向いていた。変種とみなされ、学名は*Camellia sinensis assamica*である。中国のチャノキとのあいだで選抜育種を行い、栽培に適したアッサム茶の品種を作りだし、1835年からは、ティーエステートまたはティーガーデンとよばれる茶園が設立しはじめた。茶園の多くは、アッサム地方北東部のブラマプトラ川流域にあった。こうした茶園のうちの最古の茶園、チャブア・ティーエステートはいまも茶の栽培を行っている。現在のオーナーは、巨大な多国籍企業タタグループの傘下にあるアマルガメイテッド・プランテーションズ（Amalgamated Plantations）で、自社の製品を「香り高い紅茶が出る黄金の茶芽を多くふくむ茶。クローン性がある」と言っている。「黄金の茶芽」とは、1度目の摘採をした後に芽吹くセカンドフラッシュ（二番摘み）の葉の先端に特徴的な色のことで、このセカンドフラッシュが最高品質の紅茶になる。「クローン性」とは、種から育った木で作った茶ではなく、特定の交配種の挿し木から育った木で作った茶だということで、もとになった木の品質を維持できる。
　当初から、イギリス人の茶園主の多くはアッサムで茶園を開いた。最初は中国人労働者をつれてきていたが、その後徐々に、インド人の契約労働者を雇うようになっていった。東インド会社の独占が終わると、茶の貿易は競争が激化した。このため、イギリスの商人はインドの別の商人から買うことも、こうした茶園から直接買うこともできるようになった。やがてインドの他の土地でも、茶園が次々と出現した。西ベンガル地方のヒマラヤ山脈の丘陵にあるダージリン、インド南部の西ガーツ山脈のニルギリ地域などだ。20世紀に入る頃には、インドは中国より多

くの茶を生産していた。

　独占権を剥奪されたのち、東インド会社は財政難におちいった。しかも腐敗や財務の不正まであった。東インド会社のインド支配が終わりを迎えたのは、1857年のインド大反乱の後だった。この反乱は、セポイとよばれたインド人傭兵の反乱からはじまった。東インド会社が雇って、ウッタル・プラデーシュ州の都市メーラトに駐屯させていたセポイの軍隊が蜂起したのだ。この反乱はインド各地に飛び火し、東インド会社の支配に対する大規模な抗議がまきおこった。反乱は翌年には鎮圧されたが、イギリス政府は、最重要な植民地を一民間企業にまかせておくのは、たとえその企業がまるで一国家のようにふるまっているとしても、もはや妥当ではないとの結論に達した。こうして東インド会社は解体され、インドはイギリス君主が直接支配することになり、ブリティッシュ・ラージ（イギリスの支配）とよばれる時代がはじまった。

　イギリスがインドを支配した時代、茶の貿易はおもに輸出業となったが、茶を飲む習慣をインド人や在外イギリス人コミュニティでも広めようとする試みも行われた。たとえば、職場にティーブレークを導入したり、茶を売る「チャー・ワーラー」がインドの大規模な鉄道網を利用して商売できるようにした。とはいえ、茶を飲む習慣が広がりはじめたのは、1947年に独立したのちのことだった。その頃には、茶を手にしても、もう昔の植民地支配者を連想しなくなったからだろう。こうした変化をうながしたことのひとつに、1953年に設置されたインド紅茶局（Tea Board of India）が行った販促キャンペーンがある。茶の貿易が世界市場の不安定な動きにまきこまれないようにするため、国内市場を活発にしようとした試みだった。このキャンペーンが成功したことは、近年の数字からわかる。今日ではインドの茶の7割が国内で消費されている。ただし、消費量の増加は、18世紀のイギリス人の場合と同じで、インドの人々が独自の茶の飲み方を見つけたおかげかもしれない。インドでもっとも人気のスタイルは、スパイスのきいたマサラ・チャイだ。紅茶を、カルダモン、ジンジャー、シナモンといったスパイスとともにいれる。この飲み方は、いまやインド亜大陸をはるかに越えて広がっている。

**マサラ・チャイ**
マサラ・チャイと使用しているスパイスの一部。シナモン、クローヴ、ナツメグ、スターアニスなど。

茶　143

# ハードタック

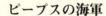

起源：イギリス海軍

時代：1660年代

種類：2度加熱したビスケット

◆ 文化
◆ 社会
◆ 産業
◆ 政治
◆ 軍事

　19世紀に缶詰が誕生し、20世紀に冷蔵冷凍技術が登場するまで、軍事行動中の兵士や長い航海中の船員は、ハードタック、別名シップス・ビスケットが主食だった。これは厚くて硬いビスケットで、材料は小麦粉と水だけ。2度加熱してあるので、割れにくい。

### ピープスの海軍

　ハードタックは、19世紀の終わりまでイギリス海軍の糧食だった3種の食べ物のひとつだ。残る2種は、塩漬けの牛肉か豚肉、そしてビール。現在も、ハードタックは海軍の備蓄品にふくまれているが、今は日常的に支給する食べ物ではなく、非常食にすぎない。1588年の「アルマダの海戦」時の記録によると、水兵への1日あたりの支給の標準は、ビスケット1ポンド、塩漬けの牛肉1ポンド、ビール1ガロンだったという。航海開始時は、これに新鮮な農産物がくわわっただろうが、そうしたものが底をついたら、この3種だけが栄養源になった。

　17世紀なかばまで、海軍の糧食支給はかなりでたらめだった。あらゆる悪弊だらけで、腐った食べ物を支給することもあった。しかも、ビールまで傷んでいたり、牛肉にネズミがまぎれこんでいたりした。ハードタックにゾウムシがたかっていることも多かった。そのため、そうしたひどい食べ物をあたえられる水兵たちは不満をつのらせ、大問題になっていた。いまも日記で有名なサミュエル・ピープスが、その日記を書きはじめてから半年後の1660年7月、海軍委員会の長官に任命された。海軍委員会は、海軍の管理が職務で、支給品の供給（過去にはヴィトリングとよばれていた）も仕事のひとつだった。ピープスは遠縁のエドワード・モンタギュー卿にかわいがってもらっていたおかげで出世したらしい。モンタギューは海軍の将官で、この年の5月、欧州大陸へ亡命していたチャールズ2世が王政復古でイギリ

> シー・ビスケットはパンの一種で、海上勤務に使えるようオーブンに2度入れて強く乾燥させてある。
> 『ブリタニカ百科事典』（1773年）

144　図説世界史を変えた50の食物

スに戻ったときには、復位した国王を迎えに行く艦隊を率いていた。ピープスが海軍委員会長官になったのとほぼ同じ頃、モンタギューはサンドウィッチ伯爵の爵位をあたえられた。この爵位はのちに、別種の食べ物の名前の由来になる。通説によると、彼の曾孫の子にあたるサンドウィッチ伯爵がトランプをしていたとき、ゲームを中断せずに食べられるようにと、肉の薄切りを2枚の薄切りパンにはさんでくれ、と命じたという。

**サミュエル・ピープス**
有名な日記を残し海軍を管理した男の肖像。ジョン・ヘイルズ画。ロンドン大火が発生した1666年に描かれた。

ピープスは日記を10年間にわたって書きつづけた。当時はイングランド史上注目すべき時期にあたる。しかも、インサイダーの彼は、信頼できる観察者だ。彼の日記は、チャールズ2世の復位以外にも、第2次英蘭戦争(1665-1667年)、ロンドンのペスト流行(1665-1666年)、ロンドン大火(1666年)のことが書いてあるばかりか、自身の私生活についても、夫婦喧嘩のこと、自身の浮気のことなど事細かにつづってあって、生き生きした記録になっている。また彼は、海軍と海軍委員会の高官に批判的でもあった。仕事中は自由に意見を表明することなどできなかっただろうが、おかげで今日、当時海軍の管理を担当していた役人がひどく無能だったことがよくわかる。

1665年、ピープスは、海軍の糧食供給を一元化する制度を提案した。腐った食べ物がまぎれこむ量を減らし、購買方法を効率化するためだった。海軍委員会はこの提案を受け入れ、この改革を監督するヴィトリング委員会の上級職にピープスを任命した。改革のなかには、糧食の支給を担当する船のパーサーに、購入した物をすべてきちんと記録した帳簿を提出させる、というものもあった。結局、ピープスのはじめた改革は、イギリス海軍史上もっとも重要なものとなった。のちに海洋を支配することになるプロフェッショナルな軍隊の創設がここからはじまった。

オランダとの戦争は、海上と海外の植民地が舞台となったため、海軍が頼りだったものの、首尾

## ロブスカウス

◆

ロブスカウスはシチューの一種で、もともとはリヴァプールの船員が、塩漬けの牛肉と野菜、とろみを出すための砕いたハードタックで作ったものだ。船員か否かをとわずリヴァプールで人気が出たので、リヴァプールの人々は「スカウサーズ」とよばれるようになった。リヴァプールではいまも作られているが、肉は新鮮な肉を使い、ハードタックは使わない。ノルウェーの「ラプスカウス」という料理もこれとほぼ同じだが、ドイツ北部の港湾都市、ハンブルク、ブレーメン、リューベックで食べられている「ラプスカウス」は、コンビーフにジャガイモ、タマネギ、ビートの根を混ぜてすりつぶした料理で、ニシンの酢漬けと目玉焼きをそえることが多い。

ハードタック 145

**大火**
「ロンドン大火、ラドゲートと旧セント・ポール寺院」（1670年頃）。無名の画家による油彩画。

よくはいかなかった。この戦争は、17世紀から18世紀にかけて両国のあいだで起きた数々の紛争のひとつで、東洋と新世界への重要な貿易ルートの支配権をめぐって勃発したが、オランダ海軍のほうが管理も訓練もすぐれており、オランダのほうがイギリスよりも優位に立っていることが明らかになった。

しかも、1665年4月にロンドンでペストが大流行しはじめ、その夏に流行のピークを迎えたことから、イギリスはまたも問題を抱えた。ペストのために、ロンドンの人口の15パーセントにあたる推計10万人が死亡したのだ。さらに悪いことに、翌年、ロンドン大火が起きた。この大火は、多くの人命が失われたわけではないが、ロンドンの家屋の約3分の1が焼失してはじまった。火災は1666年9月2日の夜、プディング・レーンにあるトマス・ファリナーのパン屋から出火してはじまった。このとき、ちょうど彼は海軍に納めるシップ・ビスケットを焼いている最中だった。火はまたたくまに燃え広がり、4日間も燃えつづけた。ピープスはプディング・レーンに近いところに住んでおり、ヴィトリング委員会の仕事を通じてファリナーと知りあいだったかもしれないが、日記にはあまり書いていない。書いてくれていたら、この大火の展開をじかに見聞した記録になったはずだった。

大火が終息すると、火事の原因や当局の対応の不手際をめぐって非難の応酬がはじまり、やがて手に負えないほどになった。実際には、パン

> イングランド人は、なかでも船乗りは、なによりも腹が大事だ。ならば、海軍の糧食支給の管理でつねに念頭に置くべきは、糧食の量や好みにおいて彼らを満足させなければ、このきわめて微妙な点で彼らは士気が低下し憤慨し、自分の負いそうな苦労のことを気にかけるより先に、まず国王へのつとめに嫌気がさしてしまうだろうということだ。
> サミュエル・ピープス（1633-1703年）

屋が誤って火を出した火事なのはほぼ確実だ。おそらく、ビスケットを焼いていたファリナーが、翌日も作業を続けるためにオーブンの残り火を一晩中置いておいたためだろう。だが、もしそうだったとしても、実際には彼はほとんど非難されなかった。市民が怒りの矛先を向けたのは、さまざまな外国人だった。とりわけフランス人が標的になった。フラン

ス人がなんらかの悪事に関与していたことを示す証拠などまったくないにもかかわらず、フランス人に火事の責任があると思いこまれたのだ。また、この大火は、オランダ人が「ホームズの焚火」の報復として仕かけた攻撃だという見方もあった。大火の２週間前、イギリス海軍がオランダの沿岸に侵入し、火船を使って造船所にあるオランダの商船隊に焼き討ちをかけた結果、近くの町まで火が広がる惨事になっていたからだ。

翌1667年のはじめ、オランダとの戦争に勝てそうもないことが明らかになると、イギリスは和睦交渉に入ることにした。この頃には、イギリスの全艦隊を海に出しておく余裕などなくなっており、艦隊の多くがメドウェイ川のチャタムの海軍造船所に入っていた。ところが、和睦交渉が継続中だった６月、オランダがチャタムの海軍造船所の艦隊に攻撃をしかけた。守備を突破すると、オランダ艦隊の海兵が上陸して、イギリスの火砲陣地を奪い、火船を使ってイギリス艦船の大半を破壊した。

このメドウェイ川襲撃、別名チャタムの戦いは、イギリス海軍史上最悪の敗戦のひとつになった。ピープスはこれが革命の勃発とチャールズ２世の治世の終焉につながるかもしれないと考えたようだ。実際にはそうはならなかったが、これを機にイギリスは、オランダの提示する和睦条件を受け入れた。また、この戦いによって、イギリスがオランダに対抗するには、海軍を徹底的に点検整備する必要があることも明らかになった。そして、そもそもピープスが提案していた方針に沿って改革が進められた。

**メドウェイ**
第２次英蘭戦争のメドウェイ川襲撃を描いた1669年の油彩画。オランダ人画家ヤン・ファン・ライデン画。

ハードタック　147

## ベンツ・クッキー・ファクトリー
◆
G・H・ベント社（G. H. Bent Company）は、マサチューセッツのミルトンにある1801年創業のクッキー製造会社で、もともとは「ウォーター・クラッカー」という名の製品をボストン港から出港する船員に供給していた。南北戦争時、ベント社はハードタック・クラッカーを北軍に供給していたが、いまも当時と同じ製品を販売している。そして、南北戦争の再現イベントをしている団体の関係者は、先人たちとまったく同じようにハードタックを食べようとして歯を折っているかもしれない。

海軍の正規な管理方法を定めることによって、ピープスは現代のイギリス海軍の基礎を築いたが、彼の新しい糧食供給方法でも解決できなかった問題がひとつある。長い航海になると、壊血病になる乗組員がかならず出たことだ。この問題のため、船の航行期間も限定されていた。今でこそ、ハードタックと塩漬け肉とビールがおもな食事ではビタミンC不足になるから、壊血病もこの栄養不足のためだとわかるが、解決策が見つかったのは、ピープスの時代から100年以上のちのことだった。その解決策とは、船員に配るラム酒にレモンのしぼり汁をくわえるという単純なものだ。この方法を最初に提案したのは、ギルバート・ブレーンというスコットランド人医師で、1779年のことだったが、これを海軍が正式にとりいれたのは、1795年になってからだった。つまり、ピープスが改革をはじめたにもかかわらず、海軍の管理は完璧ではなかったということだろう。その後、レモンよりもカリブ海のイギリス植民地産のライムを使うほうが手軽だとわかった。アメリカではイギリス人のことを言うのに「ライミー」という蔑称を使う

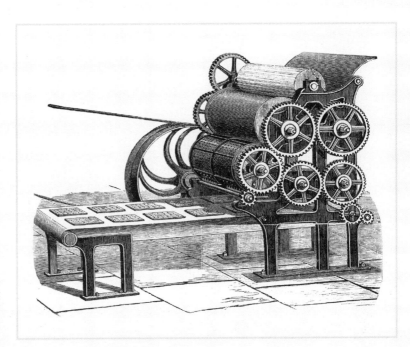

**ハードタック製造機**
ハードタックを作る機械。E・O・ラミ（Lami）『産業百科事典（Industrial Encyclopedia）』（1875年）所収の版画挿絵。

ことがあり、これがその語源だといわれている。もともとはイギリス人の船員をさす言葉だったが、やがてイギリス人全員を示す言葉になったという。

## ビスケット

　のちにイギリスで有名になるビスケットメーカーのなかには、海軍用のハードタックの製造から事業をはじめたところもある。もっとも有名なメーカーのひとつ、ハントリー＆パーマーズ（Huntley ＆ Palmers）は、1822年にバークシャーのレディングで創業し、多種多様なビスケットとクラッカーを製造していた。19世紀のあいだに、同社は他社に先駆けて世界的に有名なブランドとなり、20世紀に入る頃には最盛期を迎えた。当時、レディングで操業していた世界最大のビスケット工場では、5000人の従業員が働き、工場内には原材料運搬用の自前の鉄道まであった。ハントリー＆パーマーズの缶入りビスケットは、大英帝国全土に輸送されていただけでなく、外国へも輸出され、イギリスの世界展開のシンボルになっていた。コカ・コーラが今日、アメリカの力のシンボルとみなされることがあるのと同じだ。

　ハントリー＆パーマーズは20世紀初頭も成長しつづけ、第1次・第2次世界大戦ではイギリス軍にビスケットを供給していたが、第2次世界大戦後の緊縮財政の時期に不振におちいりはじめた。まるで、大英帝国と運命をともにしているかのようだった。それでも、同社の缶入りビスケットとクラッカーは、1970年代になるまでは、イギリスの多くの家庭にとってクリスマスには欠かせないものでありつづけた。ただし1970年代には、ハントリー＆パーマーズはすでにアソシテイテッド・ビスケッツ（Associated Biscuits）の傘下に入っていた。ハントリー＆パーマーズの競合相手、ジェイコブズ（Jacob's）とピーク・フリーンズ（Peek Freans）も、アソシテイテッド・ビスケッツの傘下に入った。そして、ハントリー＆パーマーズというブランド名も、1980年代にいったんとだえ、レディングの工場も徐々に解体されていった。この頃には、工場の敷地の大部分が使われておらず、工場の建物も倉庫も荒廃していた。だが、キングス・ロードにあったアールデコの正面をそなえた大きなオフィスビル（1937年建築）は、保存しておくべきだったと思われる。かつてビスケット・タウンとよばれていた町とハントリー＆パーマーズの長年の関係をふりかえるよすがとなったはずだ。

**ビスケットの缶**
1904年のハントリー＆パーマーズのビスケットの缶。インド風のテーブルの形をしている。これは現在ロンドンのヴィクトリア・アンド・アルバート博物館が収蔵しているもの。

ハードタック　149

# ジン

起源：オランダ

時代：17世紀

種類：穀物ベースの蒸留酒

◆ 文　化

◆ 社　会

◆ 産　業

◆ 政　治

◆ 軍　事

　17世紀なかばにイギリスに到来したジンは、以来、大英帝国の歴史に影響をあたえつづけた。ジンをイギリスにはじめてもちこんだのは、中欧の三十年戦争から戻った傭兵だった。18世紀の初めには、ジンは庶民の飲み物となり、「ジン・クレイズ（狂気のジン時代）」とよばれるほど流行したが、街なかで泥酔する者が大勢出たことから、道徳的に問題だという怒りの声が噴出した。このため議会が5つの法律を制定し、以後、ともかく外見だけは、しらふに戻った。

## イェネーフェル

　イギリスでは、オランダ産のジンはいまもまだ「Geneva gin」とよぶことがある。といっても、スイスのジュネーヴ（Geneva）とはなんの関係もなく、ジュニパーをさすオランダ語「イェネーフェル（genever）」が語源だ。これが英語ではどこかの時点で略されてジン（gin）になった。通説では、ジンはオランダの医師フランシスクス・シルヴィウス（1614–1674年）が発明したといわれている。穀物を原料としたグレーン・アルコールを蒸留した蒸留酒に、ジュニパー・ベリーなどの植物エキスで風味をつけたのだという。これらの植物のことをジン製造の業界ではボタニカル（草根木皮）とよび、ジュニパー・ベリーのほか、レモンの果皮、シナモン、クローヴなどがふくまれる。だが実のところ、根拠のある話として、シルヴィウスの発明よりもずっと昔、ジュニパーで香りをつけた蒸留酒が、オランダ共和国とフランドルですでに作られていたという。もともとは薬として売られていたもので、おおかたどんな病気でも治るといわれていたらしい。そうした触れこみは少々見当違いだとしても、イェネーフェルは北海沿岸低地帯では人気の飲み物になった。この飲み物が、1648年に三十年戦争が終わった後、イギリスへ到来した。とはいえ、ジンの人気が出はじめたのは、1660年の王政復古の後だった。イングランド内戦でオリヴァー・クロムウェル率いる議会軍が勝利をおさめると、国王チャールズ1世は1649年に退位させられて処刑された。そして息子のチャールズ（のちのチャールズ2世）も、このときから欧

> **勇ましきウィレムはジュネヴァを飲んでいた。彼ほど勇敢な君主を戴いた時代はない。**
> アレグザンダー・ブラント（1729年）、ジン製造者イライアス・ボケットのペンネーム

150　図説世界史を変えた50の食物

州大陸で亡命生活を送るようになった。オランダに滞在した時期もあった。妹のメアリがオラニエ公ウィレム2世に嫁いでいたためだ。このオランダ滞在中に、チャールズはイェネーフェルの味を知ったらしい。イギリスではクロムウェルの死後、政治が混乱し、結局、チャールズはイギリスへ戻ることができた。そしてこのときから、復位したばかりの国王の好きな蒸留酒を飲むことが、上流社会で流行しはじめた。

ところが、当時「ホランズ」ともよばれたイェネーフェルの人気を大きくそこなう事態が起きた。1665年から1674年にかけ、イギリスとオランダが2度にわたって戦ったのだ。この戦争は2度とも、極東と新世界の貿易をめぐる競争が原因だったが、チャールズ2世が甥のオラニエ公ウィレム3世をオランダの王位に復位させようとしたのも一因だった。イギリスでは反オランダ感情がまきおこり、イェネーフェルを飲むことも愛国的ではないとみなされるようになった。それでも、この頃には、イェネーフェルはすでにイギリス国内で作られており、ジンとよばれていた。

## 名誉革命

1685年、チャールズ2世が亡くなると、イギリス国王には弟のジェームズ2世が即位した。だがジェームズ2世は、熱心なカトリック教徒のメアリ・オヴ・モデナと結婚してカトリックに転向していた。このため宮廷のプロテスタントの貴族たちの目には、ジェームズがカトリックに肩入れしているように映った。この状況を悪化させたのが、1687年にジェームズ2世が信仰自由宣言を発布し、昔のように、カトリック教徒の信仰の自由を拡大しようとしたことだった。そして、翌年6月にジェームズ2世に長男ジェームズが生まれると、この問題はヤマ場を迎えた。近い将来もカトリックの王朝がイギリスを支配することになるという見通しになったためだ。そして、プロテスタントの貴族6人と主教1人、いわゆる「イモータル・セヴン」が、オランダのウィレム3世に招請状を送り、ジェームズ2世を退位させるためにイギリスへ軍をひきつれて来てほしいと依頼した。そうしてくれれば、イギリス貴族の多くが支持にまわるだろう、とも言っていた。

これだけでも複雑な状況だが、事はこれだけにとどまらなかった。ウィレム3世はジェームズ2世の長女メアリと結婚していたので、たとえ王位継承者が明らかだとしても、ウィレム3世には王位を請求する正当な権利があった。11月5日、ウィレム3世は軍を率いてデヴォンのトーベイに上陸した。最初は受身の態勢をとっていた。イギリスの反カトリック感情が高まっていれば、戦わずともジェームズ2世は失脚すると思ったからだった。案の定、ジェームズ2世は支持者が次々とねがえ

**ウィレム（ウィリアム）3世**
オラニエ公。1688年の名誉革命後、妻メアリとともにイギリスの共同統治者となった。

り、ついにはモールバラ公にも見すてられ、12月にフランスへ亡命した。そして翌年、ウィレム3世は妻メアリとともに共同統治者ウィリアム3世として王位についた。

### ジン・クレイズ

このウィリアム3世とメアリの共同統治時代、イギリスの憲法史上もっとも重要な議会制定法のうちの2法が成立した。ともに、いまもまだ制定法集にのっているが、これまでに修正も行われている。まず1689年の「権利の章典」は、立憲君主制を確立した法律で、この制度の下では、国王あるいは女王ではなく、議会が最高権力者となる。もうひとつの1701年の「王位継承法」は、王位の継承者がプロテスタントに限定されるようにするための法律だ。このふたつのあいだに、もうひとつ議会制定法が成立したが、これは憲法的にはさほど重要ではない。とはいえ、じつはその法律が、予期せぬ結果をもたらすことになった。「ジン・クレイズ」に火をつけたのだ。18世紀の前半は、ロンドンをはじめイギリスの多くの都市が、酒びたりで浮かれ騒ぐ時代になった。

1690年に成立したこの法律は、イギリス産の穀物を原料とする蒸留酒の税金を下げ、それ以外の蒸留酒やビールの税金を上げるというものだった。しかも、安価な免許を買って、地元の消費税収税吏に通知さえすれば、だれでも蒸留酒を作ることができるようになった。この新しい法律の制定が、ウィリアム3世と欧州諸国の連合、いわゆる「大同盟」がフランスを相手に戦争に突入した直後だったのは偶然ではない。なぜなら、この法律のおもな目的は、フランス産のブランデーの消費をやめさせ、同時に、イギリス産穀物の市場にてこ入れすることだったからだ。当時、オランダの君主がイギリスの王位についたために、ジンの人気はすでに上昇中だった。そこへ、この法律がフランス産のブランデーよりもイギリス産のジンを売るよう後押しすることになって、イギリス中に蒸留所ができはじめた。その多くは、庶民でも買って飲めるよう、ジュニパーではなくテルペンチンで香りづけした安物のジンを作った。

18世紀に入る頃には、ジンの販売量は急増した。とくに、女性が

**ジュニパー・スピリット**
オランダのイェネーフェルのラベル。「ジュニエーブル」という商品名は、フランス語でジュニパーのこと。

はじめて男性と一緒にジンを売る酒場に入るようになり、ジンが「マダム・ジュニーヴァ」、あるいは、今でも使うこともある「マザーズ・ルーイン（母親をだめにするもの）」とよばれるようになってからはなおさらだった。この後50年間、ロンドンではジンの消費が増えつづけ、同時に、街頭の泥酔者、犯罪や売春も増加の一途をたどった。むろん今となっては、こうした社会問題について、どの程度までジンの飲酒が原因なのか、それとも、当時のロンドンに広がっていたスラムで貧困や社会の崩壊が悪化したことの表れなのか、厳密に見きわめることはむずかしい。だが、安いジンが買えるようになったことや、貧しい人々が厳しい暮らしの現実を忘れるために酔っぱらいたいと思うことが理由だとしても、世間一般の人々は、この状況を社会秩序の崩壊だとみなした。正義感の強い人々は義憤にかられ、政府はジンの販売を取り締まるべきだと訴えるようになった。

だが、当時の議員は多くが地主だった。ジンの販売量が増えれば、穀物も売れ、自分たちの利益になる。そこで、この大流行で稼いでいたジンの製造業者や商人と一緒になって、問題に対応しようとする政府の動きを妨害した。結局、1729年になってようやく、政府はジンの消費の規制にとりかかった。ジンの税金を上げ、免許のない酒場にジンを販売することを違法としたのだ。この法律を皮切りに、いわゆる「ジン法」5法が成立したが、最初の4つはまったく効果がないものだった。どちらかというと、地主階級の利益をそこなわずに、いわゆる道徳十字軍をなだめようとしていただけのようにみえる。

実際、最初の法律から4つめの法律が成立した1743年までのあいだに、ロンドンではジンの消費が増加した。その結果が、ウィリアム・ホガースの1751年の版画「ジン横丁」に描かれたような光景だ。そこでは、ロンドンの街頭で酔っぱらいがどんちゃん騒ぎをくりひろげ、ジンに溺れて身なりを整えることも忘れただらしな

### ロンドン・ドライジン

◆

現在買えるジンの主流は、ロンドン・ドライジンだ。ただし、いまもロンドンで操業しているジンの蒸留所はひとつしかない。このタイプのジンが最初に作られたのは1830年以降で、蒸留塔の発明後だ。蒸留塔の使用で、旧式の単式蒸留器よりも雑味の少ない蒸留酒ができる。そうしたジンのほうがクリーンな味わいで、以前のジンと違い、甘味をくわえる必要がないので、「ドライ」という表現が使われている。ドライなジンは、マティーニやトム・コリンズのようなカクテルのベースとして理想的だ。

完璧なマティーニを作るには、まずグラスにジンを満たしてから、それをイタリアの方角に向かってふればよい。
ノエル・カワード

い母親が、赤ん坊を腕から落として殺しそうになっているのに、カギタバコを吸おうとしている。ホガースは、この黙示録的版画と対になる版画も制作しており、そちらの版画「ビール通り」はまったく対照的だ。健康的で幸福そうな男女が、楽しそうにエールのジョッキを傾けている。おそらく、働きづめの1日が終わったのだろう、彼らはパブの前に座り、他の人々もそれぞれきちんとしたようすで自分のすべきことをしている。この版画のメッセージは明らかで、むろん、あえてそうしてある。ジンを飲んだら社会のあらゆる悪が生まれるが、ビールを1、2杯飲むだけなら何も害はない、と伝えようとしている。

　1751年に成立した最後のジン法は、蒸留酒の販売をそれまでのものよりも断固として規制しようとするものだった。そのため、この後の10年間で、ジンの消費は激減しはじめた。1750年代なかばの穀物の不作で穀物価格が上昇したことも、この新しい法律と同じくらい歯止めになったのかもしれない。穀物の値段が上がったため、ジンの値段が高くなっただけでなく、貧しい人々は食べ物を買うほうを優先した。いずれ

**ジン横町**
ウィリアム・ホガースの1751年の版画。「ジン・クレイズ」がもたらした悲惨な社会を描いている。

にせよ、新法の成立から10年後には、50年以上続いた狂騒の時代もついに終わりを迎えていた。

## 大英帝国のジン

19世紀なかばになると、ジンは「母親をだめにするもの」から変身をとげ、大英帝国で広く好まれる飲み物になった。ヴィクトリア朝期の植民地では、インドのトニックウォーターをくわえたジントニックが、イギリス人のクラブにやってきた男たちをくつろがせた。帝国の広大な辺境を管理せねばならない長い1日を終え、ダブルのグラスを手にした彼らは、さらに口実が必要とあらば、トニックにはキニーネが入っているから、と陳腐な言い訳をもち出すこともできた。なぜなら、当時はキニーネが唯一のマラリア治療薬だったからだ。キニーネは、南米原産のキナノキの樹皮から1820年に単離に成功した物質で、樹皮に硫酸の希薄溶液をくわえると、硫酸キニーネという水に溶ける白い粉末ができる。唯一の問題は、硫酸キニーネがひどく苦いことだった。このため、甘味をくわえたトニックウォーターに溶かし、さらにジンをくわえたら、マラリアの治療が楽しみに変わったようだ。しかも、レモンがキニーネの溶解を助けるとわかり、ジントニックにはレモンのスライスをそえるようになった。

ジントニックが歴史を変えたと言ったら、こじつけかもしれない。結局のところ、実際に変化をもたらしたのは、キナノキの樹皮だからだ。しかも、これにジンが関係したのは、ジンを使ったらおいしい酒になったからにすぎない。それでも、ジントニックはいまや世界中で飲まれている。マラリア患者などこれまでまったく出たことはないが、ジントニックは飲む、というところも多い。いずれにせよ、今日ではキニーネの代わりに別の治療薬を使う場合がほとんどだ。ただし、世界保健機関によると、年間約66万人が死亡するこの病気のワクチンは、今までのところ開発されていない。効果的なワクチンが開発されたら、それこそ、確実に歴史を変えることになるだろう。

### ジュニパー・ベリー
◆

じつは、ジュニパー・ベリーはベリーではなく、小さな常緑樹の球果だ。大昔から、料理の香りづけや薬草療法に使ってきた。たとえばエジプトでは、ツタンカーメン王の墓からも出土している。ジンの蒸留では、一般的に乾燥したものを使う。砕いてからピュア・グレーン・スピリッツにくわえ、香りを液体に移す。通常は、その後再蒸留する。これで、無色透明のジンができあがる。

# ヴィンダルー

> 嫉妬が愛のヴィンダルーなら、彼女の
> 舌は燃えているとわたしは思った。
> ハニフ・クレイシ『あなたに伝えたいこと
> (Something to Tell You)』

起源：ゴア

時代：16世紀

種類：辛いカレー

◆ 文　化
◆ 社　会
◆ 産　業
◆ 政　治
◆ 軍　事

　途方もなく辛いカレー、ヴィンダルーは、今ではどこのインド料理店でもかならずメニューにあるが、インドでは、そうともいえないようだ。これを食べるのは、赤唐辛子が大量に入った料理を注文する勇気のある人間か無謀な人間だけで、たいていはジョッキ数杯分のラガービールが一緒にテーブルにのるらしい。これが世界各地で知られるようになるまでの道のりをたどると、まずはイギリスのインド料理店に行きあたる。その多くは、バングラデシュ出身の人々が経営している店で、そこからさらにインドへと向かうと、とくにインド南西部のゴア州と、ゴア地方のポルトガルの影響にたどり着く。

### ポルトガル領ゴア

　今のヴィンダルーは、大量の唐辛子のほか、酢とジャガイモが入っていることが多い。一般に、このふたつの材料が名前の由来だといわれている。ヴィンダルー（Vindaloo）のalooは、ヒンディー語でもウルドゥー語でも、ジャガイモという意味になる。だがじつは、ヴィンダルーは、「カルネ・デ・ヴィーニャ・エ・アリョス（carne de vinha e alhos）」がなまったものだ。これは「ワインとニンニクをくわえた肉」という意味のポルトガル語で、たいていは豚肉を使う料理をさす。16世紀からはインドの沿岸部のポルトガル植民地でも作られるようになった。ポルトガルの探検家ヴァスコ・ダ・ガマが、ゴアの南にあるマラバル海岸のカリカットに上陸したのが1498年のことで、それから数年後にはインドとポルトガルの交易が確立し、その後、多くの場所にポルトガルの植民地ができた。1510年には、ポルトガルは当時ゴアを支配していたイスラム王朝ビジャープル王国のスルタン、ユースフ・アーディル・シャーの軍を破って、スルタンがマンドウィー河の河口の北岸に築いた都市に、インドにおけるポルトガル帝国の首都を置いた。これが今日のオールド・ゴアだ。

　そしてポルトガル人は、カルネ・デ・ヴィーニャ・エ・アリョスやほかの料理のレシピと一緒に、新世界で発見した野菜もいくつかインドへもちこんだ。ジャガイモやトマト、そして、のちにインド亜大陸全土の料理に大きな影響をあたえることになるスパイス、唐辛子などだ。ワインはポルトガルから輸入する必要があったので、ワインが必要なレシピでは、ヤシ酢で代用するのが一般的になった。そして、野菜、インドのスパイス、それからもちろん唐辛子

**カリカット**
1498年のヴァスコ・ダ・ガマのカリカット上陸。ポルトガル人画家アルフレド・ロケ・ガメイロ画。

もくわえた。ただし、今のヴィンダルーほど大量に使っていたわけではない。

　16世紀の終わり、ポルトガル人はオールド・ゴアに多くの教会を建てはじめた。たとえば、いまもインド最大のキリスト教会であるセ・カテドラル（大聖堂）、バロック様式の教会建築の好例といえるボム・ジェズ・バシリカなどだ。ゴアの地元住民も多数がカトリックに改宗し、それまで口にしなかった豚肉や牛肉を食べるようになった。だが、インドはもともと大部分が菜食主義の社会だった。いまも半島部の大半がそうだ。また、牛はヒンドゥー教徒にとって神聖な動物であり、豚肉はイスラム教では口にするのを禁じられている。このため、植民地のポルトガル人は、キリスト教徒になったゴアの住民を料理人として雇うようになり、まったく同じ理由から、イギリス人も同様のことをするようになった。とくに、フランス革命戦争の結果、1797年にイギリスがゴアを平和裏に占領したのち、その傾向が強まった。

　当時の東インド会社は、マイソール王国と紛争中だった。マイソールの国王ティプー・スルタン、別名「マイソールの虎」は、フランスと堅固な同盟関係を結んでおり、ナポレオン・ボナパルトの総指揮のもと、インド亜大陸全土にわたってイギリスの利益を脅かしていた。イギリスとポルトガルは長期にわたる協定同盟を結んでおり、ともにフランスと戦っていたので、イギリスがゴアを占領して防衛するという同意にいたったのである。そして、1815年にナポレオンがワーテルローの戦いで最後の敗北を喫すると、その後、ゴアはポルトガルに返還された。イギリス人はゴアにそれほど長くいたわけではないが、ゴアを離れるときには、ゴア人の料理人もつれて帰っただけでなく、今はヴィンダルーと

**赤唐辛子**
唐辛子をはじめてインドへもたらしたのは、ゴアのポルトガル人だろう。ここからインド亜大陸全土へ広まった。

ヴィンダルー　157

よばれている料理の味も一緒にもち帰った。

## カレーを食べに行く

　イギリスでは、インド料理は長い歴史がある。イギリスとインドの植民地時代の関係は17世紀の東インド会社にはじまり、1857年以後もイギリスの統治が続いたからだ。植民地でのつとめから帰国したイギリス人は、多くがインドで出会ったスパイシーな食べ物の味を忘れられなかった。ゴア人の料理人をイギリスへつれて帰る者もいた。インドでいつも食べていたイギリス風とインド風が入り混じった料理を作ってもらうためだ。こうした食事では、メインディッシュのことを「カレー」とよんでいた。インドに住むイギリス人がそうよんでいたからだが、このよび名は、インド人自身はあまり使っていなかった。当時だけでなく今も同様で、ほとんどのインド人は、どの料理もそれぞれ別の名前でよぶ。ひとまとめにして総称でよぶことはしない。

　第2次世界大戦後、イギリスの都市部では、インド亜大陸出身者のコミュニティが拡大しはじめた。これはとくに1947年以降顕著になった。インド・パキスタンの分離独立にともなって頻発した、暴力と混乱が原因だった。ロンドンでは、イースト・エンド、とくにブリック・レーン周辺に、シレット出身のバングラデシュ人が大半を占める大きなコミュニティが生まれた。シレットはバングラデシュの北東部、アッサム地方に隣接する地域だ。ここの出身者はスルマ川の船頭として有名で、イギリス人に雇われてアッサムの茶をカルカッタへ運んでいたが、やがてロンドンへ茶を運ぶ船でも船員として働くようになった。ブリック・レーンのコミュニティは、もともとはシレット出身の船員の宿泊所があった場所だった。茶を陸揚げするドックに近かったからだが、その後、船員の一部がイギリスに残って、このあたりに多い衣料品やテキスタイルの商売で働くようになると、コミュニティが拡大しはじめた。

　そしてもうひとつ、彼らの職場となったのがレストラン業界だった。とくに、コミュニティが拡大しはじめた1960年代には、多くの人が働きだした。とりわけブリック・レーンは、多くの料理店が集まっていることで有名になった（今もまだそうだ）。その後1971年に、パキスタンと戦ったバングラデシュ解放戦争が勃発し、何百万もの人が家を失って難民があふれると、イギリスへ移住する人の数も増加した。イギリスにやってきたシレット出身者は、すでにケータリング業に人脈をもっていることが多かったうえ、ちょうどカレーも人気が出てきたところだったので、シレット出身のバングラデシュ人が経営するインド料理店が、イギリス各地で誕生しはじめた。今ではイギリス全土で推計1万軒もある。

ブリック・レーン
ロンドンのブリック・レーンの道路標識。英語とベンガル語の併記。この地区にはバングラデシュ人の大きなコミュニティがいまもある。

カレーの人気といわゆる「カレーハウス」の増加には、イギリスの酒類販売許可法も関係している。第1次世界大戦中、軍需工場で働く人たちの飲酒を減らすために各種の規制が導入され、そうした規制が戦後も続いたため、パブは夜の11時には閉店しなければならなかったのだが、酒類販売免許をもっているレストランなら、もっと遅くまで店を開けていることができた。1970年代には、カレーハウスがこの法律を利用して遅くまで開店していたので、11時になってもまだ家に帰る気になれない人たちにとって、パブの閉店後の行き場になった。その後、規制緩和でパブも閉店時間が遅くなったが、この頃には、「カレーを食べに行く」がイギリスでは社会の習慣のようになっていた。

イギリスのインド料理店は、今ではどこも同じようなメニューになっている。調理しているのはシレット出身の料理人かもしれないが、出てくる料理は、インド人が見ても、パキスタン人が見ても、バングラデシュ人が見ても、たいてい何なのかわからないようなものが多い。イギリス統治時代のイギリス・インド混合スタイルに、インド亜大陸のいろいろな地域の影響、とりわけ肉を食べるイスラム圏である北部の影響が組みあわさった食べ物だからだ。しかも、イギリス生まれの料理もいくつかある。たとえば、チキン・ティッカ・マサラやバルチなどだ。ヴィンダルーも定番メニューで、もはやイギリス文化のひとつになっている。パブで夜遊びしたあと、飲んだ勢いで男らしいところを見せようと強がって注文するもの、として有名だ。ただし、後になって後悔する可能性もある。

イギリス人のカレー好きのおかげで、食べ物が味気ないといわれがちな国もみごとな変身をとげた。イギリスには茹でた肉と茹でた野菜しかない、という人もいるが、今日、カレーは、フィッシュ・アンド・チップスと肩をならべるほどの国民食だとみなされるようになっている。世界各地の食べ物を試してみたいというイギリス人の意欲が以前より強くなったのも、とくに1970年代以来、カレーを受け入れてきたことが一役かっている。そして、もしヴィンダルーを食べても無事なら、どんなタイプの食べ物でも、それがなんであれ、恐れることはない。

## ローガン・ジョシュ
◆

イギリスのカレーハウスでもインドの料理店でも、ほぼ同じものが出てくる料理を見つけようとすると数少ないが、そのひとつがローガン・ジョシュだ。これはラム肉かマトンを赤いソース煮こむ料理で、スパイシーだが辛味はきつくないカシミールのチリパウダーを使う。インド亜大陸北西部のカシミール地方が起源の料理だ。この地域は、分離独立のときにインドとパキスタンに分割されたが、ローガン・ジョシュは、ムガル帝国時代に到来したペルシア料理と関係がある。ムガル帝国は16世紀から18世紀にかけてインド北部で繁栄し、1857年にイギリス領インド帝国に吸収された。

ヴィンダルーは、はじめはシンプルなシチューだったらしいが、時がたつにつれてどんどんインド風になり、今では、ヴィンダルーという名前だけでも世界的に「激辛」を表す。
マドハール・ジャフリー『マドハール・ジャフリーの究極のカレー・バイブル（Madhur Jaffrey's Ultimate Curry Bible）』

ヴィンダルー　159

# アップルパイ

起源：世界各地
時代：18世紀
種類：パイの皮に果物をつめたもの

◆ 文　化
◆ 社　会
◆ 産　業
◆ 政　治
◆ 軍　事

アップルパイにとくにアメリカ的なところがあるわけではない、ということもできるだろう。リンゴは中央アジア、それもカザフスタンとキルギスタンの山岳地域が原産で、パイの類も大昔から世界中で作られてきた。だが、アップルパイが非常に好まれているだけでなく、自国で作られるアップルパイだけをアップルパイだと考えるようになったところは、世界中でアメリカだけだ。

### きわめてアメリカ的な

アップルパイは、17世紀初頭にアメリカに到来した。イギリス人清教徒の入植者が、祖国の食べ物やレシピをたずさえてニューイングランドに最初に上陸したときだ。つまり、植民地時代のアメリカがはじまった頃から存在していたといえる。また、13植民地がイギリスの支配に反旗をひるがえしたアメリカ独立戦争では、周辺的ながら、アップルパイも関係したという。この話は、当時の関係者が直接書き遺したわけではなく、入手可能な証拠からの推測にすぎないが、こうした説では、ペンシルヴェニア・ダッチが作るアップルパイが、アメリカ人の心にきざまれたアップルパイだと考える。イギリス人入植者のアップルパイではないのは、むろん、イギリス人の支配に反発して革命がはじまったからだ。

革命が勃発した1775年には、ペンシルヴェニアの総人口の約半分をペンシルヴェニア・ダッチが占めていた。そもそも彼らがこの地域に移住したのは、これより約100年前にペンシルヴェニア植民地を建設したウィリアム・ペンが、宗教上の自由と寛容を保証していたからだ。そして、ここの移民の多くがペンシルヴェニア・ダッチとよばれるようになったが、実のところ、彼らはドイツ出身者だった。このよび名は、おそらくドイツ語の「Deutsch（ドイツの）」の英語化だろうが、もしかし

パイは英雄の食べ物だ。パイ好きの人間がいつまでも敗北しつづけることなどありえない。
1902年5月3日付「ニューヨーク・タイムズ」紙社説

たら、イギリスの植民地になる前は、ここがそもそもオランダの（ダッチ）植民地だったことを忘れないようにするためかもしれない。ペンが移住を促進した結果、フィラデルフィアはペンシルヴェニア最大の都市になったばかりか、アメリカの13植民地のなかでも最大の都市になった。この点にくわえ、フィラデルフィアが13植民地のほぼ中央にあったことから、ここで第1回大陸会議が開かれた。この会議で、1774年9月5日に12の植民地の代表が集まった。ジョージア植民地は招集に応じなかった。当時はアメリカ先住民の部族と境界線をめぐって争っていたので、まだイギリスの助けが必要だったためだ。

　会議の目的は、ボストン茶会事件（137ページ参照）をめぐるイギリス政府の高圧的な対応に、植民地側としてどう対処すべきかを話しあうことだった。イギリス政府は、いわゆる強制諸法を制定して、マサチューセッツ植民地に対し懲罰的な政策をとっていた。たとえば、投棄された紅茶の代金が弁償されるまでボストン港を閉鎖すること、マサチューセッツ植民地の自治権を剥奪して、イギリスの直接統治下に置くことなどだ。この大陸会議では、イギリス製品のボイコットや国王ジョージ3世への請願書提出が決まったほか、こうした行動の結果を検討するために、翌年5月にふたたび会議を開催することも決まった。

　第2回大陸会議は、13植民地全部が代表を送ったが、この頃にはすでに革命戦争が勃発し、イギリスはこの反乱を国家に対する反逆だと宣言していた。このため大陸会議は、植民地側の事実上の政府として行動することになり、ジョージ・ワシントンをアメリカ軍の最高司令官に任命したうえで、イギリスからの完全な独立という問題について議論をはじめた。この議論の大半は、会議の正式な会場ではなく、フィラデルフィア市内の居酒屋やコーヒーショップで行われた。それであれば、各植民地の代表たちは、有名なペンシルヴェニア・ダッチの作ったアップルパイに出会ったはずだが、実際にパイを焼いた人々にまで会ったとは思われない。ペンシルヴェニア・ダッチは宗教上の信念から、「悪魔の飲み物」である酒を飲むことに反対していたためだ。

　代表の多くは、当初はイギリスの植民地のままでいたいと考えていた

### シューフライパイ
◆

ペンシルヴェニア・ダッチと関係するパイはもうひとつある。シューフライパイだ。パイ皮に糖蜜をつめ、その上に砂糖とバターと小麦粉のクランブルをのせて焼いたものだが、これは伝統的な形のいわゆる「ウェットボトム」パイで、これとは別に、「ドライボトム」パイもある。こちらは、糖蜜にパン粉を混ぜこむ。このパイは、もともとは冬の食べ物だった。リンゴなどパイにつめるものをきらしてしまったあと、手元に残った材料で作っていた。一説によると、このパイにこんな名前がついたのは、このパイは、オーブンから取り出したとたんにハエを追いはらう（シュー・フライ）必要があるほど甘いからだという。

**独立宣言**
「アメリカ独立宣言」、ジョン・トランブル画（1819年）。立っているトマス・ジェファーソンが座っているジョン・ハンコックに初稿を手渡している。

が、激しい議論をくりひろげるうちに独立という考えに傾き、結局、トマス・ジェファーソンがのちに「独立宣言」となる文書を起草することが決まった。この文書の前文の冒頭は、当時はあまり注目されなかったが、その後、アメリカという新しい国の精神を表すことになる。

**われわれは、以下の事実を自明のことと信じる。すなわち、すべての人間は生まれながらにして平等であり、その創造主によって、生命、自由、および幸福の追求を含む不可侵の権利を与えられているということ。**［ウェブサイト「駐日米国大使館・アメリカ早分かり：参考資料日本語訳：独立宣言（1776年）」http://aboutusa.japan.usembassy.gov/j/jusaj-majordocs-independence.html］

そして1775年7月4日、この独立宣言は、のちに「建国の父」とよばれるようになる人々が署名し採択、その後まもなく印刷物となって公表された。この後も、会議はひき続きフィラデルフィアで開かれた。この都市がイギリス軍の脅威にさらされていたあいだは一時的に他の場所で開催したが、それがすぎたら、すぐにまたこの地へ戻ってきた。1777年、またも激しい議論のすえ「連合規約」が採択され、これが革命成功後のアメリカ合衆国の建国と憲法起草につながった。会議自体も、今日のような、アメリカ議会の上院・下院へと発展した。

### 全米代表のパイ

アップルパイとアメリカの建国を結びつけて考えるようになったのは、各植民地の代表がペンシルヴェニア・ダッチのパイを食べてからそ

れぞれの州へ戻っていった可能性があるうえ、このパイが彼らの建国しようとしていた国の価値観をどこかしら表していると思われたからだが、むろん、そうした説はいささか根拠薄弱だ。初代からの３人の大統領、ジョージ・ワシントン、ジョン・アダムズ、トマス・ジェファーソンが、パイのすばらしさをほめたたえる大演説をしたわけではなく、パイがとくにアメリカと関係のあることを象徴していると示唆したこともない。それどころか、そんな思い入れを表明するようになったのは、19世紀の終わりだった。この頃には、アメリカは都会的な工業国に変身をとげつつあり、小さな田舎町というルーツを忘れがちだったため、アップルパイがそうした忘れかけた遺産のシンボルになっていた。おそらく、アップルパイの象徴する価値観が、世界の動きに流され忘れられてしまわないように、という思いがあったのだろう。

**毎日できたて手作りのパイ。子どもたちも政治論議も歓迎。**
オレゴン州ポートランドにあるバイパーティザン・カフェ（Bipartisan Cafe）の看板。この店では、アップルパイなど、30種類のパイを売っている。

工業化と並行して、19世紀から20世紀のアメリカは、欧州のさまざまな国から大量の移民を受け入れた。そうした移民はみな、独自の文化と料理をもちこんだ。アメリカの都市部では、こうしたものが巨大な民族のるつぼに放りこまれ、混じりあったものができあがった。そこでは、構成要素はまだ見分けられるものの、もはやどれも、独特のアメリカ文化の一部になっていた。食べ物でいうと、ハンバーガーはドイツが起源であり、ピザはイタリアが起源かもしれないが、ともに、さまざまな民族の人々が受け入れて、独自の食べ物に変えていき、いかにもアメリカ的なものになった。いまやアメリカの食べ物は、各国料理も個々の料理もじつに多種多様だが、そうしたなか、アップルパイだけは別。ほとんどの移民集団がアップルパイをもちこんだ。イギリスからも、アイルランドからも、ドイツからも、イタリアからも、その他のところからも入ってきた。多種多様な食べ物があるなか、アップルパイだけは、だれもが慣れ親しんだものだった。いまもそうだ。これもまた、以下のようなアメリカの自明の事実を実証するものだろう。すなわち、みんなパイが大好き。

**ひときれのパイ**
みなアップルパイが大好きだ。1950年代のアメリカで撮られたこの写真の女の子も。

アップルパイ　163

# アメリカ・ウイスキー

起源：アメリカ
時代：18世紀
種類：グレーン・スピリッツ

◆ 文　化
◆ 社　会
◆ 産　業
◆ 政　治
◆ 軍　事

　18世紀、北米のイギリス植民地では、人気の蒸留酒はラム酒からウイスキーへと変わっていった。その一因は、スコットランドとアイルランドから来た大勢の移民が、穀物から蒸留酒を作る方法をもちこんだためだが、ほかにも、植民地が内陸部へ拡大するにつれ、ウイスキー製造に必要な穀物を地元で栽培できるようになったのに対し、ラム酒を作るための糖蜜は輸入しなければならなかったという理由もあった。1775年の革命の頃には、ラム酒もイギリス政府を連想させるものになり、イギリス政府が糖蜜に輸入関税をかけようとしたことを思い出させもしたことから、地元産のウイスキーが反乱軍の好む酒になった。

## ウイスキー反乱

　1781年10月19日にヨークタウンでイギリス軍が降伏したのち、大きな戦闘はもう起きなかったものの、アメリカ独立戦争を終結させるための和平交渉には約2年もかかった。そして1783年9月、イギリスが講和条約に署名し、アメリカ合衆国の存在を公式に認めた。これを受け、アメリカ軍の最高司令官ジョージ・ワシントンはアメリカ軍を解散したが、大勢を驚かせたことに、みずからも引退して、ヴァージニアのポトマック川河岸にある屋敷マウント・ヴァーノンに帰っていった。だが、説得されてしぶしぶながら公の場に戻り、1787年5月、フィラデルフィアで開かれた憲法制定会議に出席した。この会議では、ワシントンが議長に選ばれ、アメリカ憲法の本文部分が決まった。

　この本文の条項には、大統領の選出にかんする規定もふくまれていた。ワシントンはこの大統領職を2期にわたってつとめた後、1797年にまたも引退を決心した。これが前例となって、今にいたるまでアメリカの大統領は2期までということになっている。マウント・ヴァーノンに戻ったワシントンは、ウイスキーの蒸留をはじめた。これはいわばベンチャービジネスだったが、初出荷でかなりの利益が出た。また彼は、フィラデルフィアの政治の世界から解放されてほっとしていたという説もある（ワシントンDCは当時まだ建設中で、議会も移っていなかった）。また、ウイスキーとの関連で見ると、彼は大統領在任中にも、ウイスキーについての不愉快な問題

164　図説世界史を変えた50の食物

**ジョージ・ワシントン**
「ウイスキー反乱」（1819年）。フレデリック・ケンメルマイヤーの作品とされている。現職のアメリカ大統領が戦場で軍を指揮したのはこのときだけだった。

を処理しなければならなかった。連邦政府がウイスキーの蒸留業者に課したウイスキー税をめぐる論争だ。この論争は武器を手にした暴動にまでエスカレートした。新しい共和国になってもイギリス支配下の時代と同様、市民は税金を払うのを嫌がっていた。

　このいわゆる「ウイスキー反乱」の根本原因は、連邦政府が歳入の増加を迫られていたことだった。1789年に新しいアメリカ憲法が批准され、連邦政府に税金を課す権限があたえられたが、以前の憲法本文にはこの権限がふくまれていなかった。そのため、莫大な国債を発行して新政府を設置したものの、国債の利子を払う手立てがなかった。しかも、偽造銅貨の流通量が急増し、銅の価値のみならず通貨すべてに対する信用がそこなわれたことで、事態はさらに悪化した。1791年3月、ワシントンの腹心で財務長官のアレグザンダー・ハミルトンがウイスキー法を成立させ、これによって、独立革命後はじめてアメリカ市民に対して課税する法律が施行された。

　だが、この新しい法律も例によって市民から嫌われた。独立戦争の退役軍人のなかには、これでは州議会の同意がないのに連邦政府が税金を課すことになる、といって、植民地時代、イギリスが植民地側に打診せずに課税したことを引きあいに出す人もいた。もっとも、これは完全に正当な主張とはいえない。連邦政府は国民から選ばれた代表で構成されていたからだ。それでもこれは、アメリカの中央政府の役割にかんする重要な問題の提起だった。連邦政府と州政府とで権限をどう分割するのか、という問題だ。

　そうしたなか、ひときわはっきりと怒りの声を上げたのが、諸州の西の郡域に住む農民たちだった。農民たちは小規模ながらウイスキー

アメリカン・ウイスキー　165

## サワー・マッシュ法
◆

ケンタッキー・バーボンとテネシー・ウイスキーは、大半がサワー・マッシュ法という製造方法で作られている。ジムビームやジャックダニエルがそうだ。まず挽いた穀類（バーボンの場合はトウモロコシが51パーセント以上ふくまれていなければならない）を水に浸して加熱し、その澱粉を糖化させてマッシュにする。それから、前回蒸留時のマッシュをいくらかくわえることで酵母を入れ、酸性度を上げる。これで、好ましくない酵母や雑菌の繁殖を抑えることができる。こうして均一な発酵を確保し、蒸留すれば、何度製造してもほぼ同じウイスキーができる。

製造も行っていたので、ウイスキー法の真の目的は、東側にある大規模な蒸留業者を競争から守ることにある、と考えた。この法律では、ウイスキーの生産量に応じて課税額が決まる場合と、定額を支払う場合があり、一括払いする余裕がある大規模事業者のほうがあきらかに有利だった。ウイスキーの生産量が多ければ多いほど、ガロンあたりの納税額が減るからだ。そのため、ハミルトンと蒸留業者が結託したのではないか、という非難の声まで出て緊張が高まった。そして、ワシントンの任命した連邦政府の収税官が徴税をはじめると、この緊張感はさらに悪化した。

1794年になると、抗議の声を上げるだけでなく、暴力に訴える事態も起きるようになった。抗議は8月にピークに達した。ペンシルヴェニア西部のピッツバーグにほど近いブラドックス・フィールドに、6000人以上が集結したのだ。今にも武装蜂起がはじまりそうな気配だった。ワシントンはブラドックス・フィールドへ交渉人を派遣し、この解決策を探ろうとしたが、進展が見られないどころか、西部の諸郡は連邦を離脱すべきだ、と言いだす声まで上がりはじめた。ここにいたって、ワシントンはいくつかの州で民兵を招集した。必要とあらば、暴動を力で鎮圧するためだった。しかも、ワシントンもハミルトンもみずから西へ出向き、約1万3000人の民兵が集結した野営地に合流して、ワシントンが陣頭指揮をとった。アメリカの大統領が任期中に戦場でみずから指揮をとったのは、このとき1度きりだった。

ワシントンはこの暴動を憲法の重大な試金石だと見ていた。少数の抗議者がアメリカ国民に要求を飲ませようとしていたからだ。だが結局、彼の予想どおり、圧倒的な軍隊を見せつけられた群衆は、たちまちちりぢりになり、トラブルはほとんど起きなかった。とはいえウイスキー反乱は、独立戦争から南北戦争までのあいだにアメリカ本土で起きた暴動としては最大規模で、南北戦争と同じく、連邦政府と諸州の対立からはじまったものだった。ただし南北戦争のほうは、対立の原因はウイスキーではなく奴隷だ。

## 禁酒法時代

　1920年、アメリカで禁酒法が施行された。これはいくつかの点で、ウイスキー反乱とほぼ対極にある。禁酒法も抗議団体が関係していたが、こちらは節度のある運動で、目的を果たすために連邦政府に働きかけ、反対の声が広がっていたにもかかわらず成功をおさめた。禁酒運動の背後にあった動機は、おもに宗教的なものだった。社会にはびこる悪の根源はアルコール、とくにウイスキーのようなハードリカーだと考えたのだ。そして、酒の禁止令を求める動きが、数十年かけて徐々に大きくなっていたところに、第1次世界大戦が勃発し、これで運動はますます勢いづいた。アルコールが戦争努力をだいなしにしている、と主張できたからだ。結局、戦時中の飲酒を減らそうとした法律は、戦争終結までに成立しなかったものの、この頃には、連邦議会の議員の多くが禁酒論者の大義に賛同するようになっていたため、禁止令に向けた活動は続いた。

　そしてついに1920年1月、憲法修正第18条が批准され、すべてのアルコール飲料の製造、輸送、販売が違法となった。ただし、自宅でアルコールを飲むことは違法ではなかった。同時に、ヴォルステッド法が1月17日に施行された。これは禁酒法を執行する方法や禁止対象の厳密な定義を詳細に定めたものだった。だが、すぐに抗議の声が上がりはじめた。その

> 昔、あの禁酒法時代、わたしは食べ物と水だけで数日間生きることを強いられた。
> W・C・フィールズ

**禁酒法時代の現実**
政府の執行官が見つめるなか、没収されたビールが下水に流されている。1921年頃のニューヨーク。

バーボンがわたしにしてくれることは、ひときれのケーキがプルーストにしたことと同じなのだ。
ウォーカー・パーシー

ように個人の生活に干渉するのは連邦政府の仕事ではない、と考える人もいれば、イデオロギー的な動機はあまりないが酒を楽しんでいるからという人もいたようだ。また、この法律は金持ちのための法律だ、と思う人もいた。金持ちならアルコール飲料を自宅にためこんでパーティを開くこともできるが、そうしたぜいたくのできない庶民が損をしているという。

禁酒法はある程度の効果をあげた。アルコールの消費量は半減した。だが、この法律を支持せずに抜け穴を探そうとする人が続出するという事態も生じた。事実上、アメリカ社会の大半が犯罪者になった。しかもそうした人の多くは、それまで法律をきちんと守ってきた市民だった。また、予想外のことも起きた。組織犯罪が激増したのだ。以前は合法的な会社が運営していた製造や流通をギャングがのっとるようになったうえ、水商売に犯罪者がかかわることをアメリカ市民が大目に見るようになった。それどころか、政府があたえてくれないものをあたえてくれるからとギャングを称賛することさえあった。ヴォルステッド法でかえって犯罪が広がったのは、取り締まりにあたる執行官がたりず、国境の向こうのカナダとメキシコからの密輸や違法な密造酒の製造が拡大し、全米の都市でもぐり酒場が次々とできて、不法に入手した酒を売ったからだった。

アメリカに組織犯罪を蔓延させた禁酒法時代を体現したのが、アル・カポネの台頭だ。彼ははじめはニューヨークのとるにたらないギャングだったが、1920年にシカゴへ移り、禁酒法があたえてくれたチャンスを利用して、カナダからもちこんだ酒の密売をはじめた。そして、大胆さ、残忍さ、州政府役人の買収、この3つを組みあわせて、カポネと手下たち、いわゆるシカゴ・アウトフィットは、アメリカ東部の広い地域にわたって酒の供給を支配するようになった。何百万ドルも稼ぎ、儲けの一部を使って警官や政治家を必要なだけ買収した。1920年代のカポネは、個人としても莫大な金を懐におさめた。1925年だけで推計1億ドルを闇取引で稼いだという。

1932年の大統領選挙戦では、候補者のフランクリン・D・ローズヴェルトが禁酒法の廃止を公約に掲げたため、選挙は民主党の「ウェット（反禁酒法支持者）」と共和党の「ドライ（禁酒法支持者）」の対決になり、結局、ローズヴェルトが地滑り的な勝利を得た。これは禁酒法に対する彼の姿勢も一因だったが、対立候補のハーバート・フーヴァー大統領は無能

**アル・カポネ**
カポネとシカゴ・アウトフィットは、禁酒法時代に酒の闇取引で大儲けした。

だという認識が広がっていたからでもあった。いわゆる大恐慌にみまわれて悲惨な状況にあったアメリカ経済を、フーヴァーはどうすることもできずにいた。1933年3月、大統領に就任したローズヴェルトは、さっそくニューディール政策を実施に移し、経済の立てなおしにとりかかった。数週間後には、ヴォルステッド法を改正して、ビールの製造と販売ができるようにした。そして同年12月、憲法修正第18条が、憲法修正第21条によって廃止され、禁酒法の時代も終わりを迎えた。同時に国家財政も、酒の販売から税収が入ってくるようになって大幅に改善した。

禁酒法が廃止された頃には、カポネは脱税の罪で有罪判決を受け刑務所のなかにいた。もはや以前のような暗黒街の顔役ではなかった。だが、酒の闇取引が終わっても、アメリカ各地で肥大した犯罪組織が消えたわけではなく、その多くは、シチリア系マフィアの支配下にあった。彼らは禁酒法廃止以前でさえ、酒以外にも恐喝や高利貸しなど、さまざまな違法行為に手を広げていた。そしてのちには、麻薬取引の主役になる。

**マンハッタン**
◆

マンハッタンはクラシック・カクテルのひとつで、アメリカン・ウイスキー5にスイート・ベルモット1（好みにより割合を変えてもよい）、数滴のアンゴスチュラ・ビターズを合わせ、マラスキーノ・チェリーを飾る。伝統尊重派はライ・ウイスキーを使うべきだというが、最近では、バーボンやテネシー・ウイスキーもよく使われる。実のところ、2、3杯飲んだら、あとはもう違いなどわからない。

アメリカの禁酒法時代は13年間にすぎなかったが、後々まで余波が続く巨大な影響をアメリカにあたえた。当時の犯罪の急増が、ある意味ではいまも続いているということもできるだろう。憲法修正第21条が成立して以来、禁酒法の制定は、連邦政府から各州に一任された。これまでのところ、州単位で立法化したところはないが、禁酒郡（ドライ・カウンティ）ならアメリカ各地にまだ数多くある。そのひとつがテネシー州ムーア郡で、ここのリンチバーグ市にあるのがジャックダニエル蒸留所だ。つまり、このテネシー・ウイスキーは、世界中のバーで楽しめるけれども、これを製造しているムーア郡では飲むことができない。

アメリカン・ウイスキー 169

# マドレーヌ

起源：フランス
時代：19世紀
種類：小さなスポンジケーキ

◆ **文　化**
◆ 社　会
◆ 産　業
◆ 政　治
◆ 軍　事

マドレーヌというフランスの小さなスポンジケーキは、一目見ただけでは、これが歴史を変える食べ物になりそうだとは思われない。実際、マドレーヌをめぐって戦争が起きたわけではなく、革命がはじまったわけでもない。だが、この帆立貝の形をした地味なケーキは、フランスのみならず世界中の文学史に大きな影響をあたえた。マルセル・プルーストが代表作『失われた時を求めて』のなかの有名なエピソードで、マドレーヌについて書いたからだ。そうであれば、今こういうのも不当ではないだろう。プルーストの語り手がマドレーヌに出会ったとき、今のわたしたちが知っているような近代小説が生まれた。

### マドレーヌのエピソード

マドレーヌのエピソードがこれほど有名になったのは、ひとつには、これが全7巻のうちの第1巻の冒頭に出てくるためだ。この3000ページにおよぶ小説を読むという大仕事にとりかかる人は多く、フランス文学の最高傑作だからと思って、むろん、最後まで読むつもりで読みはじめるものの、終わりまでたどり着ける人はそう多くない。だが、このエピソードは、この小説の主要なテーマのひとつを導くものでもある。わたしたちの人生における記憶の役割と、感覚に訴える経験が、どのように記憶を想起させるかということだ。この場合、語り手（マルセルとよばれているが、あきらかにプルースト自身がモデルになっている）は、紅茶にひたしたマドレーヌを食べ、奇妙な感覚を覚える。彼は最初、その感覚がなにかはわからないが、それからふと、ケーキのかけらが混じった紅茶の味が、子ども時代の隠された記憶の扉を開けたのだと気づく。彼の人生の一時期のことは、さもなければ長く忘れ去られてしまっただろう、と彼は言う。

この一見ささいで小さなエピソードから、結局、次々と記憶があふれ出し、語り手はいくつも物語を語る。その物語は、現在とおぼろげに記憶している過去の経験とを行き来する。

> お菓子のかけらのまじった一口の紅茶が、口蓋にふれた瞬間に、私は身ぶるいした、私のなかに起こっている異常なことに気がついて。
> 
> マルセル・プルースト『失われた時を求めて』［井上究一郎訳、ちくま文庫］

その過去の記憶もまた、多くは感覚をさらに刺激されてよみがえる。プルーストはこれらのエピソードを「無意志的記憶」の例だと言っている。この用語は、今日の心理学では、思い出そうとする意図や意識がないのにわき上がってくる過去の記憶をさす。こうした無意志的記憶のような文学手法を使い、登場人物の内面に住む情緒の動きを探ることによって、プルーストは19世紀のプロットによる小説が用いた形式から離脱し、のちのモダニズムの作家たち、たとえばジェイムズ・ジョイスやヴァージニア・ウルフを先どりした。ウルフは、プルーストの作品が自分の作品に影響をあたえたことを認めている。

**マルセル・プルースト**
若きプルーストの写真。代表作にとりかかる前のもの。

　それにしても、マドレーヌごときでどうしてあんなに大騒ぎするのか、と今ならだれもが不思議に思うだろう。そう思うのもむりはない。マドレーヌはじつにシンプルな小さなスポンジケーキで、ジェノワーズというスタイルのケーキだ。ジェノワーズとはイタリアの都市ジェノヴァにちなんだ名前だが、このタイプのケーキはフランスでごくふつうに作られている。これはいわゆる「共立法」で生地を作る。焼き上がりが軽くふわふわになるよう、生地を強くかき混ぜて生地に空気をとりこむ。そして、帆立貝の形をした焼き型に生地を入れてオーブンで焼く。生地にレモンやアーモンドの風味をつけることもある。

　プルーストは、この小説の語り手が口にするケーキの種類を何度も変えたそうだ。つまり、このエピソードは自伝的なものではないということだろう。だが、よび起された記憶の多くで舞台となるコンブレーという架空の町は、プルーストが子どもの頃長く住んでいたフランスのイリエという町がモデルになっている。1971年、このイリエの町はプルーストの生誕100年を記念して、町名を正式にイリエ＝コンブレーに変更した。またおそらくは、プルーストの足跡をたどりにやってきた熱心なファンの記憶をよびさまして、プルーストと町の関係を思い出してもらう必要もあったのだろう。

### ラミントン
◆

オーストラリア人はマドレーヌについてはあまり反応しないかもしれないが、おそらく、ラミントンならプルースト的瞬間を経験できるだろう。ラミントンは小さな四角いスポンジケーキで、チョコレートでコーティングし、ココナッツの粉末をふりかけてある。この名前は、1896年から1901年までクイーンズランド州総督だったラミントン卿、チャールズ・コクラン＝ベイリーに由来するらしい。だが、このケーキがどうしてオーストラリアを代表するお菓子になったのか、という理由については、正確なところは明らかではない。

# キャビア

いつか聞かせてくれた場面があったな、たしか上演されてはいないはずだが。されたとしても一回かぎりだろう。あれは大衆には受けない芝居だ、猫に小判、俗人にキャヴィアというやつだ。

ウィリアム・シェイクスピア『ハムレット』[『シェイクスピア全集Ⅲ』小田島雄志訳、白水社]

起源：カスピ海

時代：19世紀

種類：保存処理したチョウザメの卵

◆ 文　化
◆ 社　会
◆ 産　業
◆ 政　治
◆ 軍　事

キャビアはチョウザメ科の魚の卵を塩漬けしたものだが、キャビアといえば、とくにカスピ海に住む３種類のチョウザメが有名だろう。ベルーガ、オシェトラ、セヴルーガだ。この３種のチョウザメのキャビアは、19世紀後半、以前よりも高品質のものが西欧で大量に出まわりはじめ、ぜいたくな高級品というイメージを獲得した。驚くほど裕福なロシア皇帝と関係があったためだ。こうして起きたキャビア・ブームは、カスピ海をはじめとする世界各地のチョウザメに破滅的な影響をあたえた。

## キャビア・ラッシュ

1556年、ロシアのイヴァン雷帝は、カスピ海の北にある大草原地帯を征服し、ロシア帝国の領土を大幅に拡大した。そして、ヴォルガ川デルタの都市アストラハンを獲得すると同時に、ヴォルガ川のチョウザメ漁も手に入れた。これが、キャビアと帝政ロシアの関係のはじまりだ。この関係は、1917年のロマノフ王朝崩壊まで続き、その豪奢なライフスタイルの代名詞になった。そうした生活を支えていた莫大な富は、18世紀のピョートル大帝とエカチェリーナ2世の治世に続いた領土拡張のおかげだった。無尽蔵とも見える天然資源をもたらしてくれたからだ。

当時、キャビアはロシア国外でも知られてはいたものの、たいていはロシアを訪れた人がもって帰るプレスド・キャビアだけだった。これは、塩辛い圧縮したキャビアで、卵がつぶれているのでジャムのようにねっとりしている。キャビアをはるばる欧州まで腐らせずに運ぼうとするなら、それしか方法がなかった。プレスせずに軽く塩漬けしただけの黒いキャビアのほうがはるかに上質だが、そうしたものは傷みやすいため、長距離の移動では品質が保てない。この状況が変わったのは、1859年にヴォルガ川とドン川を結ぶ鉄道が開通したときだった。これにより、チョウザメの漁場から黒海をへて地中海まで、船と鉄道を使って行くルートができた。しかも、汽船の登場で、輸送が迅速化した。こうして最高級のキャビアの輸出が可能になり、まずパリで大評判になった。そして、当時はパリが世界の流行の最先端だったことから、パリの

172　図説世界史を変えた50の食物

ブームが欧州各地に飛び火し、さらには大西洋を渡って、アメリカでもブームが起きた。

じつは、アメリカの五大湖や東海岸と西海岸の河川にも、さまざまな種類のチョウザメが生息している。だが、これらアメリカのチョウザメは、あまり漁の対象にはなっていなかった。ところがそこに、いわゆる「キャビア・ラッシュ」がはじまった。ハドソン川とデラウェア川でも、それまでほとんど無視されていたチョウザメの漁がはじまり、1880年代にピークを迎えた。この全盛期には、アメリカ産キャビアは国内市場が右肩上がりだったばかりか、欧州へも輸出されていた。ただし、聞くところによると、アメリカ産キャビアの一部は、欧州でロシア産のラベルを貼られてアメリカへ送り返され、本来よりも高い値段で販売されていたらしい。20世紀に入る頃には、大規模なチョウザメ漁のために、アメリカでは河川や湖のチョウザメの生息数が激減していた。だが、当時のアメリカの富裕層はキャビアの味を覚えていたので、漁獲制限によって国産のキャビアの販売量が減少すると、次にはカスピ海産キャビアの輸入量が大幅に増加しはじめた。

欧州とアメリカで最高級キャビアの需要が増えたことにより、当然ながら、ヴォルガ川では乱獲がはじまった。ところが、ヴォルガ川の漁師たちは、チョウザメの生息数が減らないようにするどころか、カスピ海でもチョウザメ漁をはじめ、その結果、カスピ海のチョウザメも絶滅寸前の状態になった。もし1917年にロシア革命が起きず、革命後にソ連が厳格な規制を導入していなかったら、絶滅していたにちがいない。だが、1991年にソ連が崩壊すると、今度は正反対のことが起きた。キャビアの闇取引がはじまり、カスピ海で大規模な密漁が行われるようになったのだ。いまや、カスピ海の野生のチョウザメ3種は、絶滅の危機にひんしている。とくに、もっとも人気の高いベルーガが危ない。今日販売されているキャビアのほとんどは養殖したチョウザメの卵だ。

**チョウザメ漁**
巨大なベルーガ種のチョウザメを、ヴォルガ川のボートから引き上げているところ。1867年のフランスの挿絵。

## キャビアの製造
◆

キャビアを製造するには、まずチョウザメが生きているうちに魚卵を取り出さねばならない。魚が死ぬと、その酵素が魚卵の風味をそこなうためだ。次に、魚卵をふるいにかけ、卵を包んでいる薄い膜をとりのぞいて、卵ひと粒ひと粒をばらばらにしてから、洗って不純物をとりのぞく。その後、塩漬けにして缶につめ、氷点より少し低い温度で最低1年間冷蔵する。この間に保存処理プロセスが進む。このプロセスは複雑なものではないが、完璧なキャビアを作れる職人になるには、何年もの経験が必要だという。

# バナナ

起源：東南アジア

時代：19世紀

種類：果物

◆ 文　化
◆ 社　会
◆ 産　業
◆ 政　治
◆ 軍　事

　1876年、アメリカ独立100周年記念の万国博覧会がフィラデルフィアで開催された。この万博の話題をさらったのは、アレグザンダー・グレアム・ベルが初公開した電話だったが、ハインツ社も、のちに「57バラエティー」というキャッチフレーズで宣伝するまでに多種多様化することになる製品群のうちの当時の新製品、トマトケチャップを発表した。園芸館では、めずらしい植物にどよめきが起きるほどのことはなかっただろうが、バナナの木（植物学的に正確にいえば大きな草本性の顕花植物）はそれなりに好奇心をかきたてていた。なにより、そのエキゾティックな果物が、この時価格10セントで販売されていたからだ。

### ユナイテッド・フルーツ

　その万博のバナナは、アメリカ初登場のバナナというわけではなかった。少数ながら、カリブ海から戻る船員がすでにバナナをアメリカにもち帰っていた。1870年、ロレンゾ・ダウ・ベーカーというボストン出身の船長も同様だった。そしてベーカーは、故郷のボストンでバナナが売れそうだと気づき、ジャマイカからバナナを輸入する事業をはじめ、ボストンの波止場の近くでバナナを販売した。なぜなら、長い船旅の後なので、あまり日のたたないうちにバナナが傷んでしまうためだ。その後、彼はアンドルー・プレストンという食品雑貨の卸売り業者や投資家グループと提携して、ボストン・フルーツ・カンパニーを設立した。また、汽船でバナナを運ぶことによって、カリブ海からの輸送時間を半分に縮めた。プレストンのほうも、汽船と鉄道の有蓋貨車に低温輸送システムを導入し、同時に保冷倉庫もとりいれた。こうして、ボストン・フルーツ社はアメリカの大部分でバナナを販売できるようになり、今日のようなバナナの流通網が生まれた。

　ベーカーがバナナの輸入事業をはじめてから数年後、マイナー・C・キースがトロピカル・トレーディング＆トランスポート・カンパニーを設立し、これがボストン・フルーツ社のライバル会社になった。そもそもキースは、コスタリカで鉄道線路の建設を行っていた。ところが、コス

**テレグラフ紙**
ロレンゾ・ダウ・ベーカーが船長をつとめるスクーナー。1872年掲載。ジャマイカ産バナナを積んでいた。

タリカ政府が鉄道建設に資金を出しつづけることができなくなったため、キースは、鉄道を完成させるかわりに、線路沿いの広大な土地の所有権をもらうことにした。そして彼は、大規模なバナナ農園を建設し、そのバナナをニューオリンズ経由でアメリカへ輸入しはじめた。だが、こうしたことのために巨額の借金を負ったので、1899年には深刻な資金難におちいった。そこで、ヘンリー・プレストンの顧問弁護士だったブラッドリー・パーマーが、競合企業との合併という解決策を考え出した。合併すれば、キースの資金難も解決するうえ、新しい会社がカリブ海と中米のバナナ取引を独占できるからだ。さらには、全米の流通網も支配できるようになる。

Time flies like an arrow. Fruit flies like a banana.
（時は矢のようにすぎ去る。果物のハエはバナナが好き。）
グルーチョ・マルクスのダジャレ

この新会社、ユナイテッド・フルーツ・カンパニーは、中南米で広大な土地を取得しはじめ、ホンジュラス、グアテマラ、コロンビアなどで次々とバナナ農園を建設し、アメリカで急拡大中だったバナナ市場の8割を占めるようになった。しかも、そうした農園は大規模経営だったうえ、当時のアメリカ大陸でもっとも貧しい地域にあって人件費も低かったので、大量のバナナを生産できたばかりか、他の果物よりも安く売ることができた。アメリカ産のリンゴやオレンジの半額ということも多かった。また、どちらかといえば発展途上にある国で、大企業が広大な土地を保有していることは、非常に大きな強みだったため、同社は経営環境に注文をつけることもできた。税金をゼロか少額にさせることなど通常で、企業活動や従業員の労働条件に対する規制もほとんどなかった。

ユナイテッド・フルーツ社が土地を所有している国が協力的でない場合は、同社はアメリカ政府の力も借りてそうした国に圧力をかけ、要求を飲ませようとした。こうしたときは、アメリカの軍事力、外交、情報機関を使って、硬軟両面でそうした国の政治に干渉するのが定番だった。そのため、一部諸国は「バナナ共和国」などとよばれるようになった。このもっとも悪名高い例が、1954年のグアテマラだ。このときは、CIAが隠密作戦を実行し、選挙で民主的に選ばれた左翼の大統領ハコボ・アルベンスを排除して、かわりに、アメリカとユナイテッド・フルーツ社の権益に協力的な軍事独裁政権を樹立しようとした。

**バナナ倉庫**
ユナイテッド・フルーツ・カンパニーの従業員。1948年のアメリカ。熟したバナナを店頭へ出すために箱づめしているところ。

バナナ 175

アルベンス政権に対するクーデターが起きたとき、ユナイテッド・フルーツ社はグアテマラにある耕作可能な土地の４割以上を所有していた。だがその土地の大半は、実際に耕作していたわけではなく、投資資産としてもっていただけだった。なぜなら、パナマ病という真菌性の感染症が蔓延して、数年前から中米のバナナは大打撃を受けていたからだ。

一方、1951年の大統領選挙に勝ったアルベンスは、大地主の所有する未耕作地を収用して土地をもたない貧困層にあたえるため、土地改革に着手していた。地主たちは納税申告書の土地評価額に応じた補償金を受けとることになっていた。ところが、ユナイテッド・フルーツ社はほとんど税金を払っていなかったので、土地を収用された場合に受けとる金額は、実際の評価額よりもかなり低かった。

> 彼ら［グアテマラ人］は、自分たちの祖国が外国の大企業が運営するバナナ・プランテーションにすぎないという事実に我慢がならず（…）ストライキを起こした。
> ダン・コッペル『バナナの世界史——歴史を変えた果物の数奇な運命』［黒川由美訳、太田出版］

ユナイテッド・フルーツ社はアメリカ政府と非常に密接な関係を築いていた。当時、政府の公式な対中米外交政策でさえ、同社の権益とほとんど見分けがつかないほどだった。そのため、グアテマラのクーデターでCIAが果たした役割がのちに明らかになると、CIAはユナイテッド・フルーツ社の権益のためだけに動いたのかと非難された。CIA側は、このクーデターは中米での反共産主義活動という作戦の一環だと反論し、アルベンス政権がソ連の傀儡国家にすぎないことを示そうとしたが、この反論を裏づけるために提出した証拠は、あまり信頼性がなかった。

このクーデターを機に、グアテマラでは軍事独裁政権が長期にわたって続いた。その状態がようやく終わったのは1991年になってからだ。この間、1944年にはじまった内戦状態も続いていた。ついに和平合意が成立したのは1996年のことだった。一方、ユナイテッド・フルーツ社はこの数十年間で何度か社名が変わったが、いまも中南米に広大な土地を所有し、世界のバナナ市場の最大手だ。今日ではチキータというブランド名でバナナを販売している。

**バナナ農園**
グアテマラのユナイテッド・フルーツ社のバナナ農園。1953年の航空写真。従業員の居住区が写っている。

## キャベンディッシュ種

バナナはいまや、世界でもっとも大量に売られている果物だ。商品作物全体で見ても、米、麦、トウモロコシに次いで４番目に多い

という。世界各地の熱帯地域には、数多くの種類のバナナがあるが、その大半は小規模な栽培で、地元だけで消費されている。一方、商業市場に出るのは、おもにキャベンディッシュという種類だ。1種類だけを植えるメリットは、収穫後、一度に収穫した分すべてが一緒に、想定どおり熟成が進むので、傷みはじめる前に売りたい流通業者や小売業者も、商品をいつまでに売ればいいのかはっきりわかるということにある。デメリットとしては、キャベンディッシュはすべて栄養生殖で増やした品種であるため、実質的にはクローンで、遺伝子的に同一なため病気に弱い。とくに、プランテーションのような大規模な単一栽培だとなおさらだ。

**生育中のバナナ**
ブラジルで生育中のバナナの房。花のなかで成長していく。

　1950年代までは、商品用に栽培しているバナナはほとんどが別品種だった。グロス・ミッチェルという品種だ。ところが、これはパナマ病に感染しやすいことがわかった。パナマ病が世界中の作物を襲い、グロス・ミッチェルを使いつづけることができなくなって、そのかわりに栽培されたのがキャベンディッシュだった。キャベンディッシュのほうがパナマ病にかなり強かった。だが最近では、キャベンディッシュも別の病気の脅威にさらされている。ブラックシガトカ病という病気が、現在バナナ生産国諸国に蔓延しており、昔のパナマ病と同じくらい壊滅的な打撃をキャベンディッシュにあたえるおそれがある。キャベンディッシュの病気に強い変種を開発する研究や、病気に強い新種を作り出そうという試みも行われているが、これまでのところ適切な代替種が見つかっていない。商品としての基準を満たし、しかも、パナマ病にもブラックシガトカ病にも強いものでなければならないためだ。この問題が解決しなければ、今のようなバナナ栽培業は、いつの日か終わりを迎える可能性がある。

### ドール
◆

　ユナイテッド・フルーツ社、今日のチキータは、1899年の創業以来、バナナ業界最大手の座をゆずっていないが、バナナを扱っている企業は他にもある。現在業界2位のドール・フード・カンパニーは、巨大なアメリカ系多国籍企業で、19世紀の創業時はハワイのパイナップルを扱っていた。1960年代、ユナイテッド・フルーツ社の競争相手だった1924年創業のスタンダード・フルーツ社を傘下におさめ、中米諸国のバナナ事業に参入した。

# コンビーフ

起源：南米
時代：19世紀
種類：缶詰にした塩蔵牛肉

◆ 文　化
◆ 社　会
◆ 産　業
◆ 政　治
◆ 軍　事

「コーンド・ビーフ」（コンビーフ）というよび名は、塩の粒つまり「corn」から来ている。加熱してほぐした肉を粗塩で保存処理し、押し固めて缶につめたものだからだ。アメリカでは、牛肉の大きな肉片、たいていはブリスケ（胸肉）を塩ゆでにしたもののこともコーンド・ビーフとよぶ。こちらはイギリスでは「ソルト・ビーフ」という。この項でもっぱら扱うのは缶詰のほうで、これはボーア戦争から第２次世界大戦まで、イギリス陸軍の必需品だった。

### フライ・ベントス

イギリスでは、「フライ・ベントス」という名前でまず思い浮かべるものは、大半の人が、コンビーフとミートパイのブランドだろう。ウルグアイにある町ではない。だが、ウルグアイにはフライ・ベントスという町が実際にある。ウルグアイ川沿いの港町だ。この川は、ウルグアイとアルゼンチンの国境でもあり、ラ・プラタ川の三角江へ通じている。この立地は、リービッヒズ・エクストラクト・オヴ・ミート・カンパニー（Liebig's Extract of Meat Company）が1863年に食肉加工工場をこの町に設立することを決めた後、好都合だと判明した。ラ・プラタ川の流域は、パンパスとよばれる開けた大草原が広がっていて、「エスタンシア」という広大な牧場がいくつもあったからだ。

19世紀の終わりに缶詰技術と冷蔵技術が工業化されるまで、こうしたエスタンシアで飼っていた牛はもっぱら皮革用で、肉のほうはほとんど廃棄していた。リービッヒ社にとっては、これが安価な牛肉を大量に提供してくれる供給源になった。当初は、会社の創業者であるドイツ人化学者ユストゥス・フォン・リービッヒが開発した方法を用いて、この肉から肉エキスを製造していた。そして1873年、同社は缶詰工場を建て、コンビーフの製造をはじめた。製品のほとんどは、肉エキス同様、欧州へ輸出された。1899年には、肉エキスを乾燥した固形エキスも生産しはじめ、これはイギリスでは「オクソ（Oxo）」とよばれるようになった。

1900年には、フライ・ベントスにあるリービッヒ社の工場は、南米最大の食肉加工企業になっ

ていた。世界中から移民が集まり、牧畜がウルグアイの主要産業のひとつに成長した。ウルグアイ川沿いに企業城下町ができ、工場で働く従業員の住宅はもちろん、病院や学校も建てられた。そして1924年にリービッヒ社がヴェスティ・ブラザーズ社（Vesty Brothers）に買収され、社名もフリゴリフィコ・アングロ・デル・ウルグアイ（Frigorifico Anglo del Uruguay）、略称エル・アングロ（El Anglo）に変わると、この町はバリオ・アングロ（イングリッシュ・タウン）とよばれるようになった。ウィリアムとエドモンドのヴェスティ兄弟はリヴァプールの出身で、当時すでに食肉輸入業で財産を築いていた。自社の輸送会社ブルースター・ライン（Blue Star Line）を設立して運営しており、南米の牧場もいくつか買いとっていたばかりか、リービッヒ社と取引関係を築いて、第1次世界大戦中にはイギリスの陸軍と海軍に生肉やコンビーフを供給した。自社の冷凍船団を出し、大西洋を渡って肉を輸送したのだ。しかもこの戦争中、ヴェスティ兄弟はアメリカとカナダ、そして南米で食肉加工業にも参入した。肉をイギリスの国民に供給することも軍に供給することも、どちらも大きな利益を生む事業だったが、同時にリスクも大きかった。なかでも最大のリスクは、肉を積んだ船が大西洋を渡航中に、ドイツ軍のUボートに襲われる危険があったことだった。

全員がビスケットを2枚ずつ受けとることになる。
きっと君たちはパンばかりでうんざりだろう。
あいにく七面鳥はないが、
かわりにブリー・ビーフがある。
レスリー・ラブ『ソンムのクリスマス』
この詩の作者はオーストラリア軍の兵士で、1917年に第3次イープルの戦いで戦死した。

## ブリー・ビーフ

19世紀、イギリスの人口は4倍以上に増加した。1801年は約900万人だったのが、19世紀末には4000万人を超えていた。そのため19世紀末には、国内で消費する食べ物の約半分が輸入品だった。パンを焼くための小麦はほとんどがアメリカ産とカナダ産で、肉などの食品も大量に輸入していた。ドイツも同じ状況だった。ドイツの人口も、1871年のドイツ統一時の約4000万人が、第1次世界大戦勃発時には6500万人に増えていた。平和な時代には、両国とも必要なだけの食料を難なく輸入できたが、戦争が

**暖かい食事**
食事をとるイギリスの兵士。1916年10月、ソンムの戦いの一部、アンクルの戦いにて。

コンビーフ 179

勃発すると、市民だけでなく軍隊も食べさせねばならないという問題まで抱えることになった。

この状況は、1915年には悪化した。フランスとベルギーの西部戦線で塹壕戦が膠着状態におちいり、戦争が長引きそうだということが明らかになったためだ。そうなれば、何百万もの兵隊を動員することになり、その全員に食料を支給しなければならない。当時のイギリス陸軍では、兵士たちが「ブリー・ビーフ」とよんでいたもの、つまりコンビーフが、標準の軍用食として支給されていた。それどころか、戦闘中に部隊から孤立してしまった場合にそなえて、どの兵士もかならず携帯する必須の糧食のひとつだった。そうした状況に対応するには、コンビーフは最適だからだ。すぐに傷んでしまうことはなく、じょうぶな缶に入っているので、必要なら缶から直に食べることもできる。この戦争中、イギリスは大量のコンビーフを輸入した。その最大の供給元がウルグアイのフライ・ベントスにある工場だったが、他にも、ブラジルとアルゼンチンの工場や、アメリカとカナダからも大量に輸入していた。

### 供給戦争

1914年9月の宣戦布告直後から、イギリス海軍は北海とバルト海の沿岸にあるドイツのおもな港を封鎖し、ドイツの供給ラインを断とうとした。イギリス海軍の海上艦隊のほうがドイツよりすぐれていたので、ドイツ海軍は封鎖を破ることができず、イギリスへ向かう貨物船を攻撃する海上作戦を実行することもできなかった。だがドイツは、戦争勃発前から潜水艦隊の開発をはじめていた。そして、戦争がすぐには終わらないことが明らかになっていた1915年2月、ドイツは海上封鎖に対抗するため、北大西洋を航行する貨物船に対し、国籍をとわず無制限に潜水艦で攻撃する、と宣言した。

これは、軍需物資や食料品が大西洋を経由してイギリスへ届くのをはばむため、すくなくとも制限するためだった。そして、宣言した戦域では、ドイツ軍のUボートが事前警告なしに艦船を攻撃した。1915年5月には、アイルランド沖で

**ルシタニア号**
ドイツ軍のUボートに攻撃されて沈没するルシタニア号。この事件に、イギリスとアメリカは激怒した。

Uボートが、イギリス企業の所有する遠洋定期船ルシタニア号を魚雷攻撃して沈没させた。この攻撃では1198名が死亡し、うち128名がアメリカ人だった。ルシタニア号は軍需物資も積んでいたので、厳密にいえば、ルシタニア号を攻撃対象にすることは正当だが、それでも沈没させられ多数の命が失われたことに対し、イギリスとアメリカでは怒りの声が上がった。アメリカのウッドロー・ウィルソン大統領は、アメリカもただちにドイツに宣戦布告すべきだというよびかけに抵抗したものの、英米間で短い外交文書をやりとりしたすえ、今後またアメリカ市民やアメリカ船舶が攻撃された場合には、いかなる攻撃も「故意に非友好的な」ものとみなす、という見解を明らかにした。

**ドイツの脅威**
アメリカ海軍の1917年の入隊者募集ポスター。悪者のドイツが死体の海を歩いている。

　1916年初頭、ドイツ軍は無制限潜水艦作戦を中止した。アメリカの怒りをかって連合国側に参戦させるおそれが現実に出てきたからだ。だがドイツ軍は、以前からアメリカ国内で秘密裏に実行していた作戦は継続した。軍需工場やイギリス向けの貨物輸送網に対して、秘密工作員が妨害工作や破壊工作をしかけていたのだ。すでに1914年には、ワシントン駐在のドイツ駐在武官フランツ・フォン・パーペンが、ウェランド運河を攻撃するための工作員を集めていた。この運河は、エリー湖とオンタリオ湖をむすぶカナダの運河で、ここを航行する船舶は、北米の工業都市にある工場で生産される物資を運んでいた。そうした工場には、イギリス陸軍にコンビーフを供給していた食肉加工業者大手、アーマー＆カンパニー（Armour & Company）もあった。この計画は事前に頓挫したが、その後、イギリスの知るところとなった。関与していた秘密工作員ホルスト・フォン・デル・ゴルツが1915年にロンドンでスパイ活動中に逮捕され、洗いざらい自白するか銃殺刑になるかの選択を迫られたからだ。

　1916年、イギリスはフォン・デル・ゴルツをア

---

**スパム**
◆

　第2次世界大戦では、イギリス軍の糧食にはコンビーフのほかにスパムの缶詰もくわわった。スパムは、ジョージ・A・ホーメル＆カンパニーが、今日と同じくミネソタ州オースティンで製造し、商船に積んで大西洋を輸送していた。Uボートの攻撃から商船を守るため、護送船団を組んで軍艦が護衛した。このスパイス入りチョップドハムとイギリスの離れられない関係は、ここにはじまり、今にいたる。ただし、スパムに衣をつけて揚げたスパムのフリッターは、今では昔ほどの人気はない。

コンビーフ　181

**フリッツ・デュケイン**
ドイツの秘密工作員だった南アフリカ人。連合国側の船舶15隻を沈没させたと考えられている。

メリカへ送致して、破壊・妨害活動の罪で裁判にかけることにした。そして大西洋を移送中、彼がアメリカ人記者に話したことから、ドイツがアメリカで行っていた秘密工作の詳細が公になった。こうして、ドイツの「ダイナマイト犯」の記事が新聞の紙面を埋めつくしていた折も折、ニューヨーク港のブラック・トム島で大爆発が起き、鉄道施設が破壊された。この場所は、イギリスへ輸送する前の弾薬や爆薬を保管していたので、これもドイツの工作員のしわざではないかという推測がすぐに浮上した。その後の捜査で、大爆発をひき起こした火事が放火によるものであることは判明したが、犯人の特定はできなかった。それでも、ドイツが関与したのではという疑いは残った。

　ドイツの工作員はアメリカを標的にしていただけでなく、南米でも活動を行っていた。南米大陸の東海岸から出港する貨物船に対し、破壊妨害工作を試みていたのだ。このうちもっとも成功したのが、フリッツ・デュケインだった。彼はボーア戦争でイギリスと戦ったアフリカーナで、イギリスがボーア戦争末期にとった焦土作戦により母親と姉妹を失っていた。彼はすくなくとも15隻の船舶の沈没に関与したが、どの事件が彼のしわざだったのかを確定することはむずかしい。彼の手口は、鉱山技師をよそおって、鉱物サンプルと称するものを船倉に積みこむというものだった。積みこんだ荷物はじつは爆弾で、船が港を離れた後に爆発するよう、タイミングを合わせていた。

　1917年の2月初め、ドイツは無制限潜水艦作戦を再開すると決めた。これは賭けだった。これによりアメリカが宣戦布告したとしても、実際に戦争の態勢が整う頃には、きっとイギリスは物資がつきているだろうから、そうなれば、アメリカの巨大なマンパワーと産業力が戦局に影響する前に、イギリスはすくなくとも和平交渉に入らざるをえなくなる、とふんだのだ。ドイツ軍のUボートはふたたび商船を襲いはじめ、ウィルソン大統領はただちにドイツと外交関係を断絶した。そして数週間後、イギリスが1通の電報の内容を伝えてきた。ドイツの外務大臣アルトゥール・ツィンマーマンがメキシコ駐在ドイツ大使に送った電報を、イギリスが傍受し解読したものだった。今では

**ツィンマーマン電報**
ツィンマーマンがメキシコ駐在ドイツ大使に送った暗号電報。イギリスに傍受され、解読された。

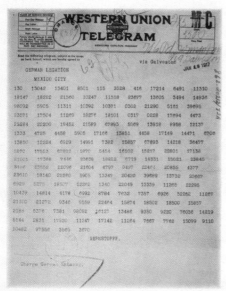

182　図説世界史を変えた50の食物

「ツィンマーマン電報」とよばれているこの電報では、ドイツがメキシコ政府に軍事同盟をもちかけていた。両国が同盟関係になり、アメリカが参戦した場合、アメリカ軍を自国に釘づけにして欧州へ派兵できなくするよう、メキシコがアメリカを攻撃してくれるのであれば、ドイツはメキシコを支援して、19世紀にアメリカに奪われた領土を取り返す手助けをする、という。だが、メキシコはドイツの提案を黙殺した。自分たちよりずっと強力な隣国を攻撃するつもりなどなかったからだ。

それでも、この件は詳細がアメリカの報道機関にリークされ、アメリカ人の激しい怒りをかきたてた。ただでさえ、大西洋でUボートに沈没させられる船舶が増えていたこともあり、これで世論は大きく動き、ついに1917年4月6日、アメリカ政府はドイツに対する宣戦布告にふみきった。

アメリカの宣戦布告から数か月後、ブラジルもドイツに宣戦布告した。アメリカやイギリスへ物資を運ぶブラジルの商船も、次々とUボートに襲われていたためだ。ブラジルが連合国側で果たしたおもな役目は、大西洋を渡る商船の護送船団に護衛艦を提供することだった。1917年6月からこの措置をとったところ、護送船団方式はドイツのUボート作戦に対して有効な策だとわかった。イギリスに十分な物資が届くのをUボートが妨害できなくなった。塹壕戦を続ける連合国側の兵士にも、糧食が継続的に届いた。大西洋の向こう側で作られたブリー・ビーフの缶詰もそのひとつだった。一方ドイツ軍のほうは、1917年から1918年にかけ糧食が減っていき、兵士の士気も低下した。一部の軍事史家によると、1918年の夏に見られた士気の低下が、戦争終結の大きな要因になったという。

### ボヴリル

◆

ボヴリル（Bovril）という牛肉エキスは、当初はジョンストンズ・フルーイド・ビーフ（Johnston's Fluid Beef）とよばれていた。1870年代、フランス軍へ物資を納入する契約を得たジョン・ローソン・ジョンストンが開発したもので、第1次世界大戦中は、イギリス軍の主要な糧食だった。これを使えば、湯をくわえるだけですぐにビーフスープができた。そして戦後、このビーフスープは今日のようにサッカー観戦の定番になったが、これを飲む理由は、いまも塹壕戦のときと変わらない。冬の厳しい寒さをしのぐためだ。

# ジャッファ・オレンジ

起源：ヤッフォ市近郊

時代：19世紀なかば

種類：果物

◆ 文 化
◆ 社 会
◆ 産 業
◆ 政 治
◆ 軍 事

　難解なクリケット用語に、「ボウリング・ア・ジャッファ」という言葉がある。これは、対応しようのないすばらしいボールを投手（ボーラー）が投げたという意味だ。この投球でバッツマン（打つ側）がアウトになるとはかぎらないが、アウトにならなかったとすれば、判断というよりも幸運のおかげだとみなされる。ボウリングの技のことをいうのに特定の種類のオレンジの名前を使うようになったのは、ジャッファが最高のオレンジだとみなされているからだという。また、このオレンジの原産地ヤッフォ市（英語読みではジャッファ市）とイギリスとの歴史を示唆してもいる。ヤッフォはかつてオスマン帝国南シリア州の都市だったが、その後、イギリス委任統治領パレスティナの一部になり、1948年からはイスラエル国に属している。

## シャムーティ

　古代からある都市ヤッフォ周辺の地域でオレンジ栽培がはじまったのは、7世紀にアラブ人がビザンティン帝国のレヴァント地方に侵入した後のことだった。15世紀まではビターオレンジを栽培して、精油作りや、香りづけに使っていた。時代がくだってからはマーマレードにも加工するようになった。スイートオレンジの登場は15世紀頃で、1850年代には、アラブ人がスイートオレンジの一種、シャムーティを栽培していた。これがのちに、出荷地の都市にちなんでジャッファ・オレンジという商品名でよばれるようになった。シャムーティは香りがよいうえ、比較的皮が厚いので輸送中も傷みにくく、ほとんど種がない。このため、輸出市場にぴったりだったことから、1870年以降、欧州諸国への出荷が拡大した。

　当時は、地中海沿岸にある多くの港市同様、ヤッフォもコスモポリタンな文化をもった都市だった。イスラム教徒だけでなくキリスト教徒やユダヤ教徒の大きなコミュニティもあった。港を通じてオレンジ取引などの商業活動が行われ、繁栄を謳歌していたため、ヤッフォは多くの人々を引き寄せて拡大しつづけ、1880年代には、のちにテルアヴィヴとなる古都の北にユダヤ人の町ができた。この頃には、世界各地からのユダヤ人移民が続々とヤッフォの港に到

184　図説世界史を変えた50の食物

着するようになっていた。たとえば、ロシアと東欧からは、アシュケナジムのユダヤ人が迫害をのがれてやってきた。むろんこれは、ユダヤ人の祖国を建国しようというシオニズム運動に後押しされていたという側面もいくらかあった。

## イギリスの委任統治

1516年にオスマン帝国がエジプトのマムルーク朝から奪取して以来、ヤッフォは400年間にわたってオスマン帝国の支配下にあった。だが第1次世界大戦では、オスマン帝国がドイツとオーストリア＝ハンガリー帝国の中央同盟国側についたことから、イギリス軍とフランス軍がコンスタンティノープル（今のイスタンブール）の西のガリポリ半島に侵攻を試みた。またアラビア半島では、イギリスがアラブ反乱を支援した。「アラビアのロレンス」の活躍で有名になった反乱だ。

**昔のヤッフォ**
「ジャッファの市場」（1877年）、東洋風の絵画で著名なユダヤ系ドイツ人画家、グスタフ・バウエルンファイント画。

1915年、イギリスはパレスティナのオスマン帝国領に対する作戦を開始した。1917年11月には、オスマン帝国軍をヤッフォまで後退させ、まずは戦略上重要なヤッフォ・エルサレム間の鉄道を押さえると、ヤッフォの占領にのりだした。そして12月、エルサレムが陥落し、翌年10月には、イギリス軍がついにダマスカスも占領した。このときの軍には、イギリス人だけでなくインド人、オーストラリア人、ニュージーランド人の師団も参加していた。こうして戦争が終わったとき、トルコ以外、オスマン帝国の大半がイギリスの占領下にあった。

> ジャッファ周辺には、オレンジの果樹園がある。ジャッファが絶賛されているのは、当然ながらこのオレンジ果樹園があるからで、これが富の重要な源泉になっている。
> キャプテン・R・W・スチュアート、1872年のパレスティナ探査基金調査報告書より。

戦争中イギリスは、戦後オスマン帝国を解体する場合の領土問題について、矛盾をふくんださまざまな約束をしていた。アラブ反乱を扇動するため、メッカのシャリーフ、フサイン・ビン・アリーには、戦争が終わったら独立したアラブ国家の樹立をイギリスが支援するとうけあった。その国家とは、ダマスカスを中心に、すくなくともフサインの理解していたところでは、アラビアだけでなくシリア、イラク、パレスティナ全域もふくむものだった。だが、こうしたことを言っている最中に、イギリスとフランスはひそかに交渉を重ね、この地域を2国間で分割し

## ジャッファ・ケーキ
◆

1927年、イギリスのビスケット製造業者マクビティが「ジャッファ・ケーキ(Jaffa Cake)」を発売した。スポンジケーキの台の上にオレンジフレーバーのジェリーを塗り、チョコレートでコーティングしたものだった。これがケーキなのかビスケットなのか、論争はいまも続くが、すくなくとも法律的には1991年に決着がついた。法的に見ればケーキだ、と裁判所が裁定をくだしている。このような裁判が起きたのは、イギリスでは、ビスケットには売上税つまり付加価値税が課税されるが、ケーキには課税されないからだ。ジャッファ・ケーキについてのこの裁判所の判断は、いまもビスケットとケーキを区別するための基準になっている。

ようとしていた。

　1916年5月、サイクス・ピコ協定が締結された。この名前は、交渉を主導したイギリスのマーク・サイクスとフランスのフランソワ・ジョルジュ゠ピコの名前にちなむ。この協定では、オスマン帝国の領土は2国それぞれの「勢力範囲」に分割され、内陸部のシリアの砂漠地帯とアラビア半島だけが独立したアラブ国家になり、ヤッフォをふくむ地中海沿岸の帯状の地域は、イギリスの管理下に置くことになっていた。しかも、この問題はもっと複雑になった。1917年11月、イギリスの外相アーサー・バルフォアが、イギリスのユダヤ系コミュニティの大物ロスチャイルド卿に手紙を書き、「イギリス政府はパレスティナにユダヤ人の民族的郷土を建設することに賛成する」と述べたのだ。今では「バルフォア宣言」とよばれているこの一文は、パレスティナにユダヤ民族の国家を建設することをイギリスが約束するところまではふみこんでいないが、おそらく、世界各地のユダヤ人から戦争遂行に必要な支援を得るために出したのだろう。また、戦後のパレスティナを支配しようという意図もあっただろうが、それでも、これはイスラエル国家の建国文書のひとつとみなされるようになった。

　第1次世界大戦後もイギリスはパレスティナにとどまり、1920年に連合国と破れたオスマン帝国が締結した講和条約、セーヴル条約で定められた地域の支配を正式なものにするためのプロセスを開始した。その後1922年、イギリスは国際連盟から委任統治権を得たため、パレスティナへのイギリスの進出も国際法上合法的なものになった。また、バルフォア宣言に勇気づけられたシオニストをはじめとして、委任統治領へ移住するユダヤ人が激増し、その多くは、まずヤッフォの港に上陸してからテルアヴィヴに定住した。そしてイギリスは、多くの植民地同様ここでも、経済振興策として農産物の輸出拡大を促進し、この時期はジャッファ・オレンジが主要輸出品のひとつだった。

　ユダヤ人とアラブ人は、コミュニティ同士の摩擦がときに激化して暴力におよぶこともあったものの、両者ともオレンジの栽培と販売を行っ

ていたばかりか、一緒に働くのもふつうのことだった。イスラエル人とパレスティナ人の対立ではよくあることだが、オレンジ事業の拡大はどちらのコミュニティがどこまで貢献したのか、という話も、いまだに論争の的になっている。確かなのは、この地域の農業の生産性向上に貢献し、乾燥がひどい地区の灌漑方法を開発して耕作地を拡大したのは、ユダヤ人移住者だったということだ。一方、アラブ人が独自の生産性の高い農法を確立したのも、やはり明らかなので、のちのイスラエル人が、不毛の荒野を農地に変え、いわゆる「砂漠に花を咲かせる」ことをしたのは自分たちだ、と断言しているのは完全に正確とはいえない。

第2次世界大戦とその後の混乱では、さらに多くのユダヤ人が委任統治領パレスティナへやってきた。迫害からのがれてきた人もいれば、ホロコーストを生きのびてきた人もいた。だが、移民の急増でアラブ人とユダヤ人のあいだの緊張が高まり、ついに1947年に内戦がはじまった。そして翌年、イギリスがパレスティナから手を引く意思を公表し、新しいイスラエル国家の成立が宣言された。第1次中東戦争が勃発したのはこの直後だ。この戦争は、いまやイスラエル軍となった民兵集団と、パレスティナ人や周辺アラブ諸国の軍隊からなる合同軍との戦いだった。

この戦争での出来事が、いまもこの地域に残る苦々しさと分裂の背景になった。なかでもとくに論議をよんでいる問題のひとつが、パレスティナの人々が故郷を離れたことだ。彼らは逃げざるをえなかったのか、それとも自発的に出ていったのか、どちらの見方をするかによって表現は変わるが、いずれにせよ、彼らは自宅も所有物もほぼすべて後に残して、イスラエル国外の難民キャンプに移った。ヤッフォでは、この戦争の停戦が1949年に宣言された後もここに残ったパレスティナ人は、戦争前おそらく6万人はいたと思われるイスラム教徒住民のうちの、約4000人だけだった。これ以後、オレンジ事業はイスラエル人が続け、イギリスなど欧州諸国への果物の輸出が、この若い国家に必要な収入源になった。最近では、イスラエルは経済が多様化し、農産物の果たす役割は比較的小さくなったが、オレンジの輸出が減少しているとしても、柑橘類はいまもまだイスラエル最大の輸出農産物だ。

**オレンジの箱づめ**
イギリス委任統治領パレスティナのユダヤ人労働者。1933年頃。輸出用ジャファ・オレンジを箱づめしている。

ジャッファ・オレンジ 187

# アメリカン・バッファロー

起源：グレート・プレーンズ

時代：19世紀

種類：大型哺乳動物

◆ 文化
◆ 社会
◆ 産業
◆ 政治
◆ 軍事

バッファロー、正確にいうとアメリカン・バイソンは、昔はアメリカのグレート・プレーンズに最高6000万頭も生息していたが、1890年代にはすでに絶滅寸前で、数百頭が散在するだけになった。これは、19世紀にいくつかの理由が重なったためだ。この状況は1870年代に悪化した。政治的な判断が働いて、減少が明らかになってからも残ったバッフォローを保護するための方策をとらなかったからで、グレート・プレーンズに住むアメリカ先住民の部族を弱体化させる、当時の言い方では「平定する」ことが目的だった。

## バッファロー文化

グレート・プレーンズでは、バッファローと人間が数千年前から共存してきた。大量のバッファローがいたので、人間が少し狩ったくらいでは全体の数にほとんど影響しなかった。16世紀にスペイン人がアメリカ大陸にもちこんだ馬のおかげで、アメリカ先住民の狩りが効率的になった後でさえ、そうした状況は同じだった。19世紀までは、バッファローの皮や肉を部族外に売ることはなかったため、食べ物とテントと衣服に必要な量さえあれば、それ以上狩ろうという気もなかったのだ。ただし、大平原で発展した文化が固定化していたわけではなく、不変だったわけでもない。部族は地域から地域へと移動しており、技術の進歩もあれば、外部から技術をとりいれることもあった。たとえば、今ではバッファロー文化ともっとも関連が深いと考えられている「偉大なるスーの国（グレート・スー・ネーション）」の一部族、ラコタ族がグレート・プレーンズに移り住んだのは1650年頃で、バッファローに大きく頼るようになったのは1730年代だ。この頃、隣人のシャイアン族がラコタ族に馬を紹介した。

ところが1803年、ラコタ族などグレート・プレーンズの諸部族が住んでいた土地の情勢が変わった。いわゆる「ルイジアナ買収」によって、ここの所有権が、ナポレオン・ボナパルトからアメリカへわずか1500万ドルで売却された。当時は該当する土地の全域がわかっているわけではなかったが、ミシシッピ川の西側、ロッキー山脈までの土地すべてをふくんでいたから、グレート・プレーンズのほぼ全部をふくむ。むろん、ラコタ族のいたブラック・ヒルズ、今のサウス・ダコタ州とワイオミング州の境

歴史的には、バッファローが人間にあたえた影響は、大平原の他の動物が人間にあたえた影響すべてを合わせたものよりも大きい。バッファローはインディアンにとって、命であり食べ物であり衣服であり住まいだった。バッファローと大平原のインディアンはともに生き、ともに滅びた。
ウォルター・プレスコット・ウェッブ『グレート・プレーンズ（The Great Plains）』（1931年）

**バッファロー狩り**
アルフレッド・ジェーコブ・ミラー（1810-1874年）の水彩画。バッファローを崖から追い落とす場面だが、かなり誇張がある。

界地域もその一部だった。いうまでもないが、この買収劇に関与した者のなかに、すでにこの地域全体にわたって住んでいた人々に意見を聞こうと考えた者などひとりもいなかった。だが、これが西部開拓のはじまりだった。そして100年とたたないうちに、バッファロー文化は終焉を迎えた。

## ラコタ族

　ルイジアナ買収後、新しく獲得した領土の地図を作り、開拓の可能性を見きわめるため、全域をくまなく調べる探検旅行がはじまった。このうち最初の、そして今ではもっとも有名な探検隊が、メリウェザー・ルイスとウィリアム・クラークが率いた探検隊だ。一行は、グレート・プレーンズを横切っている最中にラコタ族と出くわした。この遭遇は、緊張感に満ちたにらみあいになったが、実際に戦闘するまでにはいたらず、一行はさらに西へ進んで、初の北米大陸横断をなしとげた。これがオレゴン・トレイルという街道の開通につながった。そして、開拓者たちが幌馬車をつらねて通っていったほか、商人や毛皮目的の猟師も増える一方で、続々とラコタ族の土地を通り抜けるようになり、ラコタ族と白人の暴力的な衝突も頻発するようになった。しかも、1848年のカリフォルニアのゴールドラッシュで事態が悪化し、ついには陸軍が幌馬車隊を守るため、ラコタ族の土地にララミー砦を設置した。

　1851年、連邦政府はラコタ族、シャイアン族など、オレゴン・トレイル沿いに住むアメリカ先住民族諸部族とララミー砦条約締結に向けた交

渉を行い、幌馬車隊の安全な通行とひきかえに、彼らの土地であることを認めると保証した。だが、政府も軍も、条約を守るための努力をほとんどしなかった。開拓民が問題の土地に立ち入ることを制限するわけでもなかったので、はじめは少数の開拓民がまれに住みつくだけだったのが、1865年に南北戦争が終結すると、大量の開拓民がおしよせた。このため1868年にもう一度条約を結んで、「偉大なるスーの保留地（グレート・スー・リザヴェーション）」を設置したものの、ブラック・ヒルズで金鉱が発見されると、ますます人が殺到するようになった。1876年の「グレート・スーの戦争」は、これが大きな原因だった。この戦争では、シッティング・ブルとクレイジー・ホースの率いるラコタ族の戦士約2000人に、スー族の他の氏族やシャイアン族、アラパホ族もくわわった。こうした事態にいたったのは、指定居留地の外で暮らすアメリカ先住民族はだれであれ「敵意をいだく者」とみなす、と連邦政府が通告してきたからだった。

1876年6月25日と26日に起きたリトル・ビッグホーンの戦いでは、ジョージ・アームストロング・カスターと配下の部隊267人が戦死した。これはアメリカ陸軍にとっては大きな敗戦だった。そこで、ブラック・ヒルズへ兵員を増派し、保留地に住んでいない戦士が生きていくのに必要な資源がわたらないように、攻撃をくりかえして悩ませる作戦に出た。この作戦が成功するまでには2年近くかかったが、バッファローの数は激減していたうえ、他に手に入る資源もほとんどなかったことから、1877年4月には、敵対していた部族のほとんどが降伏し、保留地へ移って、政府の支給する食べ物に頼って暮らすようになった。

## 崖っぷちからの生還

じつは、グレート・スーの戦争が勃発する前から、バッファローは数十年にわたってひどい苦境におちいっていた。グレート・プレーンズでは1840年から1865年まで深刻な干ばつが続き、バッファローの群れが減っていたばかりか、草地がつぎつぎと農地に変えられていたので、牧場の人間に撃たれなくても、畜牛に病気をうつされてしまうことが多かった。さらに、バッファローの皮革の需要が増加したため、欧州出身の移民だけでなくアメリカ先住民も狩る量を増やした。しかも、鉄道の進歩によって皮革の輸送が改善されたこと、バッファローの骨も粉砕して肥料にすること

### イエローストーン
◆

イエローストーン国立公園は、この種の保護地区としては世界初の公園で、1872年に設立された。設立に必要な法律に署名したのはユリシーズ・S・グラント大統領だ。当時、公園になる地域にはバッファローが約20頭しか残っていなかったので、のちに、テキサスの牧場主チャールズ・グッドナイトが捕獲して飼育していた群れから20頭をつれてきてくわえた。こうして土台ができたイエローストーン公園のバッファローの群れは、今では約3500頭に増え、アメリカの公有地では最大の群れになっている。

ができるようになったこと、鉄道会社がバッファローと列車の事故を防ごうと、バッファローを狩る猟師を雇ったことなどから、バッファローに対する狩猟圧はいっそう強まっていた。

　当時、ワイルド・ウェスト・ショーの巡業でバッファロー・ビルとして有名になったウィリアム・コーディも、最初はバッファローを狩って肉を鉄道会社に提供していた猟師だった。それから、皮革を得るためのバッファロー狩りに転じた。その頃はそういう猟師が多かった。この場合、皮革が目的なので、需要のほとんどない肉は放置して、腐るにまかせてしまうのがふつうだった。こうして1874年には、あきらかにバッファローは危機的状況にあったが、バッファローを連邦法で保護しようとする試みは、ユリシーズ・S・グラント大統領に拒否権を行使された。陸軍総司令官ウィリアム・T・シャーマン将軍とグレート・プレーンズの諸部族に対する作戦を指揮している陸軍司令官のフィリップ・シェリダン将軍からの助言を、大統領が受け入れたからだ。ふたりとも、バッファローの駆除が、保留地へ移ろうとしない者たちを平定する手段になる、と主張していた。

　1890年代には、バッファローはもはや絶滅寸前だった。そしてようやく、一部の州が狩猟制限という方策をとりいれるようになり、個人レベルでも、牧場で繁殖飼育しようとする人が現れはじめた。結局は、この繁殖の試みが、今の野生の群れと家畜のバッファローの土台になった。最近では、家畜のバッファローの飼育に関心が高まっており、約50万頭まで増加した。これには、バッファローの肉のほうが牛肉よりもコレステロールが低いので、バッファローの肉の販売量が増えているということも関係している。現在、全米各地の国立公園や保護地区に、約3万頭のバッファローが生息しているが、こうした場所以外、野生のバッファローはわずかしかおらず、その大半も、国立公園から野生に放したものだ。今となっては、グレート・プレーンズにバッファローの巨大な群れが帰ってくることも、バッファローとともに発展したアメリカ先住民の文化が復活することも、実現するとは思われないかもしれないが、すくなくともバッファローの未来は、今のところは保証されているようだ。バッファローがぎりぎりのところまで追いつめられたことを考えると、このことだけでも大成功だとみなすべきだろう。

**バッファロー・ビル**
1892年のウィリアム・コーディ。この頃には、バッファローは絶滅寸前だった。

**バッファローが絶滅するまで、彼らに殺させ、皮をはいで売らせよう。これが永続的な平和と文明の進歩をもたらす唯一の方法なのだから。**
フィリップ・シェリダン将軍、1874年

# コカ・コーラ

コカ・コーラ、おいしく！ さわやか！
軽やかに！ 元気はつらつ！

コカ・コーラの最初の新聞広告、「アトランタ・ジャーナル」紙、1886年5月29日付
［日本コカ・コーラ公式ウェブサイト、http://j.cocacola.co.jp/history/nenpyo/01.html］

起源：アメリカ
時代：1886年
種類：清涼飲料

◆ 文 化
◆ 社 会
◆ 産 業
◆ 政 治
◆ 軍 事

コカ・コーラは今では世界200か国以上で買うことができる。この数字は、国連加盟国数より多い。2012年にビルマがコカ・コーラ禁止令を解除したので、いまも禁制品扱いなのはキューバと北朝鮮だけだが、どちらの国でも、しかるべき人物を知っていさえすれば買うことができるらしい。両国ともアメリカ政府と長年にわたって敵対しており、ここから、コークとアメリカの密接な関係がわかる。

## 本物

2013年、ブランド・コンサルティング会社インターブランドの発表した年次ブランドランキング「Best Global Brands」が、業界を少しばかりざわめかせた。ランキングがはじまってから14年間ではじめて、コカ・コーラが第1位の座を失い、アップルとグーグルに負けたからだ。このランクダウンは、ザ・コカ・コーラ・カンパニーになにか問題があったためではなく、同社のブランド価値は、報告によると790億ドルに増加している。ただ、アップルとグーグルが躍進したので、上位になったにすぎない。くわえて、せめてもの慰めながら、コークは知名度ではまだ世界一のブランドの座を維持している。また、このライバル2社の業界を考えれば、近いうちにコークがランキングのトップに返り咲いたとしても驚きではない。アップルもグーグルも、ハイテク電子機器とインターネット・サービスという不安定な市場で競争に勝ちつづけるためには、たえまないイノベーションが必要だが、コークのほうは、この100年以上ほとんど変わっていない。それどころか、変えようとしたら逆に問題が起きる。

コカ・コーラの起源を知ったら、これほどの世界的ブランドになるとは思われないかもしれない。コカ・コーラは1886年、ジョージア州アトランタの薬剤師ジョン・ペンバートンが発明した。実のところ彼は、清涼飲料ではなく売薬を開発しようとしていた。この前年も、彼はペンバートンズ・フレンチ・ワイン・コカ（Pemberton's French Wine Coca）なるものを考案した。南米産のコカの葉のエキス、西アフリカ産のコーラ・ナッツ、そしてダミアナという媚薬として有名だったテキサス産の低木の葉をワインに調合したも

192　図説世界史を変えた50の食物

**コークの試飲クーポン**
1888年に配布したクーポン。コカ・コーラを無料で1杯飲める。この種の販促戦略は、これが最初だったと考えられている。

のだった。この売薬の効能について、彼はありとあらゆることを主張していた。そのひとつに、モルヒネ中毒を治す、という効能もあったが、モルヒネ中毒は、彼自身が南北戦争中に経験したことだった。戦場で負った傷の痛みをやわらげるためにモルヒネを摂取していたのだ。この薬にはアルコール、コカの葉のコカイン、コーラ・ナッツのカフェイン、そしてダミアナがふくまれていたので、これを飲んだらなんらかの影響が出るのは確かだろう。ただし当時は、どう影響するのか正確にはわからなかった。

　折も折、1886年はアトランタで禁酒法が導入され、アルコールの販売が制限された年だった。このためペンバートンは、この売薬を改良する実験をはじめた。ワインではなく炭酸水を使い、その他の成分の苦味をやわらげるために砂糖をくわえた。レシピが完成すると、彼はこれを濃縮シロップとしてコカ・コーラという名前で売り出した。この名前はふたつの主要な材料にちなんだもので、販売先は薬局だった。なぜなら当時、炭酸水は健康によいと思われていたので、多くの薬局にソーダファウンテンがあったからだ。この飲み物の人気が出はじめると、ペンバートンは製造と販売をいろいろ工夫するようになったが、その結果、1888年に胃ガンで亡くなったときには、だれが何を所有しているのかわからない、という混乱した事態が生じていた。

　この混乱を収拾したのが、同じく薬剤師で売薬を製造していたエイサ・キャンドラーだった。やはりアトランタ出身の彼は、コカ・コーラの利害関係者全員の権利を買いとり、コカ・コーラを全国どこでも買える飲み物に変える仕事に

---

**クリスマス・コーク**

◆

　サンタクロースの今のイメージは、コカ・コーラ社が作り上げたという説がある。1931年の広告キャンペーンのため、会社の色である赤と白の服を着たサンタクロースを使ったというものだ。この話は完全に正しいとまではいえない。この年、コークのクリスマスの広告が赤と白のサンタを使ったのは確かだが、当時すでに、そういうイメージが登場してからすくなくとも20年はたっていた。コカ・コーラ社はそのイメージを借用したにすぎないのだろう。これなら子どもにアピールできるので、子どもにコークを売ることができるうえ、子どもがカフェイン入りの飲み物を飲んでいるところを描かなくてもすむからだ。

とりかかった。強壮剤ではなく清涼飲料として売ることに方針転換し、体調の悪い人だけでなく、あらゆる人にアピールするようにした。また、材料からコカインを抜いた。ただし、コカイン以外のコカの葉の成分は残した。1899年、キャンドラーは少々迷ったすえ、びん詰めをするボトリング会社と契約し、このシロップをボトリング会社に卸して、びん詰めのコカ・コーラを売り出すことにした。その結果、売上が大幅に伸びた。薬局だけでなく食料品店でも買えるようになり、どこでも飲めるようになったためだ。このときから、広告活動と販促活動を積極的に行ったこともあって、コカ・コーラはひたすら前進を続け、たちまち全米に普及したばかりか、第2次世界大戦の結果、世界中で飲まれるようになった。

**コカ・コーラを飲む**
1890年代終わりの広告。描かれているのは、女優でモデルのヒルダ・クラーク。

### 故郷の味

　禁酒法の時代だった1920年から1933年、コークの売り上げは急増したが、アルコール禁止令が廃止されてからも、清涼飲料の販売量は増えつづけた。この頃には、コークはアメリカ人ならハンバーガーやホットドッグにはつきものの品、大統領にいたるまでだれもが楽しむ平等主義のシンボルのような飲み物になっていた。また、アメリカ陸軍もコークを購入していた。全階級の兵士が好きなノンアルコール飲料だからだ。この軍との関係が、コカ・コーラをアメリカの飲み物から世界的ブランドに変身させた。

　1941年12月7日に日本軍が真珠湾を攻撃し、アメリカが第2次世界大戦に参戦すると、米軍と密接な関係をもっていた当時のコカ・コーラ社の社長ロバート・W・ウッドラフは、「制服姿の男はだれでも5セントでコカ・コーラ1本が手に入る。その男がどこにいようと、会社にどれだけ費用がかかろうとかまわない」という約束をした。そして、当時はコークをびんに詰めるのではなくシロップで供給するのが通常業務だったため、世界中の大きな米軍基地内に臨時のボトリング工場を建てはじめ、工場がむりなところにはソーダファウンテンを設置した。また、軍の行くところにはかならずコカ・コーラ社の従業員も同行し、技術顧問（テクニカル・オブザーバー）という地位をあたえられていたばかりか、彼らの仕事は米軍の戦争遂行に欠かせない、と多くの軍幹部が思っていた。軍の士気に影響したからだ。こうしたコカ・コーラの価値を認めた軍高官のひとりが、ドワイト・D・アイゼンハワー将軍だった。ヨーロッパにおける連合国軍最高司令官のアイゼンハワーは、「オーバーロード作戦」の計画と実行の責任を負っていた。つまり、連合国軍によるノルマンディ上陸から、その後の西ヨーロッパ解放、ドイツ侵攻

までの作戦全体を指揮していた。

　コカ・コーラ社の技術顧問が米軍に同行してイギリスに到着したのは、ノルマンディ上陸作戦の準備を行っている最中だった。その後、彼らも米軍の後を追って欧州大陸へ飛んだ。世界の他の地域でも、米軍の駐留していたところすべてでほぼ同様のことが行われた。しかも、戦争中から戦争直後の混乱期にかけては、米軍の駐留地は戦争に関与した多くの国々すべてにおよんだ。そして米軍が撤退し、戦争で荒廃した国々の多くで戦後の復興が経済を変えはじめると、コカ・コーラ社のボトリング工場は民間の所有に移り、コカ・コーラ社は世界中で新しい市場を開拓するようになった。

　コカ・コーラ社と米軍の密接な関係にくわえ、世界中でコカ・コーラが手に入るようになったことから、コークは自由世界のシンボルとみなされることもあれば、アメリカの経済的文化的帝国主義の象徴と思われることもあった。どちらになるかは見る者の視点による。こうしたイメージのせいで、コカ・コーラ社はソ連をはじめとする鉄のカーテンの向こう側の国々には参入できずにいた。だが、1989年にベルリンの壁が崩壊し、1991年にソ連までが崩壊したとたん、コークをはじめとする西側諸国のブランドや消費財は、抑圧からの解放のシンボルになった。

　最近では、コークはアメリカの世界的優位や、略奪的資本主義と大量市場消費主義の台頭を象徴するものとみられるようになっている。だが、広告や販促キャンペーンがどれほどうまくても、人々が買いたいと思わないような商品を売るのはやはりむずかしい。一方、よく冷えたコークはさわやかで、多くの人がほんとうに大好きだ。コークがアメリカとどういう関係にあろうと、おいしいか、まずいか、それが成功のカギなのだ。

## ニュー・コーク

◆

　コカ・コーラ社はこれまでマーケティングの失敗をあまりしていないが、1985年、そんな数少ない失敗のひとつをしてしまった。ニュー・コークの発売だ。おそらく、壊れていないなら直そうとするな、という古い格言を忘れていたのだろう。当時、市場調査の結果、人々はコークより甘いコーラのほうを好む、ということがわかった。また、コークより甘いとなると、唯一の強敵ペプシのことで、実際、ペプシは「ペプシ・チャレンジ」キャンペーンを開始して攻勢をかけていた。ところが、ニュー・コークは消費者の猛反発をかい、コカ・コーラ社は再考を迫られたあげく、わずか3か月後に昔ながらの味をコーク・クラシックとして復活させた。ただし、砂糖は異性化糖に代わった。くわえて、この一件は大量の宣伝を無料でしてもらったことにもなった。

**戦時中のコーク**
1944年の広告ポスター。アメリカ兵の行くところには、かならずコカ・コーラ社もついていった。

# ハンバーガー

起源：アメリカのどこか
時代：19世紀末期
種類：牛ひき肉を丸いパンにはさんだもの

◆ 文　化
◆ 社　会
◆ 産　業
◇ 政　治
◇ 軍　事

2013年夏、マクドナルドはベトナムのホーチミン市にベトナム1号店を開くと発表した。これでマクドナルドは世界120か国で営業することになる。マクドナルドをはじめとするアメリカのファストフード店の大成功については、食べ物の民主化のしるしだという人もいるが、マクドナルドは現代社会の病ほぼすべての元凶だ、と非難されたこともあった。意見はいろいろあろうが、確かなのは、ハンバーガーという牛ひき肉を丸いパンにはさんだ食べ物が今では世界的な現象になっており、何百万もの人が食べていること、そのだれもが、大金をついやさなくてもアメリカ文化を少しだけ買えるということだ。

## ハンバーガー発祥の地

大衆文化の例にもれず、ハンバーガーの起源についても論争がある。アメリカ各地の多くの都市が「ハンバーガー発祥の地」だと主張している。とくに、テキサス州のアセンズとコネティカット州ニューヘイヴンが有名だが、この話には異説もあり、それによると、19世紀のあるとき、ドイツ人移民がアメリカにもちこんだという。どの説にしても、裏づけとなる明確な証拠書類はなく、確実にいえるのは、アメリカには1830年代頃からハンバーグステーキという料理が存在していたこと、それを最初に作ったのはドイツ人移民で、これがやがて広まったということだけだ。このハンバーグステーキは、細かくきざんだ牛肉か牛ひき肉を使い、皿に乗せてグレービーソースをかけたもので、サンドイッチではなかった。また、欧州からもちこまれた他の料理、たとえばミートローフやミートボールのようなものと同じく、費用をかけずに食事を作るため、安い肉を使っていた。

19世紀の後半になると、アメリカは急速に工業化が進み、人口も急増した。そして、都市が拡大し、多くの工場や事業所が、昼も夜も稼働するようになると、真のアメリカ的起業家精神にのっとって、ランチの屋台を出す人々も現れた。そうした労働者に食事を出すことで数ドル稼げるなら、このチャンスをすかさず捕らえようとしたのだ。しかも屋台なら、空腹を抱えていそうなお客のいるところであれば、どこでも食べ物を売ることができる。こうした屋台で出す食べ物は、あ

クォーターパウンダー・チーズのことをパリでは何てよぶか知ってるか？
ヴィンセント・ベガ、映画「パルプ・フィクション」の登場人物

らかじめ調理してあるか、すぐに火を通すことができるものだった。また、お客が立ったまま、昼でも夜でもいつでも食べられるような物でなければならなかった。1870年代には、フランクフルト・ソーセージを丸いパンにはさんだものが売られるようになり、ホットドッグという名前がついた（94ページ参照）が、ランチの屋台を出していた人か、あるいは、そこから時がたって、もっと大きなランチワゴンを出すようになった人が、あるとき、2枚のパンのあいだに牛肉のパティをはさんで、それをハンバーグステーキ・サンドイッチ、または、簡単にハンバーガーとよぶようになったとしても、それほど大きな飛躍があったとはいえないだろう。

## ホワイト・キャッスルとゴールデンアーチ

アメリカの街路を走る自動車が増えると、都市では混雑を緩和するために、ランチの屋台やワゴンを制限する法律を作りはじめた。このためハンバーガーを売っていた人たちも、商売を続けるつもりなら店舗を開かねばならないようになった。1921年、カンザス州ウィチタにホワイト・キャッスル（White Castle）の1号店が開店した。あのお城のようなシカゴ・ウォーター・タワーをモデルにした独特の建物だった。多くの競争相手とは違い、オーナーは衛生基準は高く設定したが、価格は低いままに抑えた。これはハンバーガーを作るために生産ライン方式を採用した成果で、ヘンリー・フォードが自動車工場で開発した生産方式とよく似ていた。この成功で他の都市にも次々と出店し、ホワイト・キャッスルはアメリカ初のハンバーガー・レストラン・チェーンになった。いまもまだアメリカで営業を続けている。

第2次世界大戦中、アメリカでは牛肉が配給制になった。そこで多くのハンバーガー店が、提供できる肉の減少分を埋めあわせるために、フライドポテトをそえるようになった。ところが、このポテトがハンバーガーによく合うことがわかり、戦後になって配給制が終わってからも、ポテトはたいていメニューに残った。これにコークかシェイクをそえれば、いまも食べているような、まさにアメリカ的な食事になる。だが、ハンバーガーの人気が本物になったのは、1950年代のアメリカ文化の爆発がきっかけだった。このロックンロールとエルヴィス・プレスリーの時代が、社会の劇的な変化をもたらし、豊かになったアメリカ人はそうした変化をすべてテレビで目撃した。そればかりか、エルヴィスがもたらした興奮は、世界の他の場所にいる若者にも通じるも

**ホームスタイル**
マクドナルドがゴールデンアーチを使うようになる前は、アメリカ各地にこのような金属看板があった。

### ソールズベリー・ステーキ
◆

1888年、ジェームズ・H・ソールズベリー博士が、細かくきざんだ牛肉のパティのレシピを発表した。博士によると、炭水化物の少ない健康的な食事の一品になるということだった。また味つけは、このパティに火を通してから、塩とコショウ、ウスターソースやマスタードなどの調味料をかけるのだという。要するにソールズベリー・ステーキは、別のよび方をするならハンバーグだが、レストランのメニューの定番になりはじめたのは、第1次世界大戦中だった。当時は、ドイツ生まれだと思わせてしまうような名前のメニューだと売れなかったためだ。この料理はアメリカではいまも人気があり、マッシュポテトとグレービーソースをそえてあることが多い。

のだった。ハリウッド映画も、アメリカのテレビ番組も、アメリカのファッションも、そしてもちろん、ハンバーガーとフライドポテトも合わせ、そうした若く活気に満ちた文化が世界に広がりはじめた。

その頃、カリフォルニア州サンバーナーディーノでは、ディックとマックのマクドナルド兄弟が、自分たちのハンバーガーレストランを完成させつつあった。ホワイト・キャッスルの作ったビジネスモデルを改良したうえ、セルフサービス方式を導入することで、ドライブインの客（車に乗ったまま注文し食べる客）のところまで従業員が品物を運んでいかなくてもすむようにした。1953年、マクドナルド兄弟は事業のフランチャイズ展開をはじめ、この成功がレイ・クロックの目にとまった。彼はマクドナルド兄弟にシェイク用ミキサーを販売していたセールスマンだった。クロックはチェーン展開するためのフランチャイズの販売代理人になり、1960年には100店以上が加盟するまでに事業を成長させた。だがマクドナルド兄弟のほうは、これまでの成功でもう十分だと思っていたようで、クロックと意見が合わず、結局、クロックが翌年、270万ドルで事業を買収した。この頃には、彼はすでにゴールデンアーチを導入していた。今では世界でもっとも認知度の高いブランドシンボルのひとつとなっているあのアーチだ。そして、いまやマクドナルド・コーポレーションとなった会社の支配権をにぎったクロックは、事業拡大に向けた壮大な計画にのりだし、バックアップとして活発な宣伝キャンペーンをくりひろげた。その計画は非常に野心的だったうえ、バーガーキングやウェンディーズといったハンバーガー・チェーンとの競争も熾烈だったが、家族、とりわけ子どもにアピールするというクロックの方針は正解だった。マクドナルドはたちまち業界トップの座についた。

## ル・ビッグ・マック

アメリカ文化が注目の的になっていたところにすぐれたマーケティング戦略がくわわったことで、マクドナルドは1970年代には海外進出をはたし、欧州を皮切りに、極東など世界各地へ展開していった。そして1979年、マクドナルドのフランス1号店が開店した。すると驚いたことに、フランスでも人気が出た。いうまでもないが、オート・キュイジーヌ（高級フランス料理）発祥の地では、いわゆる「フランス文化のアメリカ化」を喜んで受け入れる人ばかりではない。1999年には有名な事件も起きた。ロック

### ビッグマック指数
◆

1986年のこと、その日はビジネス界にこれといったネタがなかったのだろう、週刊新聞「エコノミスト」紙は、各国通貨の購買力を比較する方法として、ビッグマックの価格をベースにする方法を思いついた。たとえば、アメリカのビッグマックのドル建て価格を、イギリスのビッグマックのポンド建て価格で割ると、そうして出た、この1ポンドが何ドルに相当するかというレートが、両通貨の相対的価値を示す大ざっぱな指数になる。これを現在の為替レート（1ポンド＝○○ドル）と比べれば、ドルとポンド、どちらが為替市場で過大評価されているかがわかる。絶対確実とはいえないが、「エコノミスト」紙も指摘するように、大半の経済理論よりも消化しやすい。

フォール・チーズの生産者で酪農家のジョゼ・ボヴェが、デモ隊をひきつれてミヨーにあるマクドナルドの建設中の新店舗に押しかけ、トラクターでその店を解体したのだ（彼の農場はフランス南部のミヨーの近くにある）。

マクドナルドに対する抗議は、ほんとうはグローバリゼーションやアメリカ全体に対する抗議だということもある。この場合、ゴールデンアーチはビッグマックを売るためのマーケティングツールではなく、アメリカの力の象徴とみなされる。だが、時代が下ると、マクドナルドは具体的な不祥事でも非難されるようになり、多くのジャーナリストやテレビのドキュメンタリー制作者が調査対象にした。非難の内容はさまざまで、従業員の待遇がひどい、肥満を助長している、発泡スチロールの容器を使って環境を悪化させている、非人道的な生産方法を用いている納入業者から牛肉を買っている、などがあった。ロンドンのグリーンピースがこうした非難の多くを列挙したリーフレットを制作して配り、これに対してマクドナルドがグリーンピースのメンバーを告訴した事件、いわゆる「マック名誉毀損裁判」事件では、告訴後にマクドナルドのほうが世間のひんしゅくをかったが、この一件で、マクドナルドは批判への対応の仕方を考えなおしたようだ。多くの多国籍企業は、力ずくでつぶすような方法を好み、法的措置をとるとおどして抗議を萎縮させたりするが、マクドナルドはそうした対応をやめ、批判に前向きな態度で応じて問題解決を試みるようになった。この新しい対応の仕方が表れたのが、商品の栄養情報を提供するようになったことと、メニューにサラダを導入したことだ。

マクドナルドが対応を変えたのは、営業上の理由で、社会的責任をあらためて自覚したわけではないのではないか、というシニカルな見方もできるかもしれないが、たとえそのとおりでも、すくなくともマクドナルドは時代に応じて動く用意はできている。結局のところ、マクドナルドの成功は、社会のさまざまな変化を土台に築かれたものだ。無数の人々がアメリカ文化に憧れるようになり、なによりもまずハンバーガーとフライドポテトを食べることでアメリカ文化を受け入れた。マクドナルドが本来の魅力の真髄を忘れてしまったら、そのときは客足が遠のき、人々は別の店でハンバーガーを買ったり、ハンバーガー以外のものを食べたりするだろう。そのこと自体が、このアメリカンドリームの土台になった競争と選択の自由の一例になる。

**チャイニーズ・バーガー**
中国南部広州市のマクドナルド。漢字を別にすれば、世界中どこでも同じ。

> アメリカ人が牛ひき肉をハンバーガーに仕立て上げて世界中に送り出したら、味にうるさいフランス人でさえ好きになったのよ。ル・ブッフ・アシェ、ランブルゲール（牛ひき肉、ハンバーガー）を。
> ジュリア・チャイルド（1912-2004年）

# アンザック・ビスケット

起源：オーストラリアと
ニュージーランド

時代：1915年

種類：オートミール・クッキー

◆ 文　化
◆ 社　会
◆ 産　業
◆ 政　治
◆ 軍　事

オーストラリアとニュージーランドでは、4月25日のアンザック・デーの前や当日のイベントで退役軍人のためのチャリティー募金を集めることを目的として、企業や家庭がいまもアンザック・ビスケット（オートミール・クッキー）を作って売っている。アンザック・デーとは、戦死した両国の兵士を追悼する日で、第1次世界大戦時のガリポリの戦いでオーストラリア・ニュージーランド軍団が始動した日にあたる。

## ガリポリ

1914年8月に第1次世界大戦がはじまったとき、オーストラリアとニュージーランドはともに大英帝国内の自治領だったので、イギリス軍の指揮下に入って戦う合同軍を派遣することに決めた。この合同軍がオーストラリア・ニュージーランド軍団（Australian and New Zealand Army Corps）、略してANZAC（アンザック）軍団だった。そして、ANZACという頭字語が、兵士ひとりひとりをさすようになった。兵士への支給品にはステンシルでANZACという印がついていたからだ。最初に派遣された部隊は、1914年12月にイギリスに到着する予定だったが、その後行き先が変わり、エジプトで訓練を受けることになった。天候がよくなる時期まで待つほうがいいという判断があったためで、結局、先発隊はエジプトで残りの部隊と合流し、そのまま数か月をすごした。

当初の計画では、アンザック軍団は西部戦線へ派遣されるはずだった。だが、彼らがエジプトに到着したときには、西部戦線は塹壕戦が膠着状態におちいっていた。そこでイギリスは、西部戦線から離れたところで戦域を拡大する計画をいくつか立てはじめた。そのひとつ、当時海軍大臣だったウィンストン・チャーチルが熱心に唱えたのが、ダーダネルス海峡を海軍が攻撃するという計画だった。ダーダネルス海峡という狭い海峡は、マルマラ海とボスポラス海峡も合わせれば、地中海と黒海を結ぶルートになるうえ、ヨーロッパとアジア側トルコの境界線でもある。この計画の目的は、ガリポリ半島にあるオスマン帝国軍の火砲陣地が守っているダーダネルス海峡最狭部を突破して、マルマラ海へ侵入することだった。マルマラ海からであれば、オスマン帝国の

**アンザック湾**
アンザック軍団が上陸した湾。1915年の写真。1986年、トルコ政府は湾の名前をアンザック湾へ正式に変更した。

首都コンスタンティノープルを占領でき、そうすれば、ドイツとオーストリア＝ハンガリー帝国の同盟国軍を排除して、ヨーロッパ南部に別の戦線を設けることもできると考えたのだ。

　1915年2月、イギリス軍とフランス軍の艦隊が攻撃を開始し、3月18日には主目的である海峡突破を試みた。そして、すくなくとも最初のうちは、成功しそうに見えた。だが、軍艦10隻がマルマラ海に侵入したところ、うち6隻が機雷の攻撃をうけ、そのなかの3隻が撃沈された。このため、この小艦隊の指揮官は撤退を命じ、しかもチャーチルをいらだたせたことに、翌日以降も再攻撃を拒否した。イギリスでも、軍艦による攻撃の中止が決まり、海軍と陸軍の合同作戦を行うことになった。まずはガリポリ半島に上陸してオスマン軍の火砲陣地を奪取し、それからコンスタンティノープルへ進軍する。同時に、ダーダネルス海峡に掃海艇を派遣したうえで、軍艦が続く、という計画だった。

　その頃、アンザック軍団はまだエジプトで訓練中で、彼らにいわせると「肌を焼いている」最中だったが、彼らも上陸作戦に参加することになった。軍団は、そのときガリポリ半島のもっとも近くに駐屯していたイギリス陸軍の配下にあったからだ。そして翌月、この作戦の立案が行われているあいだに、オスマン軍も守備を整えていた。オスマン軍を指揮していたのはドイツ軍のリーマン・フォン・ザンデルス将軍で、この防衛で決定的な役割を果すことになる予備軍を率いていた将校は、ムスタファ・ケマル大佐だった。のちにトルコの初代大統領になり、アタ

以下、留意のこと。ビスケット製品に「アンザック」という言葉の使用が認められるのは、その製品が伝統的な製法と形態に概して従い、「クッキー」という言葉、その非オーストラリア的含意と関連する形で使用されない場合にかぎる。
オーストラリア政府退役軍人省による声明より

アンザック・ビスケット　201

## 伝統的なアンザック・ビスケット
◆

アンザック・ビスケットの伝統的な材料は、ロールドオート、粉末のココナツ、小麦粉、バター、ゴールデンシロップ、重炭酸ソーダ、そして水だ。卵やこのほかの材料は、入れるとビスケットの保存期間が短くなるおそれがあるので使わない。もともとは、地球の反対側にいるアンザック軍団の兵士たちにビスケットを送るのに、ビスケットが傷まないようにするためのレシピだったのだろう。オーストラリア政府もニュージーランド政府も、「アンザック」という名称を企業が使用する際の規制を法律で定めている。このビスケットがいつまでも変わらず、利益がチャリティーにまわるようにするためだ。

テュルクつまり「トルコ人の父」とよばれるようになる人物だ。

上陸作戦は４月25日の明け方にはじまった。アンザック軍団の上陸地点は、ガリポリ半島の西側の湾（1985年にトルコ政府が正式に名称変更し、現在はアンザック湾とよばれている）で、イギリス軍は半島先端のヘレス岬周辺の５つの浜、そしてフランス軍はダーダネルス海峡のアジア側に陽動攻撃をかけた。オスマン軍は海岸全域に広がり、上陸地点となる可能性がもっとも高いと思われる場所をカバーしていたので、イギリス軍もアンザック軍団も、激しい抵抗にあった部隊もあれば、ほとんど反撃を受けずに上陸した部隊もあった。

計画では、イギリス軍が半島に沿って移動し、アンザック軍団は半島を横切ってオスマン軍の兵站線を断ち、その後、イギリス軍とアンザック軍団が合流して半島中央の台地を奪うことになっていた。その台地から行けば、オスマン軍の火砲陣地を背後から攻撃できる。ところが、アンザック軍団が上陸に成功し、内陸へ進んでいったところで、接近戦がはじまった。そこはむずかしい地形の場所で、急斜面の丘と深い峡谷がつらなっていた。状況はたちまち混乱し、兵站線もうまく機能せず、攻撃はいきづまりを見せはじめた。この時点で、ケマルはトルコ人予備軍を動かし、のちにトルコで有名になる次のような命令を発した。「わたしは諸君に戦えとは言わぬ。諸君には死ねと命じる」

トルコ人予備軍の出動で、アンザック軍団は半島の中央台地へ進めなくなり、ケマルはトルコの英雄になった。この戦いがオスマン軍の敗北を防いだからだろう。イギリス軍も同様の困難に遭遇した。上陸は果たしたものの、イギリス軍もアンザック軍も、塹壕戦を迫られ、むずかしい位置から戦いつづけねばならなくなった。逆にオスマン軍は高地を占めつづけた。膠着状態の戦況を打破するどころか、ガリポリでの攻撃はまたひとつ、今回はトルコで塹壕線を構築しただけだった。

それから３か月間、両軍とも敵の塹壕に攻撃をかけたが、塹壕は有刺鉄線と機関銃で防御を固めていたため、大量の犠牲者を出すばかりでほとんど前進できなかった。暑さとハエで生活環境が劣悪になり、下痢する者が続出した。アンザック軍団の兵士たちは、この下痢のことを「ガリポリ・ギャロップ」とよんでいた。８月、イギリスは新しい部隊を、アンザック軍団の位置の北にあるスーヴラ湾に上陸させた。アンザック

軍団がオスマン軍の塹壕を攻撃して敵の動きを封じ、その間にイギリス軍が上陸を行った。この攻撃の第1段階がローン・パインの戦いで、戦闘は8月6日にはじまって3日間続いた。この戦いでは、作戦全体のうちでもとくに激しい戦闘が何度かくりひろげられ、オスマン軍の塹壕を奪取したものの、イギリス軍はスーヴラ湾から内陸へ前進することができず、成果といえば塹壕線が延びただけで、全体の状況が変わったわけではなかった。

イギリス軍とアンザック軍団がガリポリ半島で12月を迎えたとき、撤退命令がとどいた。ロンドンの軍幹部と政治家がついに作戦の失敗を認めざるをえなくなったのだ。こういう結論になるのは、もうかなり前から明らかだった。それでも、この頃には12万人に上っていた半島の兵員を撤退させるための作戦は、模範的な形で行われた。オーストラリア人8700名、ニュージーランド人2700名をふくむ連合国軍兵士4万4000名の命を犠牲にした作戦で、ほんとうに成功したのはこの撤退だけだった。

アンザック軍団はガリポリからエジプトへ戻り、軍団を増強して次の作戦にそなえた。今度の敵はパレスティナと中東のオスマン帝国、そして西部戦線だった。西部戦線に動員されたアンザック軍団は、イギリス軍の指揮のもと、ソンムやパシャンデールなど主要な戦いにはすべて参加した。ガリポリでアンザック軍団が激しい砲火を浴びせられたこと、第1次世界大戦でもっとも犠牲をはらった最悪の激戦地に彼らが投入されたことは、故郷のオーストラリアとニュージーランドの人々に大きな衝撃をあたえた。このとき、両国ともはじめて国として団結したといわれている。両国とも、イギリスとの関係は植民地だった過去をまだひきずっていたが、これからは違うと考えはじめ、それぞれの国で、国としてのアイデンティティが芽生えたのがこのときだったという。

**アンザック軍団の軍事行動**
オスマン軍の陣地へ攻撃をかけるオーストラリア兵。連合国軍がガリポリ半島から撤退する直前の写真。

## 追悼

1916年4月25日、オーストラリアとニュージーランドの国民や海外へ派遣された兵士たちが、ガリポリの戦いの開始日を記念する行事を行った。そこでは、戦死した兵士を追悼するため、追悼の行進や礼拝が行われたほか、負傷者のための募金イベントも開かれた。その募金の方法のひとつが、手作りのケーキやビスケットを売るというもので、いまも続くアンザック・ビスケット作りの

アンザック・ビスケット 203

**アンザック・デー**
1916年4月25日のブリズベンでの行進。ガリポリ半島上陸から1周年の行事。

伝統は、ここからはじまったようだ。また、このビスケットは、海外にいるアンザック軍団へも家族から送ったらしい。実際に送ったという証拠はほとんどないが、このビスケットの特徴からすると、数か月は傷まずに保存できるようなレシピで作られているので、オーストラリアとニュージーランドからはるばるフランスとベルギーの西部戦線まで送っても傷まず、アンザック軍団のどの駐屯地へ送ってもだいじょうぶだったろう。

アンザック・ビスケットはハードタックと混同されてしまうこともある。ハードタックは第1次世界大戦中、イギリス軍の標準的な糧食だったが、これもアーミー・ビスケットとよばれることがあった。またアンザック軍団の兵士たちが、ハードタックのあだ名を考え出していた。そのほとんどは、ハードタックが硬すぎ、食べようとして歯を折った兵士がいた、という事実にちなんだジョークで、そうしたよび名のひとつが「アンザック・ウェーファー」だった。ハードタックの硬い塊と軽くてさくさくしたウエハースを比べたジョークだが、おそらく、アンザック軍団はタフだから、ハードタックであってもまるでウエハースのように楽に食べてしまう、と言いたかったのだろう。どうよんだにせよ、アンザックの兵士たちの家族が食べ物の入った小包を兵士たちに送っていたのは確かで、そのとき、いまもアンザック・デーに作っているようなビスケットを焼いていたとしたら、送る小包にビスケットをいくらか入れていたはずだ。

戦争が終わると、今日のような形で追悼記念のイベントが行われるようになり、オーストラリアでもニュージーランドでも、4月25日が国の祝祭日になった。アンザック・デーは、アンザック湾上陸がはじまった時刻に合わせた、夜明けの追悼式（ドーンサービス）からはじまる。

ここでは戦没者慰霊碑に花輪を供えるなど、正式な追悼記念行事があり、その後も、礼拝や追悼行事が行われ、軍事パレードも各地で催される。以前は、こうした軍事パレードが物議をかもしたこともあった。軍事パレードは過去の犠牲者を追悼することにはならず、戦争を賛美するだけだ、という見方があったためだ。こういう意見は、ベトナム戦争中はとくに強かった。オーストラリアとニュージーランドもベトナム戦争に参戦していたので、この頃はアンザック・デーに反戦デモが行われていた。

最近では、第1次世界大戦のアンザック軍団、とくにガリポリの戦いでの役割について、関心がふたたび高まっている。この理由はよくわからないが、もしかしたら、この戦争がもはや遠い過去になった今、第1次世界大戦やその後の戦争で戦死した兵士を思い出しても、そうした戦争から故郷へ戻った人々に感謝の意を示しても、戦争を支持することにはならないということが、前にも増して明らかになったからかもしれない。この頃のアンザック・デーのイベントには、死者の追悼というよりも、国民の祝典の色あいが濃いものもあるということは認めざるをえないが、それでも、あらゆる世代、あらゆる社会分野の人々が、いまもまだ一緒になってなんらかの形でこの日を記念している。退役軍人のチャリティー募金のためにアンザック・ビスケットを焼いたり買ったりするという伝統が続いているおかげで、過去とのつながりを実感できる。ガリポリの塹壕にいた兵士たちが実際どんなようすだったのか、故郷の家族はどうだったのか、もはや知ることはできなくとも、すくなくとも、こういう形で彼らを思い出すことはできるのだ。

## ガンファイア・ブレックファスト
◆

アンザック・デーの伝統行事のひとつに、夜明けのドーンサービスに参加する軍関係者や民間人がとる「ガンファイア・ブレックファスト」というものがある。これはラム酒入りのコーヒーのことで、第1世界大戦中、アンザック軍団の兵士が戦闘開始前に飲んだコーヒーだ。このほかの伝統には、ガリポリ半島の野生のローズマリーの小枝を身につけるというものや、ツーアップというゲームもある。ツーアップは塹壕のなかで兵士たちがよくやっていた賭けゲームで、2枚のコインをほうり上げ、裏が出るか表が出るかを賭ける。

# バーズ・アイ冷凍魚肉

起源：アメリカ
時代：1915年
種類：急速冷凍した魚

◆ 文　化
◆ 社　会
◆ 産　業
◆ 政　治
◆ 軍　事

急速冷凍を思いつき、生み出し、育むことができたのは、創意工夫と粘り強さと汗と幸運が不思議に組みあわさったからだ。
クラレンス・バーズアイ（1886-1956年）

**氷上の釣り**
イヌイットの女性。凍結した湖で氷に開けた穴から魚を釣っている。

　クラレンス・バーズアイというと、広告会社が創作した名前のように聞こえるかもしれないが、実在の人物だ。しかも、彼が行った魚などの食品の冷凍方法の研究は、食品産業や今の食事のあり方に大きな影響をあたえることになった。たとえば、彼の開発した方法のおかげで、のちにスワンソンはTVディナーという冷凍食品のシリーズを開発できた。年月がたてば変わってしまう技術もあるが、今のスーパーマーケットの冷凍食品コーナーにある食品は、ほとんどがバーズアイの見つけた方法で作られている。

### バーズアイからバーズ・アイへ

　食べ物を保存するために冷凍するということは、大昔から行われてきた。クラレンス・バーズアイが興味をもったときより何百年も前からある。だが、それほど広く用いられてはいなかった。なぜなら、ひとつには、第2次世界大戦後になるまで、家庭用の冷凍庫が買えなかったからだ。また、食品を凍らせると、品質がはっきりわかるほどに劣化したからでもある。食品が凍っていく過程で、食品内部に大きな氷の結晶ができ、それが食品の細胞の構造にダメージをあたえるためだ。

　バーズアイがこの問題の解決策を思いついたのは、1915年頃のことだった。カナダ北東部のラブラドルにいたときだが、彼は別にこのためにラブラドルに行ったわけではない。じつは、毛皮猟をしていた。妻と幼い息子をつれ、人里離れた小屋に長いこと住んでいた。このため、自分で捕まえた魚や野生の鳥獣を食べることも多かった。冬になると、ラブラドルの気温は零下50度まで下がる。このとき、バーズアイがイヌイットの漁師から教えてもらったのが、穴釣りという方法だった。氷に穴を開け、穴の下の水中に釣り糸を垂らす。そして彼は、釣った魚を水中から引き上げたとたん、魚が氷点下の気温で凍りつくのを見た。しかも、厳冬にそうして一瞬にして凍った魚を解凍して食べたところ、他の時期に比較的ゆっくりと凍った魚に比べ、魚の身が締まり、風味もよ

く保たれていた。これは、魚の身にできた氷の結晶が小さいものばかりで、細胞が壊れずにすんだからだった。

1917年、バーズアイは家族をつれてアメリカに戻り、ラブラドルで見たことを再現しようと、魚などの食品を急速に冷凍する方法の実験をはじめた。そして試行錯誤のすえ、1924年に有効な方法を開発した。2枚の金属板を塩化カルシウムブライン［塩化カルシウムを清水や海水に溶かしたもの］で零下40度まで冷却し、その金属板で魚をプレスするというものだ。これを出発点に、彼は冷凍ユニットを作った。冷却したブラインをつめたチューブが2本走るベルトがあり、そこに魚などの食品を通す。ここから、のちに彼が「クイック・フリージング（急速冷凍）」とよぶ方法が生まれ、冷凍食品産業が誕生した。

バーズアイはジェネラル・シーフード・コーポレーションという会社を立ち上げ、1925年にマサチューセッツ州グロスターに冷凍工場を設立したが、事業は当初は思ったとおりには行かなかった。店舗に冷凍庫がないため彼の製品を売れず、客のほうも家に冷凍庫がないので買えなかったからだ。そうした明らかな問題はあったものの、バーズアイは事業をあきらめなかった。この頑固さは、今なら先見の明があったといえるだろうが、当時は、よく言って、変わり者だと思われたにちがいない。1929年、マージョリー・メリウェザー・ポストという裕福な女性が、バーズアイの冷凍魚を食べた。彼女の父親はポスタム・シリアル・カンパニー（Postum Cereal Company）の創業者だった。これがきっかけで、バーズアイは会社と急速冷凍法の特許をポスタムに売却した。2200万ドルという驚異的な価格だった。その後、会社はジェネラル・フード・カンパニーに社名変更し、のちにはバーズ・アイ（Birds Eye）というブランド名で冷凍食品を販売するようになった。

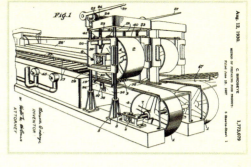

**急速冷凍**
魚を急速冷凍する機械の設計図。クラレンス・バーズアイが1930年にアメリカ特許庁に提出したもの。

### バーズ・アイ・フィッシュ・フィンガー

◆

クラレンス・バーズアイの数々の実験から生まれたもののひとつに、ニシンのセイボリーがある。パン粉をまぶしたフィッシュ・スティックの一種だ。1950年代初頭のイギリスはニシンが豊富だったので、バーズ・アイのイギリス部門はニシンのセイボリーについて市場調査を行い、これより淡白なタラのセイボリーと比較して調べることにした。この結果、調査参加者全員がニシンよりタラを選んだことから、フィッシュ・フィンガーが生まれた。イギリス以外ではどこでも「フィッシュ・スティック」とよぶ食べ物だが、イギリスでこの名前になったのは、フィッシュ・スティックという名前がすでに別の魚肉製品に使われていたからだ。

# スワンソン・TVディナー

起源：アメリカ

時代：1953年

種類：インスタント食品

◆ 文　化
◆ 社　会
◆ 産　業
◆ 政　治
◆ 軍　事

　1953年、ネブラスカ州オマハに本社を置く食品製造会社C・A・スワンソン・アンド・サンズ（C. A. Swanson and Sons）が、新製品の試作としてトレー入りの冷凍ディナー5000食を製造した。その中身は、調理ずみの七面鳥とグレービーソース、マッシュポテト、グリンピースだった。サイドディッシュまでそろった一皿が冷凍食品としてアメリカで販売されるのはこれがはじめてではなかったが、これをTVディナーと名づけ、大々的な宣伝活動をした結果、スワンソン・アンド・サンズは、未来の調理加工ずみ食品の巨大な市場を切り開く先駆けとなった。TVディナーの発売は、戦後のアメリカ社会を変貌させていた社会の変化を反映したものだった。

## スワンソン・ナイト

　スワンソンのTVディナーは、七面鳥のディナーの製造開始から1年間だけで1000万食が売れたという。この成功の要因は、ひとつには、たった98セントという価格で簡単便利なところだった。仕切りのあるアルミのトレーに入っており、それぞれの仕切りのなかにディナーの1品があるので、冷凍庫から出してそのままオーブンに入れられる。トレーが皿代わりになるから、食べ終わったらそのまますてればよいため、洗うのはナイフとフォークだけですむ。これだけではない。運がよかったのか、判断がよかったのか、スワンソンはまさに的確な時期にTVディナーを発売した。1950年代初頭は、アメリカ資本主義の黄金時代がはじまった時代だったといわれる。この時期、アメリカ経済は飛躍的に成長している最中で、ほぼ完全雇用状態だったうえ、働きに出る女性もそれまで以上に多かった。

　また1953年には、アメリカの家庭3300万世帯にテレビがあり、「アイ・ラブ・ルーシー」のような人気番組を家族そろって見ていた。トレー入りのディナーを手に、テレビの前に集まっていたのだ。とくに、

早く早く番組を見るには、簡単簡単なディナー。スワンソン・TVブランド・ディナーなら、オーブンで即、手作りの味。
1955年のスワンソンの広告より

208　図説世界史を変えた50の食物

1953年1月に放映された「ルーシー病院へ行く」の回は途方もない視聴率で、70パーセント以上あった。この数字はいまもアメリカの最高視聴率のひとつだ。しかも当時の家庭は、テレビをもっていただけでなく、はじめて家庭用冷凍冷蔵庫を買うことができるようになっていた。小さなアイスボックスではなく、大きな冷凍室のある冷蔵庫だ。冷凍冷蔵庫のための技術は、何年も前に開発されていたが、広く手に入れられるようになったのは第2次世界大戦後のことだった。このおかげで、2、3日置きに新鮮な食品を買いに行かずにすむようになり、忙しい人々は冷凍食品を買い置きすることもできるようになった。しかも、スワンソンのTVディナーを買っておけば、オーブンに入れて25分待つだけですむ。あとは、テレビの前に座って、好きな番組を見ながら食べるだけだ。

**家庭生活**
テレビを見ているアメリカの家族。1958年の写真。

ところが1960年代初頭、スワンソンは自社の冷凍食品にTVディナーという名称を使うのをやめた。この名前では、テレビを見ていないときに食べてもらえない、と考えたためらしい。だが、この名前は定着しており、コンセプトも世界中で注目され、他の国もアメリカが生んだ社会のトレンドを追いかけはじめていた。両親が共働きの家庭やひとり親の家庭が増えたばかりか、自立したひとり暮らしを選ぶ人も増えていたので、世界各地での名称はともあれTVディナーは、ますます広がっていった。とくに、電子レンジが開発され、冷凍食品ではなくチルド食品が出現してからは、この傾向がいっそう強まった。チルド食品は冷凍食品ほど長くは保存できないが、こちらのほうが原材料の風味がよく残っていることが多い。こうなると、とくに忙しくもなく時間がないこともないが、買い物に行くのが面倒、電子レンジで温める以外の調理はしたくないという無精者は、ソファにすわりこんでテレビを見ながら、いまやよりどりみどりで買える調理加工ずみ食品を食べるほうを選ぶ。

### スワンソンの神話
◆

よくいわれる話として、スワンソンは感謝祭の売れ残りの七面鳥を何トンも抱えて困りはてたので、TVディナーを考え出した、という説がある。これは、食べ物の起源話にはありがちな神話で、スワンソンのセールスマンの創作だ。実際のところは、もう少しありふれたことだったらしい。スワンソンの従業員のひとりが飛行機内で出される食事を見て、それがトレーに入った調理ずみの冷凍食だったことから、よい考えだと思って同じようなものを作ってみることにしたのだという。あまり面白い話ではないが、おそらくその程度のことだろう。

# キャンベルスープ

起源：アメリカ

時代：1962年

種類：缶入りスープ

◆ 文　化
◆ 社　会
◆ 産　業
◆ 政　治
◆ 軍　事

ニュージャージー州カムデンのキャンベルスープカンパニーは、あらゆる面で大成功をおさめた企業だ。1869年の創業以来快進撃を続け、今では世界中で製品を販売している。だが、それだけのことでこのスープをとりあげるわけではない。このスープの缶は、20世紀を代表するアメリカ人アーティストのインスピレーションの源になり、そうして生まれた作品が、歴史を変えたとまではいえなくとも、まちがいなくアートの歴史を変えた。

### ウォーホルの缶

キャンベルのスープ缶のデザインは、1898年から変わっていない。1900年のパリ万博で受賞したゴールドメダルの絵がくわわった程度だ。独特の赤と白の帯は今では世界中で知られているが、このデザインにしたのは、キャンベルの重役がコーネル大学のアメリカンフットボールチームのユニフォーム、とくにカーネリアン・レッドというシャツの色を好きだったからだという。20世紀前半、キャンベルは世界最大級の食品製造企業に成長し、1950年代には、他の食品分野を扱うまでに品ぞろえを拡大したが、それでも今と同じように、赤と白の缶に入ったスープがもっとも有名だった。

当時、アンディ・ウォーホルは商業分野のアーティストとして成功し、雑誌や広告のイラストや、レコードジャケットのデザインを手がけていたばかりか、ファインアート作品もニューヨークで何度か展覧会に出していた。そして1962年春、アーティストとして名声を確立することになるプロジェクトにとりかかった。当時販売していたキャンベルのスープ32種類すべてを1種類ずつ32枚の絵にするというものだった。彼がキャンベルのスープ缶を選んだ理由は不明だ。この件についての彼自身のコメントもあるが、彼はインタビューを受けても、パフォーマンス・アートの機会だと思って応じていたようなので、あまり問題解明には役立たない。今いえるのは、ウォーホルはロイ・リキテンスタインの作品を見ていたということだ。リキテンスタインが人気漫画をもとにして描いた絵画の展覧会が、その頃ニューヨークで開かれていた。ウォーホル自身も、似たようなアイディアを温めていたので、他になにかアイディアはないかと友人に聞いてみた。リキテンスタインがもうやってしまったことと似たような作品にするわけにはいかない。そうして受けたアドバイスのひとつが、キャンベルのスープ缶を描くことだった。このアイディアに、彼はピンと来たらしい。おそらく、のちに本人も言っているように、彼は毎日ランチにキャンベルのスープを食べていたからだろう。

テーマを見つけたウォーホルは助手に、店に行ってスープを全種類1個

**ウォーホルのスープ**
「キャンベルのスープ缶
(Campbell's Soup Cans)」
オリジナルカンバス32点。
今はこのようにニューヨーク
近代美術館で展示されてい
る。

ずつ買ってきてくれ、と言ったという。そして、キャンベルの缶の全体像
をシルクスクリーンで印刷し、その上に手描きでスープの種類の名前を描
きくわえた。

　完成した作品は、その後、ロサンゼルスの画廊で開いた個展で公開され
た。彼の作品が西海岸に登場するのはこれがはじめてだった。画廊では、
部屋をぐるりとめぐる形で設置された棚に、32枚の絵がつらなってなら
び、世論やメディアの反響はすさまじかった。好意的な反応ばかりではな
く、ウォーホルの作品が、日常的なモノのイメージを利用した最初の作品
というわけでもなかったが、それでもこれは、ポップアートが、そして、
テレビや広告でくりかえし目にする大衆文化のイメージを利用すること
が、アートの一形態として真剣に受けとめられるようになった瞬間だとい
える。

　このオリジナルの絵画32点は、今はすべ
てニューヨーク近代美術館が収蔵しており、
20世紀のアメリカのポップアート・ムーヴ
メントと象徴的イメージを代表する傑作だ
とみなされている。ウォーホルはこの後も

**いつも飲んでいたんだ。毎日同じランチをとっ
ていた。20年かな、同じものを何度も何度も。**
アンディ・ウォーホル、キャンベルのスープについ
てのコメント

スープ缶を使った作品を制作しつづけた。これは現代の文化がもつ大量生
産的側面についてのコメントとも受けとれる。現代の文化では、イメージ
のほうが中身より重要だということだ。あるいは、たんに彼はスープの缶
を描くのが好きだったから、描きつづけたのかもしれない。キャンベル
スープカンパニーは、最初はウォーホルの意図に少々懐疑的だったようだ
が、やがて彼の作品を認めるようになった。売り上げの数字に悪影響が
あったわけではなかったからだ。それどころか、のちには、ウォーホルが
制作した多色刷りのデザインの一部をもとにして、特別バージョンのスー
プ缶まで生産した。おそらく、彼のおかげで、キャンベルのスープ缶が
50年以上名声を保ちつづけていることを認識しているのだろう。

キャンベルスープ　211

# スターバックスコーヒー

起源：シアトル

時代：1971年

種類：コーヒーショップの
コーヒー

◆ 文 化
◆ 社 会
◆ 産 業
◆ 政 治
◆ 軍 事

　2008年にはじまった世界的経済危機の最中、ロンドン市長のボリス・ジョンソンがこんなことを言った。こんなありさまでは、もはやみんなが互いにコーヒーでも売りあうしかない。冗談なのか本気なのかよくわからない時もあるが、これはジョークのつもりだったのだろう。だが、それをやってみたのが、シアトルの市民だった。いまやシアトルでは、コーヒー文化がいわば帝王だ。そして、スターバックス発祥の地であるシアトルが、ラテとマキアートを世界中に広めた。

### コーヒー・カントリー

　アメリカ人はコーヒーが大好きだ。コーヒー好きはそもそも国が誕生したときからのことで、建国の父たちが1776年の独立宣言をめぐって議論を重ねた場所はフィラデルフィアのコーヒーハウスだった。独立戦争で1783年にイギリスに勝利をおさめたのち、アメリカ憲法について意見を一致させたのも、やはりフィラデルフィアのコーヒーハウスだ。

　それまでは紅茶が人気の飲み物だったようだが、紅茶と聞くと、独立革命前にアメリカ植民地に課せられた税金のことや、イギリスが中国やインドからの紅茶輸入を支配していたことを連想するため、新たに誕生した国では好まれなくなった。しかも、コーヒーのほうが輸入しやすかった。ブラジルや中米にコーヒーのプランテーションがあり、とくに、1812年に「ルイジアナ買収」の一環としてニューオリンズがアメリカの土地となってからはなおさらだった。ニューオリンズという港湾都市は、南方から物資を輸入するには最適な位置にあったばかりか、ミシシッピ川を使う取引も管理できた。そしてアメリカが西へ拡大していくのに合わせ、コーヒーも内陸部へ広まっていった。さらに、1812年の米英戦争で、アメリカはイギリスの

> スターバックスが表現しているものは
> 1杯のコーヒーだけにとどまらない。
>
> ハワード・シュルツ、スターバックス
> CEO

**パイク・プレイス**
シアトルのパイク・プレイス・マーケットにあるスターバックスの店舗内部。1977年のようす。もともとはコーヒー豆の販売だけだった。

紅茶を飲む習慣からいっそう離れた。この戦争中、3年間にわたって紅茶の輸入ができず、アメリカではコーヒーが定着したからだ。それがそのまま現在にいたっている。

アメリカが総じてコーヒー派の国である理由については説明できるが、なかでもシアトルがこれほどコーヒーショップ文化の中心地になったのはなぜか、となると、解明するのはかなりむずかしい。シアトルのコーヒーショップの人口比は全米一で、ニューヨークやボストンといったコーヒーの町をはるかにしのぐ。シアトル市民はたんにコーヒー好きなのだというしかないほど、どうしてこうなったのかまったくわからない。だが、この競争の激しい町から生まれたスターバックスが、別の町に進出して成功したのはさして驚くほどのことでもないだろう。スターバックスは1971年、パイク・プレイス・マーケットでコーヒーの焙煎小売業者として事業を開始した。コーヒーショップ事業に進出したのは、従業員だった現CEOハワード・シュルツが同社を買収してからだ。彼は急速に事業を拡大し、シアトルのスターバックスコーヒーの店舗で確立したモデルを、アメリカ各地の都市でも展開した。その後、世界へも進出し、1996年に東京1号店をオープンしたのに続いて、2年後にはロンドン1号店も開いた。

**禁断のスターバックス**
北京の紫禁城にも2000年にスターバックスの店舗ができたが、物議をかもしたため、2007年に閉店した。

いまやスターバックスは、6つの大陸にわたって2万店以上のコーヒーショップを展開している。イギリスに本社があるコーヒーハウスチェーン業界第2位のコスタ・コーヒー（Costa Coffee）の10倍以上だ。スターバックスが、自分たちのスタイルのコーヒーショップとコーヒー、つまり、イタリアンスタイルのエスプレッソをモデルにしたコーヒーショップに巨大な市場を発見したのは明らかだが、同社の成功の理由はこれだけではない。強力なビジネスモデルにもとづき、積極的に拡大を進めたからでもある。とはいえ、そもそも顧客が購入したいと思うサービスを提供できなければ、これほど成功しなかっただろう。こうしてスターバックスは、自分たちのコーヒーによって、さらには無数の模倣者を生むことによって、世界中のコーヒー文化を変え、シアトルのコーヒーシーンの一端を、よその土地でも見せてくれている。

### エスプレッソ
◆

ラテ、アメリカーノ、モカといった世界中のコーヒーショップにあるメニューはどれも、エスプレッソ・コーヒーが基本になっている。エスプレッソというスタイルのコーヒーは、イタリアで生まれた。20世紀初頭に、初のエスプレッソマシーンが開発されたのもイタリアだ。エスプレッソはコーヒーの粉に沸騰した湯を高圧で通して抽出する。こうすると、コーヒーが湯に溶け出すだけでなく、コーヒーの固体の微粒子が湯のなかに溶けずに分散している状態もできるため、エスプレッソは他の方法で作ったコーヒーに比べかなり濃い。

# 粉ミルク

起源：アメリカほか諸国

時代：1990年代以降

種類：乾燥させたミルク

◆ 文　化
◆ 社　会
◆ 産　業
◆ 政　治
◆ 軍　事

　1994年、アメリカ、カナダ、メキシコが北米自由貿易協定（NAFTA）を締結し、北米大陸が自由貿易圏になった。この影響はおおむね良好で、3国とも経済成長が促進されたが、いくつかの問題も生じた。そのひとつが、粉ミルク、つまり脱脂粉乳の取引だ。粉ミルクは19世紀に開発され、重要な商品になった。液状のミルクよりも長く保存でき、輸送も容易なためだ。だが、NAFTAによって貿易障壁がなくなると、メキシコでアメリカ製粉ミルクのダンピングがはじまり、市場が混乱して、メキシコの酪農家の多くが廃業に追いこまれた。

## ミルクのダンピング

　商品のダンピングが発生するのは、アメリカやEU諸国など、農業分野に補助金を出している先進国が、粉ミルクなどの農産物を発展途上国へ生産価格以下で販売する場合だ。このようなことになる理由は、補助金支給が生産過剰をもたらすことが多いためである。農家はどれだけ作っても保証された価格で売れるので、市場が過剰供給状態になっても、生産しつづける。補助金のない自由市場であれば、この不均衡はおのずと是正される。なぜなら、供給過剰な物品は市場価格が下がり、そうなれば、もっと利益の上がる他の作物へ転換する農家も出てくるからだ。ところが、補助金によって受け取り価格が固定されていると、農家は過剰生産した農産物を市場価値よりも低い価格で販売する余裕ができる。そうした農産物は、放置すれば国内市場の下落をまねくため、輸出にまわすほうが政府の利益になる。しかも多くの場合、こうした結果、政府が生産補助金だけでなく輸出補助金も支給して、供給過剰の国外販売を確保することになる。アメリカの粉ミルクがまさにこのとおりだった。

　農業補助金を支給している国から輸入した農産物のダンピングが起こらないようにするには、輸入関税を課せばよい。そうすれば、輸入した物品を国産品よりも低価格で販売することができなくなる。だが、1994年以降にメキシコの酪農家が直面した問題は、NAFTAによって、メキシコとアメリカが取引する物品については関税が全面的になくなったのに、アメリカ政府が自国の酪農家に支給する農業補助金を継続したことだった。NAFTAの条

214　図説世界史を変えた50の食物

項には、粉ミルクをふくむ一部農産物については、関税を徐々に撤廃するという条項もあったが、この条項は、メキシコの小規模酪農家にとっては十分な保護策とはいえなかった。彼らから見れば、ミルクの市場はもはや、自分たちがミルクを生産するためのコストよりも低い価格で販売されている輸入品で供給過剰の状態になっていた。このため、多くが廃業したばかりか、他の農産物市場でも同様のことが起きていたので、それらもあわせると、結局、NAFTA発効以来、推定200万人以上の農業従事者が土地を離れることになった。

2008年には、メキシコで粉ミルクの最後の関税が撤廃され、アメリカからの輸入量が倍増した。この大半は、食品製造業で使用されたようで、その製品の一部は逆にアメリカへ輸出されたが、それでも、牛乳の市場にも破壊的な影響をあたえた。そして、農村地域の失業率が高くなった結果、都市に人々が流入したばかりか、アメリカへの移住も、合法・不法ともに増加した。確かなところは知るすべがないが、メキシコの農村地域で土地をもっていないことや貧困に苦しむ人が増加していることも、この数十年間のメキシコでのドラッグ密売増加や、それに続くメキシコの麻薬戦争で何万人もの死者が出ていることの一因だともいえるだろう。

### サパティスタの武装蜂起
◆

NAFTAが発効した1994年1月1日、サパティスタ民族解放軍というメキシコ南部チアパス州出身の極左ゲリラ組織が、メキシコ国家に対して宣戦布告した。この戦いはわずか数日で停戦交渉に入り、その後サパティスタは穏健路線での抗議に転じた。だがいまも、多くがマヤ族であるチアパス州の貧しい農民の生活がNAFTAによって破壊されたのは、アメリカからメキシコへ大量に輸入される補助金付き食品に農民が対抗できなかったからだ、と主張しつづけている。

> わたしたちは都市へ出たいわけではなく、アメリカへ移住したいわけでもない。だが、人々には金がないのだ。
>
> アルベルト・ゴメス・フローレス、国際農民組織ビア・カンペシーナのメキシコ代表。同組織は、小規模農家や農村部の土地をもたない人々の権利のために運動を行っている。

**NAFTA締結**
メキシコ大統領カルロス・サリナス、アメリカ大統領ジョージ・ブッシュ、カナダ首相ブライアン・マルルーニー立ち会いのもと、NAFTAに署名しているところ。

粉ミルク 215

# ゴールデンライス

この米は年に100万人の子ども
を救う。
「タイム」誌（2000年7月31日付）
の表紙見出し

起源：スイスとドイツ

時代：2000年

種類：遺伝子組み換えをしたイネ

◆ 文　化
◆ 社　会
◆ 産　業
◆ 政　治
◆ 軍　事

米は大昔から人間の歴史に密接にかかわってきた。いまも世界各地
20億人以上の主食だ。米は無数の形で歴史を変えてきたといえるが、
この最後の項では、そのうちのひとつ、ゴールデンライスの開発をと
りあげる。このことはまだ影響をおよぼしてはいないが、数百万人の
命を救う可能性がある。ただし、今のところは問題視されてもいる。
ゴールデンライスは、遺伝子組み換え技術を使って開発されているか
らだ。

## 遺伝子組み換えのジレンマ

世界保健機関は、栄養不良こそが世界中の公衆衛生にとって最大の
脅威だとしている。これには、食物全般の不足だけでなく、食生活に
欠かせない栄養素の不足もふくまれる。このうちもっとも深刻な不足
のひとつが、ビタミンAの欠乏で、とくに、幼児や妊娠中の女性に多
く、失明や免疫機能の低下をひき起こすおそれがある。東南アジアと
アフリカを中心に、世界で約2億人がこの状態にあり、2005年に発表
された研究によると、このために毎年5歳以下の幼児60万人が死亡し
ているばかりか、成長期に数々の健康問題が発生し、その後の人生に
深刻な結果をもたらすおそれもあるという。

2000年、チューリヒの植物科学研究所（Institute of Plant Sciences）
のインゴ・ポトリカス教授とドイツのフライブルク大学のペーター・
バイエル教授が率いる科学者チームが、米粒にベータカロテンをふく
む新種のイネを開発した。オレンジ色の色素をふくむので、この米粒
の色はゴールデンイエローだった。ベータカロテンは人間の体内でビ
タミンAに変わる化合物で、自然界では多くの果物や野菜にふくまれ
る。とくに、ニンジン、サツマイモ、カボチャなどに多く、そういっ
たものはベータカロテンを多くふくんでいるのでオレンジ色や黄色を
している。だが、米粒はベータカロテンをふくまないため、米を主食
とする地域、とくに東南アジアは、ビタミンA不足になりやすい。

ビタミンA欠乏症は、公衆衛生の問題として対応するこ
ともできる。たとえば、ビタミン剤を配布する、教
育プログラムを作ってリスクを減らす方法を
助言するなどだ。また、もっと長期的な対
策として、貧困を減らし、ビタミンAをふ
くむ食品を十分摂取できる多様な食事をとれるよ

うにすれば、ビタミンA欠乏症のリスクを減らせる。ゴールデンライスがこの解決策のひとつになるかもしれないのは、主食でビタミンAを摂取できるようになるからだ。だが、圃場試験では、ゴールデンライスの栽培をやめなければならないような環境上の問題は出ていないにもかかわらず、まだ実験的研究の域を出ていない。このおもな理由は、遺伝子組み換えによってイネに遺伝子を組みこんでいることに対して、懸念の声が上がっているためだ。組みこんである遺伝子には、ベータカロテンを生成するよう、ラッパズイセンの遺伝子もふくまれる。

ゴールデンライスは、特定の健康問題に対処するために遺伝子組み換え技術を利用した最初の例で、自由に利用できる。だが、他の遺伝子組み換え植物は、営利企業がおもに利益のために開発する。このことが、遺伝子組み換え技術の利用に反対する団体のジレンマになっている。どんな場合でも遺伝子組み換え技術の使用に反対するべきなのか、たとえ、その技術が深刻な健康問題を多少とも解消できる可能性を秘めているとしても、それでも反対するべきなのか、というジレンマだ。ゴールデンライスの栽培普及に反対する人々のなかには、歪曲された事実を根拠に異論を唱える人もいる。その多くは、遺伝子組み換え技術の危険性ばかりに目を向けているが、本種の場合、危険性は無視してもかまわないレベルか、存在しないということがすでに示されているので、これでゴールデンライスの採用を遅らせる必要はない。また、もっともな疑問も提起されている。これがビタミンA欠乏症の正しい対処法なのか、これが資源のもっとも有効な活用なのか、問題の根本原因、貧困への取り組みに資源をついやすほうがよいのではないのか、という疑問だ。

ビタミンA欠乏という目の前の切迫した問題のほか、ゴールデンライスは、いま食べている食べ物が、これまで見てきたように、未来の生活に影響をおよぼす可能性を秘めている、ということも示している。ゴールデンライスは今はまだ歴史を変えてはおらず、変えるものにならないかもしれないが、栄養不良の減少にあるいは大きな役割を果たすかもしれない。今日の食べ物の生産方法の是非についての意見はどうあれ、そうなれば悪しきものとはいえないだろう。

**ベータカロテン**
ニンジンがオレンジ色なのは、ベータカロテンをふくむからで、これが目によい理由でもある。

## オレンジ・スイートポテト

◆

ビタミンA欠乏症は、アフリカでも長年にわたって重大な健康問題になっている。2012年にウガンダではじめて報告されたように、ベータカロテンを豊富にふくむオレンジ・スイートポテトの開発が、この対策のひとつになるかもしれない。ゴールデンライスとは違い、このオレンジ・スイートポテトは従来からある植物育種技術を用いて生み出されたが、サツマイモのベータカロテン含有量を増やすことができた。ただし、この手法をイネに応用することはできない。イネはそもそもベータカロテンをまったくふくんでいないからだ。ウガンダとモザンビークで進行中の実験では、ビタミンA欠乏症の症状を大幅に減らすことができた。

ゴールデンライス　217

# 参考文献

Brillat-Savarin, Jean Anthelme (1972, first published in 1829) *The Physiology of Taste*, New York: Knopf

Brissenden, Rosemary (1996) *South East Asian Food*, London: Penguin

Coe, Sophie D. and Michael D. (1996) *The True History of Chocolate*, London: Thames & Hudson（ソフィー・D・コウ、マイケル・D・コウ『チョコレートの歴史』、樋口幸子訳、河出書房新社）

Collingham, Lizzie (2005) *Curry: A Biography*, London: Chatto & Windus（リジー・コリンガム『インドカレー伝』、東郷えりか訳、河出書房新社）

Colquhoun, Kate (2008) *Taste: The Story of Britain through its Cooking*, London: Bloomsbury

Dalby, Andrew (2003) *Food in the Ancient World from A to Z*, London: Routledge

David, Elizabeth (1960) *French Provincial Cooking*, London: Michael Joseph

Davidson, Alan (1999) *The Oxford Companion to Food*, Oxford: Oxford University Press

Flandrin, Jean-Louis and Massimo Montanari (1999) *Food: A Culinary History from Antiquity to the Present*, New York: Columbia University Press

Fletcher, Nichola (2010) *Caviar: A Global History*, London: Reaktion Books

Freedman, Paul, ed. (2007) *Food: The History of Taste*, London: Thames & Hudson（ポール・フリードマン編『［世界］食事の歴史——先史から現代まで』、南直人ほか訳、東洋書林）

Hom, Ken (1990) *The Taste of China*, London: Pavilion Books

Hyman, Clarissa (2013) *Oranges: A Global History*, London: Reaktion Books

Jaffrey, Madhur (2003) *Madhur Jaffrey's Ultimate Curry Bible*, London: Ebury Press

Keay, John (2005) *The Spice Route: A History*, London: John Murray

Kiple, Kenneth F. and Kriemhild Coneè Ornelas, eds. (2000) *The Cambridge World History of Food (Vol. 1 & 2)*, Cambridge: Cambridge University Press（『ケンブリッジ世界の食物史大百科事典』、石毛直道ほかシリーズ監訳、朝倉書店）

Koeppel, Dan (2008) *Banana: The Fate of the Fruit That Changed the World*, New York: Hudson Street Press（ダン・コッペル『バナナの世界史——歴史を変えた果物の数奇な運命』、黒川由美訳、太田出版）

Kurlansky, Mark (2013) *Birdseye: The Adventures of a Curious Man*, New York: Broadway Books

Lanchester, John (1996) *The Debt to Pleasure*, London: Picador（ジョン・ランチェスター『最後の晩餐の作り方』、小梨直訳、新潮社）

LeBor, Adam (2006) *City of Oranges: Arabs and Jews in Jaffa*, London: Bloomsbury

Luard, Elisabeth (1986) *European Peasant Cookery*, London: Bantam Press

McGee, Harold (2004) *McGee on Food and Cooking: An Encyclopedia of Kitchen Science, History and Culture*, London: Hodder & Stoughton

McGovern, Patrick F. (2009)

*Uncorking the Past: The Quest for Wine, Beer, and Other Alcoholic Beverages*, Berkeley, CA: University of California Press

Millstone, Erik and Tim Lang (2004) *The Atlas of Food: Who Eats What, Where, and Why*, Brighton: Earthscan（『食料の世界地図』、中山里美、高田直也訳、丸善）

Newman, Kara (2013) *The Secret Financial Life of Food: From Commodities Markets to Supermarkets*, New York: Columbia University Press

O'Connell, Sanjida (2004) *Sugar: The Grass that Changed the World*, London: Virgin Books

Parker, Philip, ed. (2012) *The Great Trade Routes: A History of Cargoes and Commerce Over Land and Sea*, London: Conway

Pendergrast, Mark (1993) *For God, Country and Coca-Cola: The Unauthorized History of the Great American Soft Drink and the Company that Makes It*, London: Weidenfeld & Nicholson（マーク・ペンダグラスト『コカ・コーラ帝国の興亡——100年の商魂と生き残り戦略』、古賀林幸訳、徳間書店）

Pilcher, Jeffrey M., ed. (2012) *The Oxford Handbook of Food History*, Oxford: Oxford University Press

Pollan, Michael (2013) *Cooked: A Natural History of Transformation*, London: Allen Lane（マイケル・ポーラン『人間は料理をする』、野中香方子訳、NTT出版）

Pollan, Michael (2006) *The Omnivore's Dilemma: The search for a perfect meal in a fast-food world*, London: Bloomsbury

Reader, John (2008) *Propitious Esculent: The Potato in World History*, London: William Heinemann

Rubel, William (2011) *Bread: A Global*

*History*, London: Reaktion Books
（ウィリアム・ルーベル『パンの歴
史』、堤理華訳、原書房）

Shephard, Sue (2000) *Pickled, Potted and Canned: The Story of Food Preserving*, London: Headline（スー・シェパード『保存食品開発物語』、赤根洋子訳、文藝春秋）

Smith, Andrew F. (2008) *Hamburger: A Global History*, London: Reaktion Books（アンドルー・F・スミス『ハンバーガーの歴史──世界中でなぜここまで愛されたのか？』、小巻靖子訳、ブルース・インターアクションズ）

Standage, Tom (2007) *A History of the World in Six Glasses*, London: Atlantic Books（トム・スタンデージ『世界を変えた6つの飲み物──ビール、ワイン、蒸留酒、コーヒー、紅茶、コーラが語るもうひとつの歴史』、新井崇嗣訳、インターシフト）

Standage, Tom (2009) *An Edible History of Humanity*, London: Atlantic Books

Tannahill, Reay (1988) *Food in History* (Revised Edition), London: Penguin Books

Toussaint-Samat, Maguelonne (1992) *A History of Food*, Oxford: Blackwell（マグロンヌ・トゥーサン＝サマ『世界食物百科──起源・歴史・文化・料理・シンボル』、玉村豊男監訳、原書房）

Warner, Jessica (2003) *Craze: Gin and Debauchery in the Age of Reason*, London: Profile Books

Wrangham, Richard (2009) *Catching Fire: How Cooking Made Us Human*, London: Profile Books（リチャード・ランガム『火の賜物──ヒトは料理で進化した』、依田卓巳訳、NTT出版）

# 英文ウェブサイト

British Nutrition Foundation:
*www.nutrition.org.uk*

Official site of the town of Castelnaudary:
*www.ville-castelnaudary.fr*

Coca-Cola:
*www.coca-cola.com*

Consultative Group on International Agricultural Research (CGIAR):
*www.cgiar.org*

Department for Environment, Food and Rural Affairs (UK):
*www.gov.uk/government/ organisations/department-for-environment-food-rural-affairs*

Fairtrade Foundation:
*www.fairtrade.org.uk*

Food and Agriculture Organization of the United Nations:
*www.fao.org*

The Golden Rice Project:
*www.goldenrice.org*

Green & Black's Chocolate:
*www.greenandblacks.co.uk*

The Hereford Cattle Society:
*www.herefordcattle.org*

International Olive Council:
www.internationaloliveoil.org

The International Rice Research Institute:
*www.irri.org*

Marine Stewardship Council:
*www.msc.org*

Pilsner Urquell:
*www.pilsnerurquell.com*

La Société des Caves de Roquefort:
*www.roquefort-societe.com*

Starbucks Coffee Company:
*www.starbucks.com*

Theo Chocolate:
*www.theochocolate.com*

UK Tea Council:
*www.tea.co.uk*

UNESCO:
*www.unesco.org*

US Food and Drug Administration:
*www.fda.gov*

The Washington Banana Museum:
*www.bananamuseum.com*

World Health Organization:
*www.who.org*

World Trade Organization:
*www.wto.org*

# 索引

## ア〜オ

アイゼンハワー、ドワイト・D
194
『アイ・ラブ・ルーシー』（テレビ
番組シリーズ）　208-9
アイリッシュ・シチュー　132-5
アイルランド飢饉　114-7
アインコルン　16
アステカ　50-1, 71-2
アダムズ、ジョン　125, 163
アダムス、ダグラス　110
アタワルパ　111-2
アップルパイ　160-3
穴焼き　9
アバディーン・アンガス種の畜牛
39
アフレック、ベン　75
アペラシオン・ドリジーヌ・コン
トロレ（原産地統制呼称）
（AOC）　108-9
アヘン　138-41
アメリカン・ウイスキー　164-9
アメリカン・バッファロー
188-91
アラブの春　20-1
アールグレイ・ティー　138
アルベンス、ハコボ　175
アレグザンダー・オヴ・ネッカム
87
アロス・ネグロ　78
アンザック・ビスケット　200-5
アンリ4世（フランス国王）
119
イヴァン雷帝　172
イェネーフェル　150-1
イエローストーン国立公園　190
イクイアーノ、オラウダ　124
イスラエル　186-7
異性化糖（HFCS）　52-3
遺伝子組み換え食品　49, 216-7
イヌイット　91, 206

イブン・バットゥータ　40-1
インカ　50, 110-3
インドのトニックウォーター
155
ウイスキー　164-9
ウィリアム3世（イギリス国王）
151-2
ウィリアムズ、ウィリアム　15
ウィルソン、ウッドロー　181-2
ウィルソン、ハロルド　25
ヴィンダルー　156-9
ヴェスティ、ウィリアムとエドモ
ンド　179
ウェスト、ジョン　24-5
ウェッジウッド、ジョサイア
138
ウェッブ、ウォルター・プレス
コット　189
ヴェネツィア（イタリア）　55,
80-1
ウォーホル、アンディ　210-1
ウスターソース　67
ウッドハウス、P・G　42
ウッドラフ、ロバート・W　194
うどん　57
ウルク（シュメール）　17
ウルフ、ヴァージニア　171
エクロン（イスラエル）　62-3
エスプレッソ　213
枝豆　47
エドワード黒太子　100
NAFTA
→北米自由貿易協定（NAFTA）
（1994年）
エンマーコムギ　16
大鍋　133
オートミール・クッキー
→アンザック・ビスケット
オニール、モリー　9
オバマ、バラク　134-5
オメガ3脂肪酸　91
オランダ東インド会社　84-5,
122, 128-9
オーリニャック文化　11-2
オリーヴオイル　60-3
オルメカ人　51, 70

オレンジ
→ジャッファ・オレンジ
オレンジ・スイートポテト　217
オーロックス　32-3

## カ〜コ

壊血病　148-9
海鮮醤　97
カウル　133
カエサル、ユリウス　32
カシュカイ族　27-8
カスター、ジョージ・アームスト
ロング　190
カステルノーダリ（フランス）
98-101
カストロ、フィデル　127
カスレ　98-101
カティ・サーク号　141
カブ　102-5
カブラル、ペドロ・アルヴァレス
83
カポネ、アル　168-9
ガマ、ヴァスコ・ダ　82-3, 156
ガリポリの戦い（1915-16年）
200-3
カルタヘナ（スペイン）　67
ガルム　66-7
カレー　158-9
カワード、ノエル　136, 153
ガンファイア・ブレックファスト
205
キース、ミノール・C　174-5
キッシンジャー、ヘンリー　97
キッチナー、ハーバート　131
キニーネ　155
キムチ　68-9
キャサリン・オヴ・ブラガンザ
136
キャドバリー　73
キャビア　172-3
キャンドラー、エイサ　193-4
キャンベルスープ　210-1
牛肉　32-9
キューバ　127
義和団事件（1898-1900年）　141
禁酒法　167-9, 194

220　図説世界史を変えた50の食物

グアテマラ　175-6
クセルクセス　65
グッドナイト、チャールズ　190
クーパー、ウィリアム　123
クー・フーリン　36-7
クライヴ、ロバート　139
クラーク、ウィリアム　189
グラマティクス、サクソ　86
グラント、ユリシーズ・S　190-1
クリッパー　141
グリーン・アンド・ブラックス　70, 73
グルテン　21
クレイジー・ホース　190
黒いスープ　64-5
クローバー　103-4
グロル、ヨーゼフ　45
ケナガマンモス　8-13
ケネディ、ジョン・F　134-5
ゴア（インド）　83, 156-7
孔子　96
神戸ビーフ　36
コカ・コーラ　192-5
コショウ　81, 83
コスタ・コーヒー　213
コチュジャン　69
忽思慧　96-7
コッペル、ダン　176
コーディ、ウィリアム（バッファロー・ビル）　191
粉ミルク　214-5
コニーアイランド　94-5
コブ牛　35
コルカノン　117
ゴルツ、ホルスト・フォン・デル　181-2
コルテス、エルナン　72
ゴールデンライス　216-7
コルドバの大モスク　78-9
コロンブス、クリストファー　56, 71, 82, 100, 122
混植　51
コンビーフ　178-83

## サ～ソ

サイクス・ピコ協定（1916年）　186
サケの遡上　23
砂糖　122-7, 137
サパティスタの武装蜂起（1994年）　215
サワー種　17
サワー・マッシュ法　166
三姉妹　51
三十年戦争（1618-1648年）　112-3
サンタクロース　193
ザンデルス、リーマン・フォン　201
サンドウィッチ、エドワード・モンタギュー（初代伯爵）　144-5
シアトル　212-3
G・H・ベント社　148
シェイクスピア、ウィリアム　37, 45, 100, 172
ジェファーソン、トマス　162-3
ジェームズ2世（イギリス国王）　151
シェリダン（将軍）、フィリップ　191
塩　87, 90-1
塩漬けニシン　86-91
磁器　138
自然乾燥肉　10
　ビルトンも参照
シッティング・ブル　190-1
シナモン　81, 83
ジャガイモ　110-7
ジャコバイトの反乱　28
ジャッファ・オレンジ　184-7
ジャフリー、マドハール　159
シャーマン（将軍）、ウィリアム・T　191
シャルルマーニュ（カール大帝）　92, 107
シャルル4世（フランス国王）　108
ジャンヌ・ダルク　101
ジュニパー・ベリー　155
シューフライパイ　161

シュメール　42-3
シュールストレミング　89
シュルツ、ハワード　212-3
ショーヴェ洞窟（フランス）　11
ジョンストン、ジョン・ローソン　183
ジョンソン（博士）、サミュエル　140
ジョンソン、ボリス　212
シルヴィウス、フランシスクス　150
シルクロード　55, 82
ジン　150-5
神農　46-7
スコーネの魚市場　87, 89
スターバックスコーヒー　212-3
スタンリー、ヘンリー・モートン　74
スチュアート、キャプテン・R・W　185
スティルトン　108
スパイス　80-5
スパム　181
スパルタの黒いスープ　64-5
スワンソン・TVディナー　208-9
聖体（聖餐）　19
セデル　18-9
セネカ　66
全聚徳　97
ソフリト　78
ソールズベリー・ステーキ　197

## タ～ト

大豆　46-9
大プリニウス　66-7
太平洋サケ　22-5
タウンゼンド（第2代子爵）、チャールズ（「カブのタウンゼンド」）　104
タジン　41
ターリク・イブン・ズィヤード　78-9
チェロウ・カバブ　28
茶　136-43
チャイルド、ジュリア　199

チャタル・ヒュユク（アナトリア）　33
チャーチル、ウィンストン　200-1
チャプスイ　58
チャールズ2世（イギリス国王）　147, 150-1
チューニョ　113
チョウザメ　172-3
チョコレート　70-5
チンギス・カン　82
ツィンマーマン、アルトゥール　182-3
TVディナー　208-9
ディキシー、レディ・フロレンス　130
ディートリヒ、マレーネ　102
ティリアン・パープル　61
デヴィッド、エリザベス：『フランスの田舎料理』　99, 101
テオ　75
デーツ　40-1
デュケイン、フリッツ　182
テリチェリー・ペッパー　81
テルモピュライの戦い（紀元前480年）　64
天然痘　23, 111
『トーイン・ボー・クーアルンゲ（クアルンゲの牛捕り）』（『トーイン（牛捕り）』）　36-7
唐辛子　156-7
豆腐　49
糖蜜　124-6
トウモロコシ　50-3
トゥンタ　113
独立宣言　162
ド・ゴール、シャルル　109
トラファルガーの海戦（1805年）　140
トリンギット族　22-3
ドール・フード・カンパニー　177
奴隷　123-7, 137

## ナ〜ノ
納豆　47
ナツメグ　81, 85

ナトゥフ文化　16
ニクソン、リチャード　97
ニシン　86-91
日清食品　59
ニュー・コーク　195
ニュージーランドの牧羊　30-1
ネイサンズ、コニーアイランドの　95
ネス・オヴ・ブロッガー（オークニー諸島）　33-6
ネブカドネザル　63
ネルソン、ホレーショ　140

## ハ〜ホ
バイエル、ペーター　216
バイオ燃料　126
ハイチ　126-7
ハイランド放逐　28-30
バイロン、ジョージ　135
パエーリャ　76-9
ハギス　30
バーク、エドマンド　20
パーシー、ウォーカー　168
バーズ・アイ冷凍魚肉　206-7
パスタ　55-7
パチャクテク　111
バックランド、ウィリアム　11
バッファロー　188-91
バッファロー・ビル　→コーディ、ウィリアム
ハードタック　144-9
バトラー、サミュエル　31
バナナ　174-7
パーペン、フランツ・フォン　181
パーマー、ブラッドリー　175
ハミルトン、アレグザンダー　165-6
バルフォア、アーサー　186
パレスティナ　185-7
パン　14-21
ハンザ同盟　88-91, 102
バンダ諸島　81, 85
ハントリー＆パーマーズ　149
ハンバーガー　196-9
バンホーテン　72

ハンムラビ法典　44
ビアス、アンブローズ　118
東インド会社　84, 136-43, 157-8
東コンゴ・イニシアティブ　75
ピサロ、フランシスコ　111-2
ビスマルク、オットー・フォン　92
ビッグマック指数　198
ビビンバ　69
ピープス、サミュエル　136, 144-8
百年戦争　100-1
ビール　42-5
ピルスナー・ウルケル　45
ビルトン　128-31
ピール、ロバート　115
ブアジジ、モハメド　21
ファスベンダー、ヴォルフガング　89
ファリーナ、トマス　146
フィッシュ・フィンガー　207
フィールズ、W・C　167
フィールディング、ヘンリー　39
フェニキア人　60-3
フェルトマン、チャールズ　94
フェルナンド2世（カスティーリャの）　79
冬小麦　104
フライ＆サンズ　73
フライ・ベントス　178-80
プラッシーの戦い（1757年）　139
フランクフルター（フランクフルト・ソーセージ）　92-5
ブラント、アレグザンダー（イライアス・ボケット）　150
フリードリヒ赤髭王　92
ブリー・ビーフ　179-80
プルコギ　69
プルースト、マルセル：『失われた時を求めて』　170-1
プレストン、ヘンリー　175
ブレーン、ギルバート　148
フロフト・フィーア　133
ベーカー、ロレンゾ・ダウ　174

北京ダック　96-7
ペスト流行（ロンドン）　146
ヘプバーン、キャサリン　70
ベル、アレグザンダー・グレアム　174
ヘルマン、リチャード　119
ヘレフォード種　38-9
ペンシルヴェニア・ダッチ　160-1
ペンバートン、ジョン　192-3
ボーアウォース　131
ボーア人　128-31
ボヴェ、ジョゼ　199
ボヴリル　183
ホガース、ウィリアム：『ジン横丁』　153-4
ボガート、ハンフリー　94
北米自由貿易協定（NAFTA）（1994年）　214-5
ボケット、イライアス　150
ポスト、マージョリー・メリウェザー　207
ボストン茶会事件　137, 161
ホットドッグ　94-5
ポトリカス、インゴ　216
ポープ、アレグザンダー　104
ホラティウス　55
ホランズ　151
ポーラン、マイケル　48, 52-3
ポーロ、マルコ　55
ホワイト・キャッスル　ウィチタ（カンザス州）　197

## マ～モ

マイエンヌ公爵ロレーヌのシャルル　118-9
マクシミリアン2世　93
マクドナルド　196, 198-9
マサラ・チャイ　143
マゼラン、フェルディナンド　83
マッツァー　18
マドレーヌ　170-1
マナセ王　63
マヤ　51, 70-1
マヨネーズ　118-9

マーリー、ボブ　20
マルクス、グルーチョ　175
マンハッタン（カクテル）　169
マンモス　8-13
ミー・クロップ　59
味噌　47
ミッチェル、ジョン　117
ミナンカバウ人　120-1
ミーリョ、リョレンス　76
ムーア人　76-9
ムスタファ（大佐）、ケマル　201
ムフロン　26-7
村上春樹　56-7
名誉革命　151
メース　85
メドウェイ川襲撃（1667年）　147-8
麺　54-9
文字　17, 43
モーレ・ソース　71
モンテスマ　72
モンテ・テスタッチョ（ローマ）　61-2

## ヤ～ヨ

焼きそばパン　57
有機農法　105
ユナイテッド・フルーツ・カンパニー　175-7
Uボート　179-83

## ラ～ロ

ライオンマン（オーリニャック文化）　11
ライスターフェル　121
ラガー　45
ラコタ族　188-90
喇家遺跡　54-5
ラッフルズ、スタンフォード　85
ラブ、レスリー　179
ラミントン　171
ラム酒　124-6
ラム肉　26-31
ラムのナヴァラン　103
ランガム、リチャード　15

ランチェスター、ジョン　132
リキテンスタイン、ロイ　210
リトル・ビッグホーンの戦い　190
リービッヒズ・エクストラクト・オヴ・ミート・カンパニー　178-9
リューネブルク（ドイツ）　89-91
リューベック（ドイツ）　87-91, 109
輪作　102-5
ルイジアナ買収　188-9, 212
ルイス、メリウェザー　189
ルシタニア号　180-1
ルンダン　120-1
冷蔵、冷凍　30, 45, 69
レオニダス王　65
レオポルド2世（ベルギー国王）　74
レニエール、グリモ・ド・ラ　106
ローガン・ジョシュ　159
ローズ、セシル　130
ローズヴェルト、フランクリン・D　48, 168-9
ロスチャイルド（第2代男爵）、ウォルター　186
ロックフォール・チーズ　106-9
ロブスカウス　145
ロンドン大火　146-7

## ワ

ワシントン、ジョージ　161-6

# 図版出典

7, 170 © Jiri Hera | Shutterstock.com

8 © 2008 Public Library of Science | Creative Commons

10 © Paleolithic | The Bridgeman Art Library | Getty Images

12 © INTERFOTO | Alamy

13 © Hannes Grobe | Creative Commons

14 © Peter Zvonar | Shutterstock.com

16 © Hanay | Creative Commons

17 © Serena Carminati | Shutterstock.com

18 © Kosherstock | Creative Commons

20, 75 © AFP | Getty Images

21 © Foodpictures | Shutterstock.com

22 © Diana Taliun | Shutterstock.com

23 © Sergey Uryadnikov | Shutterstock.com

25 bottom © Tischenko Irina | Shutterstock.com

26, 39 © Joe Gough | Shutterstock.com

27 top Reinhold Leitner | Shutterstock.com

27 bottom, 115, 152, 163 © Getty Images

28 © Erik Lam | Shutterstock.com

29 bottom © Sarah Egan | Creative Commons

30 © Norman Pogson | Shutterstock.com

31 © Patricia Hofmeester | Shutterstock.com

32 © Robyn Mackenzie | Shutterstock.com

34 top © markferguson2 | Alamy

34 bottom © Wknight94 | Creative Commons

35 © Andresr | Shutterstock.com

36 © Ronnarong Thanuthattaphong | Shutterstock.com

38 © MustafaNC | Shutterstock.com

40 top © Dream79 | Shutterstock.com

40 bottom © Irshadpp | Creative Commons

41 © picturepartners | Shutterstock.com

42 © Igor Klimov | Shutterstock.com

43 © E. Michael Smith | Creative Commons

44 top © Deror avi | Creative Commons

44 bottom © Vaclav Mach | Creative Commons

46 top © Vasilius | Shutterstock.com

47 © Brent Hofacker | Shutterstock.com

49 © margouillat photo | Shutterstock.com

50 top © Maks Narodenko | Shutterstock.com

50 bottom © O.Mustafin | Creative Commons

53 © Zeljko Radojko | Shutterstock.com

54 © Piyato | Shutterstock.com

56 © successo images | Shutterstock.com

57 © jreika | Shutterstock.com

58 © Sean Pavone | Shutterstock.com

59 © William Christiansen | Creative Commons

60 © Luis Carlos Jimenez del rio | Shutterstock.com

61 © Ad Meskens | Creative Commons

62 © www.BibleLandPictures.com | Alamy

63 © David Castor | Public Domain

64 © Joerg Mikus | Thinkstock

65 bottom © Praxinoa | Creative Commons

66 © Jakkrit Orrasri | Shutterstock.com

67 © Anual | Creative Commons

68 © Hans Kim | Shutterstock.com

69 © meunierd | Shutterstock.com

70 © Dima Sobko | Shutterstock.com

71 © Yelkrokoyade | Creative Commons

73 © tristan tan | Shutterstock.com

76 © Jesus Keller | Shutterstock.com

77 top © Jebulon | Creative Commons

77 bottom © Tramont_ana | Shutterstock.com

78 © svry | Shutterstock.com

79 top © Barone Firenze | Shutterstock.com

80 © Pikoso.kz | Shutterstock.com

81 top © Michael Richardson | Shutterstock.com

81 bottom © Ninell | Shutterstock.com

85 © Sarah Marchant | Shutterstock.com

86 © Twin Design | Shutterstock.com

88 bottom © Olaf Rahardt | Creative Commons

91 © Christian Jung | Shutterstock.com

92 © Ivonne Wierink | Shutterstock.com

94, 175, 206 © Library of Congress | public domain

95 top © Leonard Zhukovsky | Shutterstock.com

95 bottom © Brent Hofacker | Shutterstock.com

96, 207 © Richard Griffin | Shutterstock.com

97 © bgton | Shutterstock.com

98 top © bonchan | Shutterstock.com

98 bottom © Cadaques31 | Creative Commons

102, 153 © Africa Studio | Shutterstock.com

103 © hd connelly | Shutterstock.com

106 © picturepartners | Shutterstock.com

107 top © Christophe Finot | Creative Commons

107 bottom © Fantafluflu | Creative Commons

108 © Deviers Fabien | Creative Commons

110, 217 © Nattika | Shutterstock.com

111 bottom © pululante | Creative Commons

113 top © Eric in SF | Creative Commons

113 bottom © Jaroslaw Filiochowski | Creative Commons

116 right © Howard F. Schwartz | Creative Commons

117 © neil langan | Shutterstock.com

118 © Viktor1 | Shutterstock.com

120 © bonchan | Shutterstock.com

122 top © Swapan Photography | Shutterstock.com

122 bottom © Elena Schweitzer | Shutterstock.com

126 © Vitoriano Junior | Shutterstock.com

127 © David Knopf | Alamy

128 top © Edward Westmacott | Shutterstock.com

bottom © British Library/Robana via Getty Images

131 © Elena Moiseeva | Dreamstime.com

132 © Ronald Sumners | Shutterstock.com

133 © JMiall | Creative Commons

134 © David Hawgood | Creative Commons

135 © Stuart Monk | Shutterstock.com

136 bottom © silvergull | Shutterstock.com

142 © Daniel J. Rao | Shutterstock.com

144 top © Reptonix | Creative Commons

144 bottom © M. Unal Ozmen | Shutterstock.com

148 © Morphart Creation | Shutterstock.com

149 © Gryffindor | Creative Commons

150 © Denis Komarov | Shutterstock.com

155 © jeehyun | Shutterstock.com

156 © silentwings | Shutterstock.com

157 © Andruszkiewicz | Shutterstock.com

158 © James Cridland | Creative Commons

160 © Eldred Lim | Shutterstock.com

161 © Perry Correll | Shutterstock.com

164 © steamroller_blues | Shutterstock.com

169 © objectsforall | Shutterstock.com

172 © Dja65 | Shutterstock.com

173 © Antonio Abrignani | Shutterstock.com

174 top © Viktar Malyshchyts | Shutterstock.com

176 © Time Life Pictures | Getty Images

177 © Creative Commons

178 © Kelvin Wong | Shutterstock.com

179 © IWM via Getty Images

180 top © Kelvin Wong | Shutterstock.com

180 bottom © Bundesarchiv, DVM 10 Bild-23-61-17 / CC-BY-SA | Creative Commons

184 © Valentyn Volkov | Shutterstock.com

188 © Eric Isselee | Shutterstock.com

192 © Rob Hainer | Shutterstock.com

195 © MARKA | Alamy

196 © Expoz Photography | Shutterstock.com

197 © Callahan | Shutterstock.com

198 © Evan-Amos | Shutterstock.com

199 © TonyV3112 | Shutterstock.com

200 © Shane White | Shutterstock.com

208 © Petrified Collection | Getty Images

210 © Steve Cukrov | Shutterstock.com

211 © FORRAY Didier/SAGAPHOTO.COM | Alamy

212 left © Jmabel | Creative Commons

212 right © Sean Wandzilak | Shutterstock.com

213 © Miguel A. Monjas | Creative Commons

214 © Madlen | Shutterstock.com

216 © panda3800 | Shutterstock.com

All other images are in the public domain.